KB266550

주 4일제가 온다

주 4일제가 온다

DO MORE IN FOUR

Why It's Time for a Shorter Workweek

주 4일제가 온다

왜 이제 더 짧게 일해야 하는가

조 오코너·재러드 린드존 지음 | 구세희 옮김

DO MORE IN FOUR

주 4일제가 온다
왜 이제 더 짧게 일해야 하는가

초판 1쇄 펴낸날 2026년 5월 1일

지은이 조 오코너·재러드 린드존 **옮긴이** 구세희
펴낸이 김종오 **출판문화원장** 김진경 **편집** 박혜원
편집디자인 ㈜성지이디피 **표지디자인** 플랜티

펴낸곳 한국방송통신대학교출판문화원 **등록** 1982. 6. 7. 제1-491호
주소 서울특별시 종로구 이화장길 54
전화 1644-1232 **팩스** 02-741-4570
홈페이지 press.knou.ac.kr **인스타그램** @wings_of_knowledge1

ISBN 978-89-20-05610-9 03330

Part 1
왜 이제 더 짧게 일해야 하는가

Part 2

주 4일제로 더 많은 것을 이룬 기업들

Part **3**

주 4일제 실천 매뉴얼

Part 1

왜 이제 더 짧게 일해야 하는가

왜 미래는 주 4일인가

"부디 흥미로운 시대에 사시길."

이 말은 축복일 수도 저주일 수도 있다. 중국에서 유래했다고 알려진 이 표현은, 역사란 길고 지루한 정체의 시기와 짧고 격렬한 변화의 시기가 교차하며 흘러간다는 믿음을 담고 있다. 격동의 시기는 고통스럽지만 더 나은 미래로 나아가는 전환점이 되어 주기도 한다. 좋든 싫든 우리는 "흥미로운 시대"를 살아가는 중이다.

정확한 시작 시점에 대해선 이견이 있겠지만, 훗날의 역사학자들은 아마도 지금을 최신의 대격변과 대전환의 시기로 기록하게 될 것이다. 기술적 혁신과 붕괴가 빠르게 일어나고, 사람들의 가치관과 선호가 변하고, 노동과 인간의 관계를 근본적으로 재정립하려는 열망이 그 어느 때보다 강하게 분출된 시기로 말이다.

200여 년 전, 또 하나의 흥미로운 시대가 세상을 바꿔 놓았다. 인류의 탄생 이래 큰 변화 없이 이어져 온 노동의 방식이 훨씬 더 엄격한 무언가로 변화한 것이다. 사람들이 대자연을 떠나 도시로 유입되고, 가족 단위에서 벗어나 익명의 무수한 노동자로 바뀌고, 인간다운 특성보다 기계적 특성에 의존하기 시작했다. 지금 우리는 그 같은 경제 구조에서 멀어진 지 오래지만, 일터의 규범과 기준, 관행 중 상당 부분은 여전히 그대로 남아 있다.

흥미로운 시대의 장점 중 하나는, 과거에 잃어버린 것을 일부 되찾을 기회가 주어진다는 점이다. 이 책은 주 5일제를 주 4일제로 바꾸는 것이야말로 이전 대격변의 시기에 비롯되었던 다양한 문제들을 개인과 기업, 그리고 사회가 함께 해결해 나갈 수 있는 가장 현실적이고 효과적인 방법임을 입증해 보일 것이다.

팬데믹의 위협, 정치적 불안, 기후 변화, 극심한 경제적 불평등…. 지금 이 시대를 행운이라 느끼기는 어렵다. 하지만 이 특별한 순간을 활용해 현상에 도전하지 못한다면, 그것이야말로 더 큰 재앙이다. 코로나19 팬데믹은 분명 큰 상처를 남겼고, 그 시기에 잃은 것들은 영영 돌아오지 않을 것이다. 그러나 규제로 빼앗긴 그 시간들이 결국 우리와 미래 세대에게 더 풍요로운 삶으로 돌아온다면, 우리는 그 고통스러운 시절을 단지 비극으로만 기억하지 않을 것이다. 오히려 더 나은 변화를 향한 결정적인 전환점으로 되돌아볼 수 있을지 모른다.

AI가 바꾸는 생산성, 그 혜택은 누구에게

기술이 우리를 더 효율적이고 생산적으로 만들어 주리라는 건 논쟁할 가치도 없는 사실이다. 지난 한 세기 동안 기술은 인간의 생산력을 꾸준히 향상시켜 주었고, 발 빠른 사람들은 이미 AI를 이용해 더 많은 일을 해내고 있다.

하지만 이 놀랄 만큼 강력한 기술력은 여전히 걸음마 단계에 있다. 우리가 경험한 거라곤 느리고, 투박하고, 그다지 사용자 친화적이지 못한 아이폰 3G 버전의 AI에 불과하다. 아이폰 17 프로 맥스 버전의 AI는 어떤가. 우리의 능력을 엄청나게 강화시킬 것이라는 사실에는 의심의 여지가 없고, 그런 효과는 이미 여기저기에서 느껴지고 있다. 이제 하나 남은 문제는, 과연 우리 사회에서 누가 이에 따른 혜택을 볼 것인가이다. 최근의 역사에서 힌트를 얻는다면, 하늘 높은 줄 모르고 솟구치는 생산성에도 불구하고 계속해서 긴 시간 일하면서 경제적 불안정에 시달려야만 하는 하층 계급의 사람들은 아닐 가능성이 크다.

수많은 연구 결과에 따르면 노동자, 조직, 경제의 생산성을 높이는 비결은 긴 시간 일하는 것이 아니라 일하는 시간을 잘 활용하는 것이다. 생산 능력을 근무 시간으로만 측정하면 주 4일제는 그 자체로 상당한 손실이다. 그러나 사업적 영향력으로 측정하면 엄청난 이득이 따르는 것으로 볼 수 있다. 산업화 시대에서 지식경제 시대로 넘어오면서 기업은 기계가 아닌 인간적 특성에 점점 더 의존하게 되었다. 직원의 역량은 일과 휴식의 균형이 잘 맞고 회복이 가능한 환경에서만 비로소 극대화될 수 있다.

무수히 많은 실험과 연구, 조사, 증거, 프로젝트, 실제 경험을 통해 거듭 확인한 데이터는 명확하다. AI 시대에 궁극적으로 번창하게 될 조직은 건강한 일터 문화를 조성하고, 최고의 인재를 유치하고 지키며, 임원진의 성별 균형을 유지하고, 번아웃의 근본 원인을 적극적으로 해결하며, 직원들이 방해 요소 없이 최고의 성과를 올리도록 독려하고, 재충전과 창의력 향상을 위해 충분한 여가 시간을 제공하는 조직일 것이다. AI 시대, 워라밸의 시대, 인재가 부족한 시대, 새롭고 예상치 못한 도전 과제가 속속 나타나는 시대에 최고 성과를 올리는 조직은 주 4일제를 이용해 팀원들에게 힘을 실어 주고, 일하는 매시간을 최대한 활용하며, 궁극적으로 경쟁사들이 5일 동안 해내는 것보다 더 많은 일을 4일 만에 해내게 될 것이다.

흥미로운 시대에 변화를 거부하고 기존의 상태를 유지하려고 애쓰는 것은 터무니없는 짓이다. AI 시대에도 1940년대에 표준으로 정해진 근로 시간을 유지해야 한다는 시각은 허무맹랑하다. 노동의 결과물이 주로 실물이고, 직원의 역량을 기계의 특성에 맞춰 평가하고, 여성이 전체 노동력의 20퍼센트도 되지 않았던 한 세기 전과 지금의 업무 구조가 거의 똑같다는 사실 역시 터무니없기는 마찬가지다.

이 책이 증명해 보일 것들

1부에서는 주 5일제의 유래와, 한 세기 전에 세워진 이 기준이 과연 오늘날에도 여전히 들어맞는지 살펴볼 것이다. 주 4일제로 가는 움직임이 어디서부터 시작되었는지도 알아보고, 그때부터 학자들과 분석가, 선도적인 조직들이 내놓은 조사 결과와 데이터를 상세히 들여다볼 것이다. 또한 AI 혁신의 맥락에서, 젊은 세대의 변화하는 업무관을 고려하여 주 4일제를 고찰할 것이다. 우리가 현대의 조직 현실에 맞는 방식으로 생산성을 측정하고 있는지 의문을 던지고, 주 4일제가 성평등, 출산율 저하, 기후 변화 같은 당면 과제에 어떤 해결책을 제시할지 알아볼 것이다.

2부에서는 일찌감치 주 4일제를 채택하고 실험에 뛰어든 조직들을 만나 볼 것이다. 이들은 규모도, 산업 분야도, 지리적 위치도 다양하다. 이어지는 3부에서는 주 4일제 도입을 위한 조직 단위, 개별 직원 단위의 방안을 제시할 것이다. 모두 다 연구 결과로 증명되고 실제 현장에서 입증된 것들이다. 그리고 끝으로 왜 주 4일제가 우리의 미래가 될 것이라고 믿는지 마지막 주장을 펼칠 것이다.

그저 일주일에 하루를 더 쉬게 하는 것만으로는 안 된다. 올바른 접근방식을 고민하고 제대로 실행해야 더 적은 시간으로 더 큰 결과를 얻을 수 있다. 이 책은 바로 그 방안을 소개한다. 그리고 그것이 조직과 노동자, 그리고 사회 전반에 얼마나 더 나은 결과를 가져다줄 수 있는지 보여 줄 것이다.

Chapter 2

우리는 왜 주 5일을 일하게 되었나

일주일에 5일을 일해야 하는 이유는 딱히 없다.

사실 일주일이 7일이어야 할 마땅한 이유도 없다. 1년이 12개월인 것은 달의 위상 변화에 따른 것이고, 365.25일인 것은 지구의 공전 주기 때문이다. 하지만 7일이라는 숫자는 성경의 천지창조 이야기 외에는 아무런 근거가 없다. 그럼에도 인류가 7일 기준으로 사회를 조직한 이래 다른 대안은 상상하기조차 힘들어졌다. 그건 주 5일 근무제도 마찬가지다.

주 5일 근무제는 종교적 관행에서 비롯된 것도 아니다. 누군가 둘러앉아서 인간이 일하고 쉬는 데 최적의 날짜를 정하자며 객관적인 분석을 시도하지도, 지금의 5대2 분할이 옳은지, 공평한지, 꼭 필요한지 논하지도 않았다. 사실 주 5일 근무제의 역사는 놀랄 만큼 짧고 임의적이며, 지금까지 유지되어야 할 자연적, 종교적, 천문학적 이유도 없다.

1달러의 가치라든가 팅커벨이 부리는 마법처럼, 그 힘은 고스란히 우리의 집단적 신념을 기반으로 한다.

현재의 근무일 체제는 산업혁명을 거치며 100여 년 전 형성되었다. 그리고 지금, 또 한 번의 급격한 변화를 맞이하며 우리는 그 틀을 다시 상상할 수 있는 특별한 기회 앞에 서 있다.

해가 지면 일이 끝나던 시절

모두가 집에서 일했던 옛날 옛적에는 일과 생활 사이에 구분이 없었다. 그리고 우리의 노동은 자연의 흐름과 대부분 맞춰져 있었다. 인류 역사의 95퍼센트에 상당하는 대부분의 세월 동안 우리 인간은 주당 평균 15시간을 일한 것으로 추정된다. 그 같은 일은 보통 유동적이고, 유연했으며, 철저히 인간적이었다.[1]

1700년대 말 일어난 산업혁명 이전 수천 년 동안 우리가 먹고 쓰는 물건 대부분은 땅에서 나왔고, 우리의 노동은 그 땅을 일구는 데 바쳐졌다. 양초, 무기나 연장, 신발, 가구처럼 누군가 전문적으로 만들어 가게에서 파는 것도 있었지만, '제작'되는 물건은 거의 대부분 개인이, 손으로, 한 번에 하나씩 만들었다.

그러다가 1700년대 초반에 변화가 일어나기 시작했다. 영국에서 가정 생산 시스템이라는 것이 생겨났다. 공장의 조립라인보다 오래되고

     Part 1 왜 이제 더 짧게 일해야 하는가

조금 더 느긋한 버전이라고나 할까. 남자들은 여전히 들에 나가 일하고 가축을 돌보았지만, 시골에 사는 많은 여자와 아이들이 상인들의 하도급자처럼 일하기 시작한 것이다. 이런 하도급자는 원재료를 잔뜩 받아다가, 집에서 수작업을 거쳐 그것을 완성품(혹은 그와 비슷한 수준) 으로 만들고, 생산라인의 다음 단계에 있는 사람에게 보냈다. 집에서 일하는 이케아IKEA 가구 조립 서비스 정도로 생각하면 편할 것이다. 익명의 최종 사용자를 대신해 부품을 받아 조립을 해주는 것이다.

이 같은 사례에서 가구 회사는 당신이 작업을 몇 시간이나 했는지, 나무못 하나를 잃어버려 시간을 얼마나 허비했는지에는 관심이 없다. 중요한 것은 회사 직원이 완성품을 픽업하러 갈 때까지 당신이 가구를 몇 개나 조립해 놓았는지뿐이다.

산업혁명 초기에 이 시스템이 가장 흔히 사용된 분야는 가구가 아니라 섬유였다. 일반적으로 상인들은 양모 뭉치를 집에서 일하는 하도급자에게 보내고, 그럼 하도급자는 집에서 물레를 돌려 실을 자았다. 그림Grimm 형제가 1812년 출간한 독일의 동화 《럼펠스틸스킨 *Rumpelstiltskin*》을 들어본 사람이라면 아마 방앗간 주인의 딸에게 짚을 황금으로 만들어 줄 테니 그 대가로 미래에 낳을 첫딸을 달라고 요구한 조그맣고 기분 나쁘게 생긴 남자를 알 것이다. 이 불편한 내용의 동화는 말 안 듣는 독일 어린이들에게 겁을 준 것 외에도 그 당시 여성들이 물레 앞에서 고된 노동을 하며 오랜 시간을 보내는 일이 얼마나 흔했는지를 잘 보여 준다. 양모를 물레로 자아 실을 뽑고 나면 이 하도급자들은 완성품에 조금 가까워진 이 제품을 손으로 직물을 짜는 사람들에게 보낸다. 그러고 나면 그 사람들이 그 실로 옷이나 다른 섬유 제품을 만든다. 바로 여기에서 가내 수공업이라는 말이 나왔다. 당시 노동의 대부분이 시골 가정 내에서 이루어졌기 때문이다. 학교에 다니지 않으면서 농장 일을 도왔던 젊은 여성들은 이런 일을 하면서 시간을 보냈다. 반면 결혼한 여성은 이런 일은 덜 하는 대신 자녀와 가정을 돌보며 하루를 보냈다. 그래서 지금까지도 결혼 적령기를 넘긴 미혼 여성을 스핀스터spinster, 즉 물레 돌리는 사람이라고 부르는 것이다. 참으로 가혹하고 구시대적인 표현 아닌가.

농사일을 했든, 초기 생산 일을 했든, 그 사람들은 아마 가족과 이웃, 친구와 함께 자신의 땅이나 집에서, 자연의 시간표에 따라 일했을 것이다. 하루 일과에는 공식적인 시작이나 끝이 없었으며, 정확히 정해진 시간 동안 일하는지 감시하겠다며 시계(시대를 감안해 그 당시라면 해시계)를 보는 사람도 없었다. 해야 할 일들이 있었고 일몰이나 계절 변화처럼 자연의 주기에 따라 정해진 대략의 기한이 있었지만 언제 어떻게 그 일들을 해낼지는 개인이 자유롭게 정했다. 따라서 그런 환경에서 성공은 창의적인 문제 해결 능력, 회복력, 적응력, 건전한 업무 윤리 같은 가장 인간적인 기술에 좌우되었다.

기계가 인간을 시계에 묶어 두다

이는 유사 이래 항상 비슷하게 유지되었다. 그러다가 약 250년 전, 신기술이 등장해 농업과 제조업의 효율성을 증대시키고, 인간의 노동보다 중장비에 의존하기 시작했다. 1700년대 후반과 1800년대 초, 증기 기관, 더 발전된 밭갈이 기술, 더 나아진 농업 장비 같은 신기술 덕분에 사람은 더 적은 시간에 더 많은 일을 할 수 있게 되었고 노동력도 덜 필요로 하게 되었다. 1841년 영국 인구조사에 따르면 이제 전국 노동 인구의 22퍼센트만이 농업 부문에 남았다. 농업은 그 전까지 인류 역사상 인간의 노동력을 대부분 독점했던 최대 산업이었는데 말이다.[2] 급작스럽고 신속한 기술의 발전과 그로 인한 노동의 변화는 전 세계를 충격으로 몰아넣었다. 사람들은 이제 기계가 모두의 일자리를 빼앗을 것이라며 겁을 먹었다. 요즘 주변에서 많이 듣는 말 아닌가?

당시 사람들은 농업이나 가내 수공업 말고 다른 무슨 일을 할 수 있을지 상상하기 힘들었다. 물론 농업에서 많은 일자리를 앗아 간 바로 그 산업혁명이 만들어 준 새로운 일자리는 많았다. 지금이야 당시 사라진 농업 일자리가 새로 생겨난 공업 노동력으로 거의 완벽히 대체되었음을 보여 주는 자료를 쉽게 찾을 수 있지만, 그때는 아직 존재하지 않는 제조업의 개념이라든가 그것이 만들어 낼 무수한 일자리를 상상하기란 불가능에 가까웠다. 경제의 전환은 매끄럽지 못했고 그 과정에서 많은 이들이 낙오되고 소외되었다. 하지만 시간이 지나면서, 이전 생산 방식이 대부분의 노동자를 내보내는 동안 새로운 생산 방식은 그들을 기꺼이 흡수할 준비가 되어 있다는 것이 분명해졌다.

그런데 제조 시설에서 일하는 건 농장에서 일하는 것과 너무나도 큰 차이가 있었다. 일단 공장은 우리 뒷마당에 있는 게 아니다. 따라서 인류 역사상 처음으로 사람들은 일자리를 찾기 위해 시골을 떠나야 했다. 1851년 영국 인구조사 데이터를 보면 사상 처음으로 시골보다 도시에 더 많은 사람들이 살게 되었다.[3]

산업혁명 후에 180도 달라진 건 사람들의 일터뿐만이 아니었다. 이전까지 격식 없이 그때그때 필요에 따라 자기 스스로 관리하던 일들이 이 시점부터 측정되고, 관리되고, 효율성을 위해 최적화되는 방식으로 바뀌었다. 노동자는 처음으로 전체 생산량에 따라서가 아닌 시간당 대가를 받게 되었다. 배정된 자리에서 가족과 이웃이 아닌 낯선 사람이나 동료와 함께 일했다. 자신을 감독하고, 새로운 규칙과 기준, 기대치를 들이대는 관리자와 상사, 계층 구조가 생겨났다. 농장 안팎에서 매일 여러 가지 일들을 처리하던 사람들이 이제는 나사를 돌리거나 못을 박는 것처럼 한 가지 일을 하루 종일 반복하게 되었다. 이 시대 최대의 혁신이라 할 수 있는 조립라인은 여러 가지 측면에서 사람을 로봇으로 바꾸고, 최대한 변화 없이 지루하고 단순한 일을 반복적으로 하게 만들었다.

초창기 근로 환경은 믿을 수 없을 만큼 가혹했다. 점점 더 많은 사람들이 시골을 떠나 도시에서 기회를 찾게 되면서, 공장주들은 노동자를 존중과 존엄으로 대할 필요가 없어졌다. 조금이라도 불평하는 사람들은 아주 쉽게 다른 사람으로 대체할 수 있었기 때문이다. 이전까지만 해도 인간은 자신의 가장 인간적인 특성에 의존하면서 번성할 수 있었다. 하지만 산업화된 세상은 가장 로봇 같은 특성에 높은 값을 매겼다. 창의적인 문제 해결 능력, 적응력, 지략과 수완, 정서 지능은 산업혁명 시대 공장에 설 자리가 없었다. 대신 노동자는 시간 엄수, 충성심, 절대적인 복종, 일관성 같은 것으로 가치가 정해졌다. 이 시기에 노동자들은 암묵적으로, 그리고 때로는 명시적으로 집에 인간성을 남겨 두고 출근해 거대한 기계 속 톱니바퀴처럼 움직여야 했다.

나태의 반란: 쉬는 날을 쟁취하라

산업혁명 초기에는 퇴근 후 한가로운 저녁이라든가 주말, 휴가, 병가, 육아휴직 같은 것이 없었다. 출근한 사람은 근무한 시간만큼 돈을 받았고 그렇지 않은 사람들은 그대로 쫓겨나 다른 노동자로 대체되었다. 공장은 돌아갈 때만 돈을 벌었고 공장주들은 당연히 최대한 오랜 시간 생산라인을 가동해야만 한다는 경제적 동기 아래 움직였다. 산업혁명이 시작될 당시 노동자들은 일주일에 7일씩, 하루에 겨우 몇 시간 일터에서 벗어나 잠을 자고 곧장 다시 공장으로 복귀해야 했다. 예컨대 1890년 미국 정부 연구에 따르면 제조업 공장 풀타임 노동자는 주당 평균 100시간, 혹은 주 7일 하루에 14시간 조금 넘게 일했다.[4] 지금으로부터 150년 전만 해도 유급 휴가, 병가, 육아휴직, 심지어 주말까지도 완전히 낯설거나 그저 몽상에 불과한 개념이었다.

이 시기 전반에 걸쳐 노동을 조금이나마 인간적으로 만들려는 많은 노력이 있었다. 그중 가장 주목할 만한 것이 아마 8시간 근무제 캠페인이었을 것이다. 이 같은 개념을 처음 내놓은 것은 웨일스의 제조업자이자 노동운동가 로버트 오언Robert Owen이라고 알려져 있다. 그는 1817년에 "8시간 노동, 8시간 여가, 8시간 휴식"이라는 말을 처음 만들었다.[5] 처음에는 대부분의 사람들이 이 같은 개념을 거부했고 특히 유럽이 심했다. 노동자를 인간적으로 대하는 건 사업에 해가 되는 일이었고, 19세기 초 서양의 경제는 여전히 제조업 패권을 차지하기 위해 노동력을 쥐어짜고 있었다. 발전 속도를 늦출 생각 따위는 없었다. 하지만 하루를 삼등분한다는 개념은 남북전쟁 후 미국의 노동 인권 운동가들에게 전해졌다. 1866년, 전미노동조합은 8시간 근무제를 강제하는 법안 통과를 의회에 요청했으나 실패로 돌아갔다. 그로부터 3년 후 율리시스 S. 그랜트Ulysses S. Grant 대통령이 마침내 8시간 근무제를 도입했으나 그건 연방 정부 공무원에게만 적용되었다.

이 같은 노력이 정부 부문에서 한정된 성공을 거두는 데 그치긴 했지만 민간 부문에서도 특정 산업의 고용주들이 대의에 앞장서기 시작했다. 특히 전문화된 기술을 필요로 하거나 보다 인간적인 특성에서 이득을 볼 수 있는 곳들이 그러했다. 당시 만연한 생각은 이러했다. 공

   Part 1 왜 이제 더 짧게 일해야 하는가

장 노동자는 생각하거나 휴식을 취할 시간이 필요 없고 가족과 시간을 보낼 필요도 없으나, 중요한 의사결정을 내리고, 비판적인 생각을 하고, 새로운 아이디어를 내놓아야 하는 책임자들은 그런 시간이 필요하다는 것이었다. 실제로 1905년경 노동자가 하루에 8시간만 근무하도록 정한 최초의 산업은 인쇄업이었다.[6]

8시간 근무제가 특정 분야에서 서서히 추진력을 얻는 동안 한편으로는 한 주에 일하는 일수를 줄이겠다는 노력도 뚜렷한 모양새를 띠기 시작했다. 19세기 초, 십계명의 네 번째 계명인 "안식일을 기억하여 거룩하게 지키라"를 신봉하는 기독교 안식일교 신자들이 노동자가 교회에 참석하여 예배를 드릴 수 있도록 일요일마다 우체국을 닫자고 미국 정부에 로비하여 성공을 거두었다.[7] 시간이 흐르면서 종교계의 압력과 노동 시장의 경쟁을 못 이긴 다른 고용주들도 이를 따랐다. 한편 유대인 노동자들은 안식일인 토요일을 쉬고 그 대신 일요일에 일할 것을 요구받았다. 하지만 결과적으로는 종교를 가진 대다수의 사람들이 기독교인이든 아니든 일요일에 출근해야 한다는 사실에 점점 더 불만을 품기 시작했다. 1908년에 뉴잉글랜드의 한 공장에서 두 주요 종교의 안식일을 모두 보장하여 이 같은 문제를 해결하고자 최초의 주 5일제를 시작하였다고 알려져 있다.[8] (참고로 중동의 이슬람과 유대교 국가를 포함해 비기독교 인구가 많은 나라에서는 오늘날에도 목요일 저녁에 주말이 시작되어 일요일 아침에 회사로 복귀하기도 한다.[9])

자동차 왕이 선물한 토요일

그 이후 비슷한 압력을 받았던 공장들이 "하느님을 섬기는 날"에 아무도 일하지 않도록 조치하면서 주 5일제가 확립되었다. 주 5일제에 확실히 앞장섰던 "위대한 미국의 기업인" 중 최초는 바로 헨리 포드 Henry Ford였다. 그는 1922년, 하루 8시간, 주 5일로 구성된 근무제를 시범 도입했다.

당시 그 같은 결정은 다소 논란의 여지가 크고 미국이라는 국가의 생산성에 큰 손실을 안길 것이라고 여겨졌다. 단적인 예로 1922년《뉴욕 헤럴드》에 실린 사설은 "포드의 새 근무 제도는 일을 최소한으로 줄이고 싶다는 생각을 품은 사람들에게 너무나도 기쁜 소식"이라며 폄하했다.[10] 포드가 나태를 장려하고 있다는 뜻을 1922년식으로 고상하게 돌려 말한 것이다. 하지만 포드는 자동차를 만들어 파는 일을 하고 있었고 자동차 산업 초창기에는 차를 몰고 돌아다닐 시간이 없다면 자동차가 하등 쓸모없는 것이 되어 버리는 셈이었다. 오늘날 우리는 운전을 주로 출퇴근과 동일시하지만 교외와 대도시가 확산되기 전인 그 당시에는 자동차가 주로 시골로 가는 장거리 여행에 사용되었으며 출퇴근은 보통 기차와 자전거, 혹은 도보로 이루어졌다.

"상품 소비를 진작시키는 여가의 산업적 가치가 증명되었다. 이제 여가가 '시간 손실'이라든가 특정 계층의 특권이라든가 하는 생각은 버려야 한다."[11] 1926년 포드는 이렇게 썼다. 전 직원이 주 5일제를 시

　　　　　　　　　　Part 1 왜 이제 더 짧게 일해야 하는가

작하는 데 맞춰 그가 최저 일급 5달러를 제시한 것과 같은 해였다.

달리 말해 포드는 돈과 시간을 가진 부유한 사람들만 차를 구매한다는 걸 알고 있었다. 따라서 자동차 시장의 고객을 상류층에서 일반 대중으로 확대하려면 공장 노동자에게도 적정 금액의 보수와 여가 시간을 보장할 수 있는 체제가 필요했다. 물론 지금의 우리는 그 같은 조치가 결국 포드에 큰 이득이 되었음을 잘 알고 있지만 당시만 해도 그는 미국 사업가 공동체에서 배척당했다. (참고로 우리는 노동자 처우와 관련한 그의 진보적인 시각을 인정하는 동시에, 기록으로도 잘 남겨져 있는 그의 극단적인 반유대주의와 편협한 사고 역시 인식할 필요는 있다.[12])

그 이후 다른 고용주들도 뒤를 따랐다. 그 덕분에 1940년, 그러니까 고작 86년 전 미국에서 공정근로기준법이 개정되어 주 40시간 노동이 법제화되었을 때는 이미 대부분의 회사가 하루 8시간, 주 5일로 운영되고 있었다. 그 법률에 따르면 41시간부터는 더 높은 추가 근무 수당을 주어야 해서 이는 근로 시간을 40시간으로 효과적으로 제한하게 해주었다. 대부분의 회사가 이를 8시간씩 5일로 나누었고, 위에서 언급한 종교적·정치적 이유로 근무일은 월요일부터 금요일까지로 정해졌다. 이 같은 법안은 새로운 관습을 확립하기 위한 것이 아니라 이미 널리 도입된 것을 법제화하기 위한 것이었다. 1980년이 되자 9시부터 5시까지 근무하는 방식은 너무나도 널리 퍼져서 가수 돌리 파튼Dolly Parton은 영화 〈나인 투 파이브Nine to Five〉에 출연하고 동명의 노래를 발표하기도 했다.

그 이후 근무일을 줄이고자 하는 추가적인 시도가 있었으나 궁극적인 성공을 거둔 것은 없었다. 예를 들어 1956년 당시 부통령이었던 리처드 닉슨Richard Nixon이 행정부의 경제 정책에 따라 주 4일 근무제 도입을 약속했었다.[13] "등골이 휘는 고된 노동과 정신적인 스트레스는 기계와 전자기기의 몫이 될 겁니다. 우리는 매일 기분 좋은 노동을 마치고, 가족과 편안하고 즐거운 시간을 즐기기에 충분한 에너지를 가지고 퇴근할 수 있어야 합니다. 주 4일제가 머지않았습니다. 모든 미국인이 퇴근 후 가족과의 삶을 더욱 만끽할 수 있게 될 것입니다." 닉슨이 선거 운동 연설에서 한 말이다.[14] 그로부터 대략 70년이 지났지만 그 "머지않은 미래"는 아직 오지 않았다.

100년 묵은 시간표를 다시 쓸 때

많은 이들이 이야기가 여기서 끝났다고 생각할 것이다. 하지만 우리에게는 시작에 불과하다.

헨리 포드가 주 40시간 근무제를 확립하고 100년 이상, 그리고 그것이 법으로 만들어지고 86년이 흘렀지만, 우리 대부분은 여전히 농업 사회에서 산업 사회로의 전환기에 시작된 업무 체계를 지키고 있다. 그 이후의 노동은 아주 다른 유형으로, 다시 인간의 특성을 중시하는 세계로 돌아왔는데도 말이다. 이제 대부분의 노동자는 단순히 제시간에 출근해 출근 도장을 찍고, 똑같은 단순 업무를 반복하는 것만으로 인정받지 못한다. 인류 역사상 거의 항상 그랬듯 오늘날 우리가 생존하고 번창할 능력은 창의적인 문제 해결 능력, 적응력, 지략과 수완, 정서 지능 같은 가장 인간적인 특성에 크게 좌우된다. 산업혁명 시대에는 엄격한 감독과 통제, 규격화가 경제적 성공에 필수적이었다. 하지만 우리 대부분은 이제 조립라인에서 일하지 않으며, 그곳에서 일하는 사람들마저도 그 당시의 공장 노동자들과는 확연히 다른 업무 경험을 하고 있다.

산업혁명 도중 육체 노동을 규격화하기 위해 도입된 규칙과 규범 중 상당수는 현대의 지식경제 사회에 잘 맞지 않는데도 굳건히 자리를 지키고 있다. 최소한 코로나19 팬데믹 사태 전까지는 그랬다. 그런데 그 일이 터진 후 우리는 일을 어떻게 하면 좋을지, 업무 장소나 정해진 근무 시간 같은 기존의 규칙이 오늘날의 일터에서도 정말로 중요한지, 일이 우리의 삶에서 어떤 역할을 하는지 재평가해 볼 기회가 생겼다. 팬데믹이라는 대격변이 일어나고 얼마 지나지 않아 세상은 강력한 신기술을 처음 맛보았다. 집단으로서 우리의 업무 생산력을 극적으로 높일 잠재력을 지닌 것이었다. 이는 산업혁명 초기에 도입되었던 연장과 크게 다르지 않았다.

낡은 규칙과 규범을 지금의 현실에 적용하는 데서 오는 어려움(이것은 앞으로 더 자세히 다룰 것이다)과 곧 다가올 기술적, 사회적, 경제적 변화를 고려하면, 우리의 업무 방식을 다시 생각해야 할 때가 온 것이다.

주 5일 근무제의 확립을 본보기로 삼아 생각해 보면, 변화는 밑바닥부터 일어날 것이다. 노동자들이 더 나은 근무 조건을 요구하고, 그 같은 변화가 기업과 경제, 사회 전반에 유익할 것이라는 증거를 제시할 것이다. 그다음으로 기업의 리더들, 그중에서도 진보적인 사고방식을 지니거나 경쟁이 치열한 인재 유치 시장에서 활동하는 전문 분야의 리더들이 먼저 나설 것이다. 지난 역사에서 알 수 있듯 민간 부문이 새로운 규범을 받아들이고 난 이후에야 비로소 법률과 정책이 바뀔 것이다.

오래전 주 5일 근무제 도입 당시와 마찬가지로 많은 사람들이 주 4일제를 업무 윤리의 타락이나 전염병처럼 번지는 나태의 상징이라고 매도하고 있다. 하지만 이 문제를 면밀히 연구한 우리는 그에 동의하지 않는다. 그리고 지난 세기 주 5일제의 사례와 마찬가지로 역사가 우리의 편에 설 것이다. 업무 방식에서 또 한 번의 거대한 변화를 겪고 기술이 다시 한번 중요한 역할을 하게 되면서 새로운 기준을 세우고 우리의 지금 현실을 더 반영하는 규칙을 다시 쓸 수 있는, 백 년에 한 번 오는 또 다른 기회를 얻게 되었다. 19세기 초에 그랬듯이 많은 기업이 이미 근무일을 줄이는 실험을 하고 있고, 그것이 그저 가능한 것이 아니라 반드시 필요한 것이라는 연구 결과가 쌓이기 시작했다.

초기의 제조업과 농업은 둘 다 너무나 비효율적이었다. 그것은 부인할 수 없는 사실이다. 하지만 효율의 극대화를 추구하는 과정에서 우리는 일을 의미 있고, 조절 가능하며, 인간적으로 만들어 주던 많은 요소를 잃고 말았다. 이제 더 발전된 기술이 우리가 기계적으로 하던 일을 넘겨받고 그로 인해 우리의 인간적 특성의 가치를 높여 줌에 따라 그 요소들을 되찾을 기회가 생겼다. 다음번 혁신이 찾아올 때까지 백 년을 더 기다리고 싶은가? 아니, 그렇지 않으리라고 생각한다.

Chapter 3

주 4일제의 등장

2018년, 지은이 조 오코너Joe O'Connor는 아일랜드 최대 규모 노동조합인 포르사Fórsa에서 공공 부문 조합원들을 대상으로 워라밸을 분석하는 연구 프로젝트를 이끌고 있었다.

연구를 진행하던 중 그는 의외의 사실을 발견했다. 아이를 키우는 상당수의 조합원(대부분 여성)은 주 4일 근무제를 선택해 일하고 있었는데, 그만큼 줄어든 보수를 받고 있었음에도 그들에게 요구되는 업무량이나 책임은 전혀 줄지 않았던 것이다. 그건 그들의 성과도 마찬가지였다.

달리 말하면 그들은 이전에 5일간 하던 일을 4일 안에 똑같이 해내고 있었다는 뜻이다. 거기에 공공 부문의 기묘한 측면 하나가 예상치 못한 통찰을 제공했다. 긴축 시대에 체결된 단체협약인 '해딩턴 로드 협약Haddington Road Agreement'은 아일랜드의 공공 부문 종사자들에게 매주 2시간 15분의 추가 근무를 의무화했는데, 자세히 들여다보니 대다수 직무에서 그 추가 근무가 명시적으로 생산성이나 책임성 증대로 이어지지 않고 있었다. 예를 들어 의료 부문에서 간호사가 2시간 추가 근무를 했을 때는 정량적인 이득이 나타났으나 이 협약에 포함된 수천 명의 다른 관리자, 행정직, 기타 지원업무를 하는 사람들의 경우에는 그렇지 못했다. 협약이 가져온 눈에 띄는 변화는 정부에 대한 노동자들의 불만이 상당히 커졌다는 사실뿐이었다.

파킨슨의 법칙: 일은 주어진 시간만큼 늘어진다

그때 조는 해군역사학지 C. 노스코드 파킨슨C. Northcote Parkinson이 개발한 '파킨슨의 법칙'을 떠올렸다. 파킨슨은 1955년 《이코노미스트》에 실린 글에서 조카에게 엽서를 보내는 어느 "여유로운 노부인"의 이야기를 들려준다.[1] 노부인이 이 간단한 일을 마치는 데는 하루 종일도 걸릴 수 있다. 1시간 동안 완벽한 엽서를 고르고, 또 1시간 동안 돋보기를 찾으러 다니고, 30분 걸려 조카의 주소를 찾고, 1시간 15분 동안 엽서를 쓰고, 엽서를 부치러 우체국까지 걸어갈 때 우산을 가지고 갈지 말지 20분간 망설이고, 우체국까지 가는 동안 길가의 상점 몇 군데를 둘러볼 수도 있다. "바쁜 사람이라면 3분 만에 끝낼 수 있는 일도 이런 식이라면 다른 누군가에게 하루 종일 망설임과 불안, 고된 노동이 될 수 있다." 그 같은 관찰을 통해 파킨슨은 결국 "일은 완료하는 데 주어진 시간을 모두 채울 만큼 늘어진다"라는 결론을 내린다. 달리 말해 우리의 "여유로운 노부인"은 어떤 일을 하는 데 자신에게 하루를 허용했고 그 시간을 모두 그 일에 할애했다. 파킨슨은 이 노부인에게도 "바쁜 사람"과 똑같은 시간이 주어졌다면 단 3분 만에 같은 일을 해낼 수 있었을 것이라고 믿었다.

영국의 인기 시트콤 〈더 오피스The Office〉의 미국판에서 조금 더 현대적인 예시를 찾을 수 있다. 2006년에 방송된 한 에피소드에서 어느 회사의 관리자 마이클이 사무실에서 영화 감상 행사를 연다.[2] 전 직원이 근무 시간 중에 휴게실에서 영화를 보고 있는데 마이클의 상사 잰이 그 모습을 발견한다. 놀란 그녀가 근무 중 영화를 보는 게 어떻게 생산성 향상에 도움이 되느냐고 따지자 마이클이 이렇게 대답한다. "영화를 보고 난 직원들은 더 빠르게 일을 처리합니다."

"마법이라도 부려요?" 잰이 묻는다.

"아니요. 영화를 보느라 줄어든 시간을 메우려면 그래야만 하거든요." 마이클이 대답한다.

조가 노동조합 생산성 데이터에서 찾아낸 결과는 파킨슨의 법칙과 같았다. 어떤 일을 35시간 안에 끝내라고 하면 실제로 35시간이 걸린다. 37시간을 줘도 대부분 같은 양의 일을 해낸다. 32시간 안에 하라고 하면, 작업 방식을 그에 맞게 조정해 더 짧은 시간 안에 같은 양의 일을 마친다.

　　　　　　　　　　　Part 1 왜 이제 더 짧게 일해야 하는가

이론을 실험대에 올리다

조는 역대 최연소 부사무총장으로서 젊은 아일랜드 노동자들의 낮은 참여율과 노조 가입률을 높이는 임무를 맡았다. 당시 그는 스웨덴, 아이슬란드, 뉴질랜드 같은 국가에서 나타나는 새로운 데이터에 주목하고 있었다. 2010년대 중반에서 후반까지 주 4일제의 시범 도입을 통해 유망한 결과를 얻고 있던 국가들이었다. 조는 그의 조국에서도 같은 실험이 통할 수 있다고 믿었지만 문제는 근무일을 줄이는 시도를 진지하게 받아들이는 사람이 없다는 점이었다. 온갖 연구와 증거, 사례가 산더미처럼 쌓여 있는 지금에도 "그런데 그게 정말 효과가 있을 거라고 보진 않으시죠?" 같은 소리를 자주 들어야 하니 그 당시에는 어땠을지 상상이 될 것이다. 하지만 다행히 조는 다른 사람들이 그의 생각에 의심을 품을수록 힘을 얻는 사람이었다.

2018년 그는 더블린에서 '근무 시간의 미래The Future of Working Time'라는 제목의 포럼을 개최하고, 이 주제와 관련한 연사와 전문가들을 전 세계에서 불러 모았다. 바로 그 자리에서 조의 당시 상사 케빈 캘리넌Kevin Callinan이 10년 내 조합원들을 위한 주 4일제 쟁취를 선언했고, 그 노력은 지금까지 진행 중이다. 당시에도 조는 미래의 기술 발달이 우리의 생산성을 높여 줄 가능성을 이야기하며 지난 50년간 기술력 덕분에 생산성이 크게 향상했음에도 불구하고 업무 시간과 보상은 거의 달라진 게 없다고 말했다. "시간이 아니라 생산성에 대해 논의해야 합니다. 기술적 변화와 함께 시작될 4차 산업혁명에서 우리가 반드시 주목해야 하는 점은 그 혜택을 노동자도 함께 누려야 한다는 것입니다." 그가 2018년에 지역 언론에 한 말이다.[3]

하지만 당시에 주 4일제에 관한 이론은 그저 이론에 그쳤다. 일부 기업이 축소된 일정으로 근무하는 데 성공을 거두고 있긴 했지만 그 주제와 관련해 공식적인 연구는 이루어지지 않았고 조는 그 같은 상황을 바꾸고 싶었다.

그리하여 이듬해인 2019년, 조는 '포 데이 위크 아일랜드Four Day Week Ireland'라는 이름의 캠페인을 개시하고 이 같은 움직임을 먼저 시작한, 그 수는 적지만 매우 열정적인 전 세계 기업의 리더들에게 연락을 취했다. 그중에는 뉴질랜드의 부동산 회사 퍼페추얼 가디언 Perpetual Guardian에 단축 근무를 성공적으로 확립한 앤드루 반스Andrew Barnes라는 사람이 있었다. 그리고 그즈음 앤드루는 아내 샬럿 록하트 Charlotte Lockhart와 함께 '포 데이 위크 글로벌4 Day Week Global'이라는 캠페인을 시작하여 주 4일 근무제 연구를 공식화하는 일을 돕고 있었다. 이 새 조직은 아일랜드에서 실험을 시작하겠다는 조의 야심에 기꺼이 동조하고 나섰다.

2020년 말, 조는 변화를 꾀할 용의가 있는 아일랜드의 소기업 열두 군데를 선정하고, 연구를 위해 보스턴 칼리지와 더블린 대학교에서 파트너를 영입했다. 그중에는 세계적으로 저명한 경제학자 겸 사회학자 줄리엣 쇼어Juliet Schor가 있었다. 쇼어는 수십 년간 업무와 시간의 관계를 연구하고 그에 관해 저술해 왔으며, 이는 1991년에 발표한 베스트셀러《과로한 미국인*The Overworked American*》에 잘 나와 있다.[4] 이 연구 프로젝트는 신뢰성을 더해 줄 뿐 아니라 주 4일 근무제가 기업과 직원, 사회 전반에 미치는 영향을 정량화하며 날로 늘어 가는 연구에 기반이 되어 주었다.

2021년 조는 아일랜드에서 최초의 주 4일제 시범 운영을 시작했으며, 이듬해에는 미국과 캐나다의 21개 회사를 포함한 또 다른 시범 운영을 이어 갔다. 새로운 시작마다 조는 점점 더 희망적인 결과를 얻었다. 이즈음 그는 이 개념을 더욱 심층 연구하기 위해 코넬 대학교에서 1년간 방문 연구 펠로십을 시작했고, 곧이어 '포 데이 위크 글로벌'의 CEO로 취임했다. 그는 미국, 캐나다, 영국, 오스트레일리아, 뉴질랜드에서 여러 기업의 시범 프로그램을 운영하며 자신이 아일랜드에서 개발한 모델을 사용했다. 당신이 이전에 주 4일제에 대한 기사나 논문을 본 적 있다면 거기에는 이들 연구 중 적어도 한두 개가 인용되었을 가능성이 높다.

코로나19 팬데믹 당시 기업들이 급격히 변화를 꾀하는 바람에 중립적인 데이터 비교가 힘들어졌고 일은 더욱 복잡해졌다. 하지만 그건 동시에 독특한 기회를 제공하기도 했다. 기업들이 팬데믹의 어려움을 기회로 삼아 오랫동안 지켜 왔던 기존의 업무 관행을 재평가하면서 일을 기존과 다르게 하려는 열린 태도가 강해졌기 때문이다. 노동자들 역시 기존의 직장 내 관행에 의문을 제기하고, 이전에는 불가능하다고 여겨졌던 일들을 요구할 수 있는 기회를 갖게 되었다. 2019년만 해도 원격 근무나 하이브리드 근무 형태를 요청하는 건 과도한 요구처럼 여겨졌으나, 2021년이 되자 이는 표준이 되었다. 그로 인해 어떤 이들은 직장 내 다른 관행도 이전에 생각했던 것보다 덜 영구적인 것은 아닐까, 하는 생각을 하게 되었다.

시범 운영이 성공을 거둘 때마다 조의 가설은 사실로 입증되었다. 몇 가지 적절한 환경만 갖춰진다면 더 적은 시간에 더 많은 일을 해낼 수 있다는 것이다. 그런데 그가 예상치 못한 것도 있었다. 주 4일제에 관심을 보인 회사의 유형도, 직원들의 직무도 너무나 다양했다는 사실이다.

그 당시 조는 대기업/소기업, 국내 기업/글로벌 기업, 독립 조직/기업 소유 조직, 공공 부문/민간 부문, 지식 기반/산업 기반, 노조/비노조 가릴 것 없이 다양한 조직과 협력했다. 비콥B Corp 설립자들은 주 4일제를 탄소 배출량을 줄일 수 있는 도구로 여겼고, 로펌들은 변호사들의 번아웃을 줄일 도구로 접근했다. 치열한 채용 시장에서 주 4일제를 이용해 업계 최고의 인재들을 채용하는 대행사나 IT 기업들도 있었고, 현금 흐름에 쩔쩔매는 사측과 타협점을 찾기 위해 주 4일제를 활용하는 노조 관계자도 있었다. 좌익 정치인들은 주 4일제를 점점 불공평해지는 경제 속에서 노동자를 위한 필수 조건이라 여겼고, 우익 정치인들은 이것을 개인의 자유와 경제적 책임의 관점에서 바라보았다(뒤에서 이런 기업인과 정치인 몇 명을 직접 만나 볼 것이다).

그 와중에도 조는 최고 수준의 연구소들과 협력하여 확실한 결과물을 보여 주었고, 이는 전 세계 언론에 주기적으로 실리기 시작했다. 영국의 61개 회사와 3,000명 넘는 임직원이 함께한 세계 최대 규모의 시범 운영은 전 세계에 대서특필됐고, 이에 참여한 조직은 거의 모두 이같은 변화를 영구적으로 추진할 계획이라고 밝혔다. 그리고 거의 절반이 생산성이 향상되었다고 전했다. 그중 15퍼센트는 생산성이 "눈에 띄게 좋아졌다"고 하였고, 46퍼센트는 생산성이 그대로 유지되었다고 했다. 생산성이 떨어졌다고 답한 조직은 5퍼센트에 불과했다.[5]

북아메리카에서도 비슷한 실험이 이루어졌다. 참여한 41개 회사는 근무 시간을 줄였음에도 12개월간 매출이 15퍼센트 상승한 것으로 나타났다. 시범 운영에 참여한 직원들은 경험의 만족도를 10점 만점에 9.1점으로 평가했으며, 대다수가 주 4일세가 완선히 성착되었으면 좋겠다고 답했다. 참여한 기업 모두가 이후 주 4일 구조를 유지하기로 결정했다. 연구원들은 참가자의 스트레스, 피로, 일과 삶의 불균형이 모두 줄어든 반면, 신체 건강, 정신 건강, 수면 시간, 워라밸, 전반적인 삶의 만족도가 모두 유의미하게 증가했다고 결론 내렸다. 근무일이 줄자 남성 참가자는 가족과 더 많은 시간을 보내고 가사에 참여할 수 있어서 배우자 간 가사노동의 불균형 문제도 어느 정도 해소할 수 있었다(이에 대해서는 추후 더 자세히 설명하겠다).[6] 근무를 쉬기로 한 날에 약간의 일을 한 사람들조차 집중력과 생산성이 좋아졌다고 답했다. 한때 의무적으로 일했던 것을 선택적으로 바꾼 것만으로 그렇게 된 것이다.

프리랜서는 하고 직장인은 하지 않는 것

주 4일제가 열렬한 언론의 관심과 함께 긍정적인 반응과 부정적인 반응을 동시에 불러온다는 것은 조도 일찌감치 알고 있었다. 헨리 포드와 로버트 오언이 오래전 깨달은 것처럼, 적게 일하면서 더 많은 걸 해낼 수 있다는 말이 영 통하지 않는 사람들이 분명 있었다.

이 책의 또 한 명의 지은이 재러드 린드존Jared Lindzon은 짧은 근무일의 잠재력을 초기에 알아본 사람 중 한 명으로, 2020년에 그에 관한 글을 쓰기 시작했다. 조와 마찬가지로 재러드도 주 4일제라는 해결책에 도달하기 오래전부터 자신의 업무 산출량과 근무 시간 사이의 간극을 알고 있었다. 프리랜서 언론인인 그가 판매하는 상품은 어떤 장치도, 시간도 아닌 글이었다. 재러드의 보수가 한 단어당 1달러라면, 500단어짜리 기사는 그 가격이 500달러, 5,000단어짜리 글은 5,000달러일 것이다. 시간이 아닌 단어 수로 산출량을 측정하다 보니 재러드는 더욱 효율적으로 일해야 한다. 하루에 글을 많이 쓸수록 돈을 더 많이 벌게 된다. 새로운 도구와 기술, 더 나은 집필 과정을 활용하고 숙련된 작가로서 자신의 경험을 살려 더 적은 시간 동안 더 많은 일을 할 수 있다면 소득에 직접적이고 긍정적인 영향을 미칠 것이다.

그 같은 가정은 그의 커리어를 통해 사실로 밝혀졌다. 단어당 받는 금액은 거의 달라진 게 없지만 재러드는 10년 전보다 지금 훨씬 더 많은 돈을 벌고 있다. 전에는 500단어 기사를 쓰는 데 꼬박 8시간이 걸렸

   Part 1 왜 이제 더 짧게 일해야 하는가

지만 지금은 보통 2시간에 끝낼 수 있기 때문이다. 물론 최대한 빨리 쓰겠다며 대충 엉망으로 써서 넘기면, 아마 글을 원하는 수준까지 높이기 위해 편집자와 몇 시간씩 다시 작업을 해야 할 것이다. 그런 일이 너무 자주 일어난다면 고객을 잃을 수도 있다. 결국 이런 보상 구조는 속도가 품질을 희생시키지 않는 한, 효율을 자연스럽게 끌어올리는 방향으로 작동한다.

반대로 근무 시간당 보수를 받았다면 재러드는 빠르게 움직일 이유가 거의 없을 것이다. 일을 완료하는 데 시간을 더 들이는 것으로 돈을 더 벌게 될 것이다.

재러드는 새로운 도구와 과정을 이용해 더 적은 시간에 더 많은 일을 해낼 수 있는 명확하고도 뚜렷한 기회를 보았다. 그 자신이 이미 해 본 일이니 확실했다. 히지만 오늘날까지도 대부분의 직장인은 그와 정반대로 일하고 있다. 일을 더 빠르게, 더 적은 비용으로, 더 잘 해내는 방법을 알아내면 아마 더 많은 일을 떠맡게 될 것이다. 재러드는 조를 만나고 인터뷰하면서 주 4일제가 자신이 이미 잘 알고 있던 인센티브 구조를 채택하게 함으로써 효율을 상당히 높여 줄 것임을 깨달았다.

재러드는 2020년 초 캐나다 일간지 《글로브 앤드 메일Globe and Mail》에 게재했던 주 4일제 관련 첫 기사에 이어 2년 뒤 추가 기사를 썼고, 2023년에는 《패스트 컴퍼니Fast Company》에도 두 건을 더 발표했다. 그 사이 조는 '워크 타임 레볼루션Work Time Revolution'을 세우기 위해 캐나다 토론토로 이사했고, 2022년 9월, 두 사람은 마침내 한 IT 학회의 무대 뒤에서 직접 만나기에 이른다. 사회자였던 재러드는 관객들에게 조를 소개했다. 재러드가 2024년 초 주 4일제에 관한 다섯 번째 글이자 조를 소개하는 기사를 《토론토 스타*Toronto Star*》에 실었을 무렵 두 사람은 함께 책을 집필할 때가 되었다고 생각했다.

소수의 확신이 전 세계로

조가 주 4일 근무제를 연구하기 시작했을 때만 해도 그는 아무도 들으려 하지 않는 주장을 소리 높여 외치는 몇 안 되는 사람 중 하나에 불과했다. 하지만 그간의 노력 덕분에 많은 기업 리더와 정치인, 개별 노동자들이 같은 결론에 도달하여 그와 힘을 합쳤다.

요즘엔 거의 모든 주요 분야에서 주 4일에 맞춰 운영되는 기업을 찾을 수 있다. 예시로 람보르기니Lamborghini 생산 시설에서 근무하는 직원들은 2023년 말부터 주 4일만 일하고 있다.[7] "직원들에게 동기를 부여해야 조직이 성공할 수 있습니다. 그것이 사람들의 에너지와 능력을 공통의 목표 아래 결집시키기 때문입니다. 주 4일제라는 혁신 덕분에 사람들은 신체적·정신적 에너지를 회복할 수 있게 되었습니다." 람보르기니의 최고 인사·문화·조직 책임자 움베르토 토시니Umberto Tossini의 말이다.[8]

가정용 소비재 시장을 지배하고 있는 유니레버Unilever는 팬데믹 기

     Part 1 왜 이제 더 짧게 일해야 하는가

간 뉴질랜드와 호주 지사를 주 4일 운영했고 그 이후에도 4일제를 유지 중이다(자세한 내용은 8장에서 다룬다). 2019년 마이크로소프트 재팬Microsoft Japan에서 주 4일 근무제를 도입했을 때는 생산성이 40퍼센트나 뛰었다.[9] 버퍼Buffer, 킥스타터Kickstarter, 그랜트 손튼Grant Thornton, 볼트Bolt, 에이윈Awin 또한 근무일을 줄인 수천 곳의 회사 목록에 이름을 올렸다. 2024년 5월 브라이트 에이치알Bright HR에서 발표한 연구 결과에 따르면 실제로 이전 12개월간 주 4일제를 채택한 기업은 영국에서 25퍼센트, 캐나다에서 34퍼센트 늘어났다.[10] 테크코Tech.co에서 2025년에 실시한 연구에서는 고위 관리자의 38퍼센트가 주 4일 근무제 도입에 개방적이라고 답했다. 전년도의 23퍼센트보다 증가한 수치다.[11]

주 4일 근무제기 보편적으로 더 나은 결과를 만들어 준다고 주장하는 건 아니다. 원격 근무가 모든 기업에 좋다고 주장하는 사람이 거의 없듯 말이다. 하지만 원격 근무와 마찬가지로 주 4일제도 아마 이전에 우리가 생각한 것보다 더 많은 사람에게 유익할 것이다.

완전 원격 근무를 하는 사람, 통근과 원격 근무를 모두 하는 사람, 항상 대면하여 근무하는 사람 모두가 이에 포함된다. 변호사나 컨설턴트처럼 시간당 보수를 받는 사람이나 고객의 요구 수준이 높은 사람, 노조 소속이거나 노조에 가입하지 않은 사람, 책상에서 일하는 사람이나 현장에서 일하는 사람, 자영업을 하는 사람이나 수천 명의 동료들과 함께 일하는 사람 모두 마찬가지다.

원격 근무와 마찬가지로 주 4일제도 성공을 거두려면 세심하게 설계하고 실행에 옮겨야 한다. 마치 스위치를 켜듯 아무 계획도 없이 새로운 도구나 방식을 소개하지도 않고 어느 날 근무일을 하루 줄여 버리는 조직과 개인은 실패할 가능성이 높다. 원격 근무와 마찬가지로 주 4일제도 긍정적인 업무 습관을 강화시킬 수도 있고, 기저에 깔려 있던 문제를 더욱 악화시킬 수도 있다.

원격 근무 도입 때 그랬던 것처럼 이미 월~금, 하루 8시간 근무를 유지하고 있고, 지식 기반 산업에 있으며, 서구화된 업무 문화를 가진 기업이나 조직은 주 4일제 전환이 조금 더 쉬울 수 있다. 그러나 우리는 다양한 산업, 지리적 위치, 업무 문화에 걸쳐 온갖 형태와 규모의 조직들이 성공적으로 전환을 이루어 내는 것을 보았다. 물론 시작 단계에서는 더 많은 에너지와 독창성이 필요하겠지만 말이다. 모든 조직이 당장 주 4일 근무를 시작할 준비가 되어 있는 건 아니다. 최소한 아직은 아니다. 하지만 더 많은 기업이 전환을 해낼 수 있고 실제로도 그렇게 하고 있다. 당신이 이 책을 언제 집어 들었든, 작년보다 근무일이 짧아진 회사는 더 늘어났을 것이고 내년에도 그러할 것이다. 우리는 이러한 패턴이 티핑 포인트에 이를 때까지 계속되다가 특정 분야의 회사에는 경쟁력 있는 필수 요소로, 특정한 결과물을 추구하는 다른 회사에는 인기 높은 해결책으로 자리매김할 것이라고 믿는다. 역시 원격 근무가 그랬던 것처럼 말이다. 근무일을 줄이면서 동시에 조직의 결과물을 유지하거나 개선하라고? 처음에는 반직관적으로 들린다. 하지만 세부적인 내용을 들여다보면 이치에 닿는다는 것을 알 수 있다.

산술적으로 주 4일 근무제는 근무 시간이 20퍼센트 줄어드는 것이라고 생각하기 쉽지만 실제 감소 폭은 그보다 작다. 왜냐하면 결근, 병가, 휴직, 일과 삶의 충돌, 이직 등이 크게 줄어들기 때문이다. 여기에 더해 대부분의 주 4일제 기업들은 공휴일이 있는 주에도 근무일을 4일로 유지한다. 또한 서구의 많은 기업들이 휴가 기간을 '몇 주' 단위로 운영하기 때문에, 주당 근무일이 5일에서 4일로 줄어들면 전체 휴가 '일수'도 자연스럽게 줄어든다. 연구에 따르면 에너지가 충분하고, 휴식을 충분히 취하고, 개인이나 집안 문제로 집중력이 떨어지지 않은 사람이 더 적은 시간에 더 많은 일을 해낼 수 있다고 한다.

불씨는 의회보다 탕비실에서 시작된다

주 5일제나 하루 8시간 근무가 그랬듯이, 처음에는 터무니없는 발상으로 여겨졌던 주 4일제도 민간 부문 고용주들 사이에서 점차 힘을 얻기 시작했고, 그 흐름을 발판 삼아 평범한 노동자들의 풀뿌리 운동역시 확산되고 있다. 그리고 이러한 표준 근로시간의 변화가 과거에도 그랬듯이, 정치권에서도 이에 발맞춘 움직임이 진행 중이다.

2024년 3월 13일, 버몬트주의 무소속 상원의원이자 전 민주당 대선후보 버니 샌더스Bernie Sanders가 현재의 40시간이 아니라 32시간이 넘는 근무 시간에 대해 초과근무 수당을 주자며 공정근로기준법 개정안을 발의했다. 사실상 주 4일 근무제를 법제화하자는 것이었다. 샌더스 상원의원의 32시간 근무제법에서 그는 미국의 노동자는 주 5일제가 의회에서 승인된 1940년대보다 현재 400퍼센트 넘게 더 생산적이라고 주장한다.[12] 그리고 생산성은 그렇게 향상되었는데도 물가 상승률을 감안하면 평균 임금은 50년 전보다 낮다고 지적한다. 이 법안은 조가 진행한 시범 운영 사례들을 인용하며, 주 4일제로 전환한 뒤 노동자는 더 생산적이고 번아웃이 줄어든 반면, 기업은 매출 상승을 이루었다고 적었다. 또한 "이 연구들에 따르면 근무일 축소가 육아 비용 절감과 탄소 배출량 감축도 가져온다"라는 내용도 포함했다.

이 법안은 전 세계 언론의 헤드라인을 장식했지만, 이는 국가 차원에서 주 4일 근무제를 법으로 의무화하려는 시도 가운데 첫 번째 사례는 결코 아니었다. 실제로 이러한 시도는 세계 곳곳에서 다양한 규모와 형태의 정치 기구들에 의해, 그리고 정치적 성향을 막론하고 다양하게 이루어져 왔다. 최근 몇 년 사이에는 스페인, 포르투갈, 스코틀랜드, 아이슬란드, 리투아니아, 폴란드, 아랍에미리트 등에서 국가 차원의 주 4일 근무제 도입을 위한 시도가 시작되었으며, 그 가운데 상당수는 지금도 진행 중이다.

2025년 5월 스페인 정부는 공공 부문 근로자의 근무 시간을 기존의 주 40시간에서 37.5시간으로 제한하는 법안을 통과시키고, 민간 부문에서도 근무 시간을 줄이도록 확대하는 또 다른 제안을 내놓았다. "노

     Part 1 왜 이제 더 짧게 일해야 하는가

동계를 현대화하고 사람들이 조금 더 행복할 수 있도록 돕고 있습니다.” 스페인 노동부 장관 욜란다 디아스Yolanda Diaz가 한 말이다.[13]

2008년 8월, 유타주의 공화당 소속 주지사 존 헌츠먼Jon Huntsman은 예산 부족을 해결하기 위해 주 공무원의 근무일을 주 4일로 줄였다. 공무원들이 하루 10시간씩 주 4일 근무하여 금요일에 관공서 문을 닫으면 간접비를 줄일 수 있었다. 한 연구에 따르면 유타주는 이런 실험을 실시한 첫해에 비용을 약 550만 달러 절감했고, 이 중에는 초과 근무 수당 400만 달러가 포함되었으나 전반적인 업무 산출량은 전혀 줄지 않았다.[14] 이듬해인 2009년 헌츠먼이 재선에 실패하면서 그의 후임자인 게리 허버트Gary Herbert 주지사는 그 같은 결정을 원래대로 돌려놓았다.

하지만 유타주의 실험은 주와 지역 수준에서 주 4일제를 의무화하기 위한 정치적 노력 중 하나에 불과했다. 2025년 중반을 기준으로 캘리포니아, 메인, 메릴랜드, 매사추세츠, 미주리, 뉴욕, 펜실베이니아, 텍사스의 민주당과 공화당 의원들이 주 차원의 법안을 내놓고 있다. 미국 밖에서는 한국, 일본, 스웨덴, 영국에서 지방 정부의 지원을 받은 소규모 연구와 시범 프로그램이 도입되고 있다.

역사를 참고삼아 본다면 정치권은 아마 주 4일 근무제를 도입하는 데 가장 마지막에 움직이는 집단일 것이다. 대부분의 민간 부문 고용주들이 그것을 이미 채택한 다음에야 법안을 개정할 가능성이 높다. 8시간 근무제 역시 처음에는 영국에서, 그다음에는 미국에서 풀뿌리 운동으로 시작되어 민간 부문에서 규범으로 자리한 다음에야 비로소 1940년에 공정근로기준법으로 성문화되었다. 8시간 근무제의 장점을 믿었던 율리시스 S. 그랜트 대통령조차 연방 근로자만을 대상으로 제도화할 수 있었다. 주 5일제 역시 노동 운동의 풀뿌리 대의로서 비슷하게 시작되었고, 1905년 미국 우체국에서 채택되긴 했지만 포드가 생산 시설을 주 5일 근무제로 바꾸고 15년이 지난 1940년에야 주 40시간 근무제가 법으로 제정되었다.

이런 정치적 노력이 주 4일제에 대한 관심과 신뢰도를 높이는 데 도움이 되긴 했으나, 변화는 학계의 논문과 시위 현장, 채팅창, 사내 게시판, 탕비실에서 먼저 시작되어 기업의 이사회로, 그러고 나서도 한참이 지나 의회에 닿을 가능성이 높다. 근무 시간의 새 기준을 정하는 데 있어 역사는 기업가, 고용주, 직원들이 정치인보다 오래 지속되는 변화를 만들 더 큰 힘을 가졌다는 걸 증명해 보였다. 주 4일제의 미래는 그들이 아니라 우리에게 달려 있다.

Chapter 4

AI와 주 4일제

산업혁명 당시에 도입된 기술은 우리가 일하는 방식을 극적으로 바꾸는 한편, 사회를 더 효율적인 방식으로 재편해 놓았다.

이제 세계가 다음번 혁명적 기술을 준비하는 이 시점에서, 또 한 번의 큰 조정이 필요할 때가 왔다. 어제의 규범이 아니라 지금의 현실과 앞으로의 어려움에 최적화된 변화 말이다. 지난 세기를 지탱해 온 주 5일·하루 8시간이라는 표준이, 빠르게 다가오는 AI 시대에 반드시 가장 적합한 구조라고는 할 수 없다.

실제로 오늘날 가장 영향력 있는 리더들은 AI가 더 짧은 근무를 가능케 할 것이라고 공식적으로 선언했다. 일례로 '제이피 모건 체이스JP Morgan Chase'의 CEO 제이미 다이먼Jamie Dimon은 〈블룸버그 TV〉와의 인터뷰에서 우리의 자녀 세대는 기술 발전 덕분에 "아마 일주일에 3.5일만 일하게 될 것"이라고 말했다.[1] 뉴욕 메츠New York Mets의 구단

주이자 억만장자 스티브 코언Steve Cohen은 "주 4일제가 도래한다"는 확신이 너무나도 강력해서 2024년 초 골프 같은 레저 스포츠에 수십억 달러를 투자했다.[2] 2024년 9월, 줌Zoom의 공동창립자이자 CEO 에릭 위안Eric Yuan은 뉴욕에서 열린 콩코디아 서밋Concordia Summit에 모인 관객들에게 "머지않아, 아마도 20년 이내 혹은 그보다 일찍, 우리는 5일간 일할 필요가 없어질 것"이라며, AI 기술 발달의 직접적인 결과로 주 4일 근무제가 "현실이 될 것"이라고 덧붙였다.[3]

2023년 〈데일리 쇼Daily Show〉의 전 사회자 트레버 노아Trevor Noah가 진행하는 팟캐스트에 출연한 마이크로소프트의 창립자 빌 게이츠Bill Gates는 AI 덕분에 "결과적으로 일주일에 3일만 일하면 되는 사회에 이르게 될 것"이라고 말한 적이 있다.[4] 2025년 초 재러드는 빌 게이츠에게 이에 대해 조금 더 자세히 물어볼 기회를 얻었다. 구체적으로는, 빌 게이츠와 마이크로소프트에서 이전에 개발한 다른 많은 생산성 향상 기술과 달리 왜 AI가 업무 시간에 영향을 미칠 것이라고 생각하는지 물었다. "AI는 이전의 혁신들과 완전히 다르다고 생각합니다. 단순히 생산성을 높여 주는 것이 아니라 인간의 능력을 대체할 수 있기 때문이죠. AI는 앞으로 두 세대도 아닌, 지금 이 세대 안에서 우리의 세상을 바꿔 놓을 겁니다. 우리는 그에 대비가 되어 있을까요? 그렇다면 이제 일은 어떻게 달라질까요?" 그가 캘리포니아 팜스프링스 근처의 사무실에서 마이크로소프트의 팀즈Teams를 통해 원격으로 진행한 인터뷰에서 한 말이다.[5]

　　　　　　　　　　　　　　　

게이츠는 얼마 전에 바로 이러한 의문을 미국 정부 최고위층까지 전달하기 시작한 한 무리의 경제학자들과 저녁 식사를 함께했다고 말했다. 그들은 AI가 약속하는 생산성 향상이 다른 최근의 혁신보다 더 고르게 분배되도록 하는 데 중점을 두고 있다고 했다. "AI의 생산성을 널리 퍼뜨릴수록 더 좋아질 테니까요." 그가 말했다.

그는 또 이 기술이 사회로 하여금 개인의 삶에서 일이 어떤 의미를 갖는지 다시 평가해 볼 기회를 제공한다고 덧붙인다. 또한 노동과 여가의 균형을 둘러싸고 미국인들은 역사적으로 유럽인들과는 다른 선택을 해왔다고 지적한다.

그는 이렇게 말한다. "사람들은 일을 하기 위해 교육을 받고 기술을 개발합니다. 그만큼 일은 사회의 중심적인 요소라는 뜻이죠. 그런데 만약 그런 노동이 훨씬 덜 필요해진다면 어떻게 될까요? 지금은 사회를 유지하려면 대부분의 구성원이 일을 해야 하므로 기본소득이 현실적으로 어렵습니다. 하지만 AI와 로봇이 생산의 상당 부분을 맡게 되면 상황이 달라질 수 있습니다. 그렇게 되면 사람들은 지금보다 훨씬 덜 일하는 쪽을 선택하게 될 것입니다."

게이츠의 답변을 들은 뒤 우리는 민주당 전 대선 경선 후보 앤드루 양Andrew Yang에게 연락을 해보기로 했다. 그는 이전에 재러드와 함께 패널로 출연한 적 있는 사이였다. 양은 2020년 민주당 대선 경선 후보로 나선 당시 보편적 기본소득(UBI) 지급을 주장하면서 큰 반향을 일으켰다. 사회의 모든 일원에게 기본 생활비를 충당할 수 있는 금액을 매월 지급하자는 것이었다. "2019년에 근무일을 줄이자는 운동에 대해 처음 들었습니다. 기술이 발전하면서 노동자의 가치가 줄어드는 게 자연스럽다고 느꼈죠." 그가 이메일을 통해 보내 준 답변이다.[6]

IT 기업인 출신으로 정치에 뛰어든 그는 보편적 기본소득과 주 4일 제는 서로를 보완하는 요소라고 말했다. 둘 다 AI 시대의 노동에 대한 질문에 답하려는 시도이기 때문이다. "질문은, '인공지능으로 인해 노동이 점점 더 불필요해지면 우리는 어떻게 될 것인가?'입니다. 많은 역할과 조직에서 직원 수를 줄이려는 압력이 커질 겁니다. 그러나 주 4일 근무제로 전환한다면 일자리가 한계 수준에서 유지될 것입니다."

주 4일 근무제가 워싱턴의 다른 모든 사안처럼 정파적 싸움의 원인이 될 것이라고 걱정하는 사람들도 있지만 양은 이것이 반대로 정파와 관련 없이 모든 미국인을 한데 묶는 대의가 될 수 있다고 확신한다. "이것은 초당적 사안이 될 가능성이 매우 높다고 생각합니다. 모두가 근무일이 줄기를 바라고, 대부분의 사람이 이것을 직관적으로 타당하게 느낄 테니까요." 그가 덧붙였다.

2022년 말 챗지피티ChatGPT가 도입된 이후 경제학자, 기업가, 학자, 정치인들은 AI와 더 짧은 근무일 사이에 직접적인 관계가 있다는 결론을 내렸다.

AI 기술이 아직 걸음마 단계라고는 하지만 연구 결과에 따르면 AI의 얼리어답터는 주 4일제의 얼리어답터가 될 가능성도 더 높다. 런던에 위치한 테크코에서 미국의 경영인 천 명을 조사했는데, 주 4일제로

    Part 1 왜 이제 더 짧게 일해야 하는가

근무하는 조직의 29퍼센트가 회사 운영에 AI를 폭넓게 사용하고 있는 것으로 나타났다. 주 5일제로 근무하는 전통적 회사의 경우 8퍼센트에 그친 것과 상반된 결과다.[7] 또한 현재 AI를 사용 중인 조직은 93퍼센트가 주 4일 근무제를 기꺼이 고려할 것이라고 답했으나, AI를 활용하지 않는 기업의 경우에는 그 비율이 절반이 안 되었다.

앞서 이야기한 것처럼 결과물의 손실 없이 근무일을 줄이려면 일을 더욱 효율적으로 할 방법을 찾아야 한다. 그리고 AI는 적은 시간에 더 많은 일을 할 수 있는 효과적인 방법을 제안한다. 비지어Visier에서 영국, 미국, 캐나다, 독일의 노동자 3,000명을 대상으로 한 설문조사에서는 일터에서 AI 도구를 사용하는 사람은 매년 370시간을 절약할 수 있다고 나타났다. 이는 주당 7.5시간, 무려 근무일 하루에 해당하는 시간이다.[8] 그리고 2023년 5월 이 조사가 실시된 이후로 기술이 크게 발전했다. 달리 말하자면 AI가 이미 노동자에게 하루를 고스란히 비워 줄 효율성을 제공하고 있다는 뜻이고, 이는 시작에 불과하다.

오토노미 인스티튜트Autonomy Institute에서 같은 해 실시한 또 다른 연구에서는 미국 노동 시장의 71퍼센트, 즉 1억 2,800만 명에 달하는 노동자가 대규모 언어 모델을 기반으로 구축한 AI 기술을 도입하는 것만으로도 10년 내 생산성 손실 없이 근무 시간을 10퍼센트 줄일 수 있는 것으로 나타났다.[9] 조와 '워크 타임 레볼루션'의 팀원들이 오토노미와 협업한 후속 연구에서는 캐나다 노동자의 90퍼센트에서 같은 결과가 나왔다.[10] AI와 주 4일 근무제 두 가지 접근법을 동시에 채택하는 조직은 AI로 얻는 생산성 이득이 주 4일제 채택으로 인한 손실을 메우고도 남는 경우가 많았다. 또한 채택 과정에서 성공률도 더 높았다. 주 4일 근무제가 기술 채택과 더 광범위한 조직 변모에 강력한 장려책이 되었기 때문이다.

AI를 거부하는 직원들

그러나 2024년 랜드연구소RAND Corporation에서 발표한 보고서에 따르면 기업의 AI 도입 프로젝트 중 80퍼센트 이상은 실패한 것으로 추정되는데, 이는 AI를 쓰지 않는 일반 IT 기술 프로젝트의 평균 실패율보다 두 배 높은 수치다.[11] 실패 원인은 기술적인 문제에서 비롯되기도 하지만, 가장 흔한 원인은 이해관계자들의 방향 불일치, 오해, 소통의 어려움이었다. 2025년 아데코 그룹Adecco Group에서 13개국 2,000여 명의 기업 임원을 상대로 실시한 조사를 보면, AI를 책임감 있게 도입하는 데 필요한 리더십 조율과 인재 전략, 내부 보유 기술 등의 측면에서 "미래를 맞을 준비가 되었다"고 답한 사람은 10명 중 1명에 불과했다. 실제로 이 경영인들은 1년 전 같은 조사 때보다 AI 전략의 자신감이 10퍼센트 떨어졌다고 답했다.[12]

2025년 6월 유럽연합 집행위원회에서 발행한 생성형 AI 전망 보고서에서는 기업의 85퍼센트가 AI를 전략 우선순위로 여긴다고 답했다.

그러나 AI의 도입을 돕기 위해 업무 절차를 재설계한 곳은 20퍼센트가 채 안 되었고, 직원의 11퍼센트만이 AI 도구를 사용하는 방법을 안내받았고, 가장 큰 장애물이 시간의 부족이라고 답했다.[13]

생성형 AI 플랫폼인 라이터Writer에 따르면 직원의 31퍼센트가 새로운 도구의 사용을 거부하거나 그것의 도입을 돕는 노력에 참여하지 않는 등의 방식으로 회사의 AI 전략을 "고의로 방해"하고 있음을 인정했다.[14] 그 결과 조사 대상 임원의 3분의 2가 AI 채택이 조직 내 갈등과 분열의 원천이라고 답했고, 42퍼센트는 그것이 "회사를 찢어 놓고 있다"고 말했다. 글로벌 IT 서비스 제공업체 킨드릴Kyndryl이 2025년 내놓은 연구 결과에서도 CEO의 45퍼센트가 직원 대부분이 AI 도입에 저항하거나 심지어 적대적이라고 생각하는 것으로 나타났다.[15]

리더들은 지원들이 새로운 AI 도구를 받아들일 준비가 안 되었고, 그럴 용의도, 열정도 없다는 사실을 본능적으로 느끼고 있고, 데이터에 따르면 그들의 생각이 맞다. 리더십 아이큐Leadership IQ에서 2023년 실시한 연구에 따르면 직원의 10퍼센트만이 AI 도입을 "기대한다"고 답했고, 35퍼센트는 "조심스럽게 낙관적이다"고 한 반면, 나머지는 관심이 없거나, 주저하거나, 노골적으로 반감이 든다고 답했다.[16] 2025년 초 같은 조사를 다시 실시했을 때에도 그 답은 거의 동일했다.[17] 전보다 많은 사람들이 AI에 "무경험" 상태에서 "초심자" 상태로 옮겨 갔지만 리더십 아이큐의 창립자 겸 CEO 마크 머피Mark Murphy는 많은 사람들이 계속해서 저항하고 있다고 말했다. 그는 2025년 3월 《패스트

컴퍼니》와의 인터뷰에서 재러드에게 이렇게 전했다. "수치는 조금 나아진 것처럼 보이지만 극적인 변화는 아닙니다. 여전히 AI를 부정하는 사람이 충격적으로 많아요. 사람들은 아직도 그것을 한 번 쓰고 말 도구로 생각합니다. 일에 활용하는 게 아니라 원래 하던 일을 잠시 벗어나 몇 분 정도 가지고 놀면서 질문 한두 개에 답하게 하는 식으로요."[18] 이 같은 데이터를 보면 일종의 장려책이 없다면 대부분의 기업이 이 기술을 채택하는 데 있어 저항에 맞닥뜨리리라는 것을 알 수 있다. AI는 머지않은 미래에 경쟁력 있는 차별화 요소가 될 것인데 말이다.

이 같은 다수의 연구는 세상에서 가장 강력한 기술의 빠른 발전과 관련해 우리가 반드시 고려해야 할 점을 잘 보여 준다. 여기에서 나온 데이터를 보면 사람들이 각자의 업무 공정을 현대화하기를 두려워하는 경우가 많다는 걸 알 수 있다. 그리고 최근에는 그에 저항할 충분한 이유가 생기기도 했다. 기업에서 운영을 대대적으로 혁신하고자 하면 그 같은 변화를 밑바닥부터 도입하며 힘든 일을 해내는 건 주로 직급이 낮은 직원과 관리자였기 때문이다. 그리고 거의 항상 그 사람들이 그로부터 얻는 혜택이 가장 적기도 하다. 물론 회사의 경쟁력이 커지면 직업 안정성도 커질 수 있고, 그 같은 노력이 미래에 승진이나 연봉 인상의 형태로 돌아올 수도 있다. 운이 따라준다면 말이다. 하지만 대부분의 일선 직원들에게 있어서는 기술 채택이 단기적으로는 일을 더욱 힘들게 만들고, 장기적으로는 직업 안정성을 떨어뜨리는 반면, 임원과 주주들에게는 배를 불려 주는 요인이다. 이것은 수 세대에 걸쳐 고착된 패턴이다. 지난 몇십 년 동안 모바일 기술과 클라우드 컴퓨팅, 소셜 미디어는 기업의 효율과 수익, 민첩성을 높여 주었지만 개인은 더욱 고립되고 두려움과 분노에 휩싸였다. 적극적으로 변화에 저항하는 사람이 그리 많은 것도 놀랄 일이 아니다.

우리는 왜 아직도 귀족처럼 살지 못하는가

영국의 경제학자 겸 철학자 존 메이너드 케인스John Maynard Keynes는 1930년에 발표한 〈우리 손주들의 경제적 가능성Economic Possibilities for Our Grandchildren〉이라는 에세이에서 기술이 "두려움 없는 여가와 풍요의 시대"를 가져올 것이라고 예측했다. "새로 찾은 풍요" 덕분에 우리는 모두 자유롭게 "각자의 삶을 계획할 수 있게 되어" 사실상 전통적인 노동이 대부분 자발적 선택으로 바뀌게 될 것이라고 보았다.[19]

"사람은 약간의 일을 해야 삶의 만족을 느낀다. 오늘날의 부유층처럼 모든 일을 남에게 맡기기보다는, 여러 가지 일을 스스로 하며 살게 될 것이다. 약간의 할 일과 루틴을 기꺼이 맡는 식이다. … 하루 3시간 또는 일주일에 15시간의 일이면 이를 충족할 수 있을 것이다." 그는 이렇게 썼다. 산업혁명 말기에 케인스 같은 경제학자들은 자신들이 살면서 지켜본 기술의 빠른 발전과 삶의 질 개선이 결국 모두가 귀족처럼 살 수 있는 세상을 가져올 것이라고 확신했다. 경제적 필요 때문이 아니라 개인의 만족을 위해 자발적으로 일을 하면서 말이다.

그 이후 기술 발전뿐만 아니라 노동 참여도 케인스가 상상한 것 이상으로 늘어났다. 당시 미국 여성 중 집 밖에서 일하는 사람은 20퍼센트가 채 안 되었고, 미국 인구는 현재의 3분의 1 정도였다. 그건 곧 개별 노동자의 생산성과 노동에 참여한 인구 비율뿐 아니라 미국 경제 활동에 참여하는 사람의 수 자체가 폭발적으로 늘어났다는 뜻이었다. 그렇다면 우리는 왜 모두 귀족처럼 살고 있지 않은가? 그 같은 발전의 혜택 대부분이 위로만 흘러갔기 때문이다.

스마트폰과 노트북을 가지고 일하면 팩시밀리와 주판, 또는 연필과 공책을 가지고 일할 때보다 더 많은 일을 해낼 수 있다는 건 거창한 연구나 분석 없이도 쉽게 짐작할 수 있다. 하지만 이 같은 개인의 생산성 도약의 혜택은 급여 인상이나 여가 시간의 증대로 고스란히 이어지지 않았다. 미국 경제정책연구소Economic Policy Institute에 따르면 1948년부터 1973년까지, 그러니까 컴퓨터 세상의 새벽이 밝아 오던 시기에 개인의 생산성은 97퍼센트, 평균 시급은 인플레이션을 감안하여 91.3퍼센트 상승했다.[20] 그러나 1973년부터 2013년까지 초기 인터넷 시대에는 생산성은 74퍼센트 향상된 반면, 평균 시급은 인플레이션을 감안하여 9퍼센트 오르는 데 그쳤다. 기술의 발전 덕분에 노동자의 생산성은 실제로 크게 높아졌으나 그러한 발전의 혜택은 거의 보지 못한 것이다. 실제로 스마트폰과 클라우드 컴퓨팅, 브로드밴드 인터넷 시대의 노동자는 전구가 발명되던 시기의 사람들과 같은 시간 동안 근무하

　　　　Part 1 왜 이제 더 짧게 일해야 하는가

고 있으며, PC가 발명되기 전에 살았던 사람들과 비슷한 금액의 보수를 받고 있다.

"AI라고 해서 뭐가 다르겠습니까?" 노벨상을 수상한 경제학자 크리스토퍼 피서라이즈Christopher Pissarides는 이렇게 말한다. 2013년에 엘리자베스 2세에게 기사 서임을 받고도 "피서라이즈 경"이라고 부르지 말아 달라고 한 그는 2023년 4월에 AI가 수년 내 주 4일 근무제를 가져올 것이라고 선언하고 12월에 한 번 더 자신의 믿음을 재확인시키며 전 세계 언론의 주목을 받았다.[21] 런던 정치경제대학교 교수인 그는 우리와의 통화에서 오픈에이아이OpenAI의 챗지피티가 대중에 공개된 이후 이 같은 선언을 했다고 설명했다. 그는 그것이 최근 몇 년간 AI가 얼마나 발전했는지, 앞으로 미래는 어떤 모습일지 조금이나마 보여 주었다고 밀했다.

"AI를 전혀 규제하지 않고 놔두면 이전 기술보다 훨씬 더 큰 불평등을 초래할 겁니다."[22] 피서라이즈 교수는 이전 기술의 물결들은 가진 자와 못 가진 자 사이의 격차를 넓히며 중산층을 약화시키는 역할만 했다고 설명했다. 이런 발전에 뒤처졌다고 느끼는 노동자가 많아지면서 한때 모두가 신뢰했던 제도들에 대한 믿음도 흔들리고 있다. 그 결과는 바로 지금처럼 더 견고해진 사회적 분열 상태다. 예를 들어 로봇공학의 발전은 제조 과정의 비용을 줄여 기업을 더 부유하게 만든 반면, 무수한 중산층과 저숙련 일자리를 없애 버렸다. "이제 AI가 똑같은 영향을 미치고 있습니다. 따라서 모두가 혜택을 얻을 수 있도록 규제할 필요가 있어요. 노동자에게 더 많은 보수를 주지 않고 있는데 그들이 (AI 덕분에) 생산성 향상에 훨씬 더 크게 기여하고 있다면 쉬는 날이라도 더 주는 게 낫지 않겠습니까.”

피서라이즈 교수는 빌 게이츠와 마찬가지로 AI의 확산이 이전의 다른 생산성 향상 기술들과는 다를 것이라고 믿는다. 이전 혁신의 물결들과는 달리 새로운 AI 도구는 합리적인 가격에 널리 쓸 수 있고, 처음 사용하는 데 있어 장벽도 상대적으로 낮다. 예를 들어 AI 기술의 생산성 혜택을 누리기 위해서는 코딩을 배울 필요도, 엔지니어들을 고용할 필요도 없다. 개인이 들여야 하는 최소한의 비용에도 불구하고 그 장점은 어마어마하다. 특히 지식 노동자에게 더욱 그렇다. “우리가 발견하고 있는 최신 기술들은 비숙련 노동자보다는 고도로 숙련된 노동자들에게 훨씬 더 유리하고 그들의 업무에 훨씬 더 보완적인 역할을 해줍니다. 그보다 일반적인 수준에서 보면 AI는 전과 다른 방식으로 업무를 관리할 수 있게 해줍니다. 원격 근무에도 도움이 되고, 모든 걸 녹화할 수 있기 때문에 우리가 원하는 때에 일을 할 수 있어서 일을 미룰 수도 있죠. 그리고 생산성 향상이 있을 것으로 예상됩니다. 그런 식으로 유연하게 업무를 관리할 수 있게 되고 생산성이 향상된다면 모든 일을 4일 안에 끝내면서도 소득을 잃지 않기가 훨씬 더 쉬워집니다. 신기술을 써서 생산성이 더 높아지니까요.” 바로 그 같은 역학의 증거가 우리와 통화가 끝나고 몇 분 만에 나왔다. AI가 통화 내용을 요약하고 글로 옮긴 것은 물론 동영상까지 제공한 것이다. 모두 한 달에 8달러만

내면 자동으로 해주는 서비스 덕분이었다.

저렴하고 널리 사용 가능한 기술이 무수한 업무를 도와줄 수 있는 세상에서는 더 오래 일하는 게 아니라 더 스마트하게 일하는 개인과 조직이 성공할 것이다.

계산기를 이기고 CEO가 된 회계사

AI가 많은 일자리를 없애 버릴 것이라고 생각하는 사람이 여전히 많다. 그러나 이 분야의 전문가 대부분은 인력이 AI로 대체되는 것이 아니라 인력의 전환이 일어날 것이라고 믿는다. 일부 일자리는 쓸모가 없어져 사라지겠지만 아직 우리가 상상하지 못하는 일과 산업이 생겨 나는 것이다. 19세기 초에 신기술이 세계 최대 산업인 농업에서 인력을 대체하기 시작했을 때 사람들이 얼마나 두려움에 떨었는지 기억하는가. 그건 그들이 미래에 만들어질 일자리를 상상하지 못했기 때문이었다. 자동차라는 것이 발명되기 전에 당시의 농부에게 당신의 자녀들은 자동차 산업 부문에서 많은 구직 기회를 얻게 될 것이라고 설명하는 건 아무래도 꽤 힘들지 않겠는가. 경제적으로 빠르게 변화하던 그 시대와 마찬가지로 AI가 어떤 일자리를 창출하게 될지 아직은 알 수 없다. 하지만 걱정하지 않아도 된다. 인간의 노동이 필요한 부분은 미래에도 충분할 것이다.

산업혁명이 노동자에게 인간답기보다 로봇다운 특성을 요구했듯, AI도 똑같이 그러나 정반대의 효과를 낼 것이다. 강력한 기계가 공식화된 반복 작업을 수행할 수 있게 되면, 인간은 틀에 박히지 않은 사고를 발휘하고 창의성, 문제 해결 능력, 비판적 사고 등 인간 고유의 특성을 갈고닦아야 할 필요성이 더욱 커질 것이다.

옛날 옛적에 회계사들은 골방에서 손으로 계산을 하며 대부분의 시간을 보냈다. 회사에는 기본적인 계산을 하고 서로의 업무를 확인하기 위한 팀들이 필요했다. 그 역할은 리더십이라기보다는 단순 노동의 영역으로 여겨졌다. 그들은 펜과 종이를 가지고 일했지만 회계라는 직업은 산업혁명 시대의 조립라인을 모방할 목적으로 만들어졌다. 1960년대까지 전기 계산기는 사람 회계사 팀을 두는 것보다 비용도 더 많이 들었고 공간도 비슷하게 필요했다.[23] 최초의 전자 탁상 계산기 아니타ANITA(산술/회계의 새로운 영감이라는 뜻인 A New Inspiration To Arithmetic/Accounting의 약자)가 1961년에 처음 시장에 출시되었고 그 가격은 약 1,000달러(오늘날 가치로는 약 10,500달러)였다.[24] 그로부터 10년이 채 지나기도 전에 샤프Sharp, 캐논Canon, 산요Sanyo, 텍사스 인스트루먼츠Texas Instruments 같은 기술 제조업체에서 다양한 휴대용 계산기를 선보였고, 그 가격은 오늘날의 가치로 약 2,000달러에 가까웠다. 그리고 1970년대 중반, 미국, 영국, 소련, 일본의 수많은 경쟁사들이 시장에 진출하여 전문가를 위한 계산기와 일반 사용자를 위한 저렴한 계산기를 내놓았다.

회계사라는 직업을 가진 사람이 주로 하는 일이 숫자를 입력하는 것
이라면 훨씬 짧은 시간 안에 훨씬 더 정확하게 그 일을 할 수 있는 기계
가 시장을 완전히 쓸어 버렸어야 옳다. 하지만 계산기의 가격이 저렴
해지고 널리 쓸 수 있게 되면서 미국의 회계사 수도 늘어났다. 계산기
가 널리 보급되기 전인 1960년, 미국의 8대 회계 법인에 고용된 회계
사의 수는 1,071명이었다. 1981년이 되자 그 수는 7,000명을 넘어섰
다.[25] 오늘날 미국에는 156만 명이 넘는 회계 및 감사 전문가가 있고,
연간 고용 증가세는 약 6퍼센트로 추정된다. 지금은 거의 모두가 주머
니에 강력한 계산기를 가지고 다니지만 미국 노동통계국에 따르면 회
계사와 감사관의 노동 시장은 앞으로 10년간 미국 평균보다 빠르게 성
장할 것으로 보인다.[26]

오늘날 회계사라는 직업은 단순 계산을 하는 직원에서 최고재무
관리자(CFO)로 격상되었다. 조직에서 종종 2인자로 여겨지는 자리
다. 사실 요즘에는 회계 직급에서 CEO로 승진하는 경우도 꽤 흔하
다. 2019년 포춘 100대 기업을 대상으로 한 연구에서 세계 최고 기업
의 CEO 중 22퍼센트가 재무 부서에서 커리어를 시작한 것으로 나타
났다. 운영 부서 다음으로 가장 인기가 높은 경로였다.[27] 계산기가 널
리 보급되었지만 회계 일자리는 사라지지 않았다. 오히려 회계사들이
단순한 계산 업무를 벗어나 조직에 완전히 새로운 종류의 가치를 더할
수 있게 되었다.

골방에서 임원실로의 부상은 유능한 회계사가 되려면 필요한 기술

에도 중요한 영향을 미쳤다. 오늘날에는 단순히 수학을 잘하는 것만으로 이 직업의 최고 수준에 오를 수 없다. 회계사가 높은 수준의 자문과 리더십 역할을 해내려면 계산기와 스프레드시트, AI, 무수히 많은 다른 복잡한 소프트웨어를 포함해 일에 필요한 도구를 자유자재로 쓸 수 있어야 한다. 청구서, 미수금, 규정 준수, 감사 등을 관리하는 것은 기본이다. 이제 회계사는 예측, 재무 모델링, 시장 분석, 투자 같은 업무도 보고 있다.

달리 말해 한때 일자리를 없애리라 예측되었던 기술이 성공하는 데 필요한 기술의 종류를 바꾸어 놓더니(로봇 같은 특성에서 비판적 사고 같은 보다 인간적인 기술로), 오히려 그 일의 가치 자체를 높인 것이다. 이 같은 대변혁이 회계사에게 일어났다면 AI 혁신의 물결을 타고 대혼란이 야기될 다른 기술적 일들에도 그런 일이 일어나지 말란 법이 없지 않은가.

그렇다. AI의 영향력은 기술과 연관되어 있을 것이다. 그리고 순수하게 산출량 측면에서는 적은 시간 내에 더 많은 일을 할 수 있는 우리의 능력을 높여 주겠지만 그건 시작에 불과하다. AI는 경제와 노동 시장, 고용주와 고용인 사이의 사회적 계약, 그리고 일이 우리의 삶에서 수행하는 역할에 극적인 변화를 가져올 것이다.

   Part 1 왜 이제 더 짧게 일해야 하는가

Chapter 5

생산성을 재정의하다

시간당 산출량으로 생산성을 측정하는 건 이미 오래전에 구식이 되어 버린 산업혁명의 흔적이지만, 그로부터 벗어나기는 놀라울 만큼 힘들다는 것이 증명되었다. 시간 단위의 노동은 일터에서 무수히 많은 어려움과 갈등을 야기했지만 그것을 바꾸고자 하는 시도는 거의 없다시피 했다.

사실 그건 시간이 보편성이라는 누구도 부인할 수 없는 강점을 갖기 때문이다. 산출량과 보상, 기대치 같은 이야기를 할 때 시간은 편리하고도 널리 인정되는 측정 도구가 된다. 필리핀의 제빵사든, 월스트리트의 은행가든, 나이지리아의 카카오 농부든, 60분이라는 단위로 일한 시간을 측정할 수 있다. 그런데 이와 동시에 생산성과 같은 결과를 측정하기 위해 시간이라는 투입 요소에 의존하는 것은 중요한 문제들을 유발하기도 한다.

시간에 의존하는 특성으로 인해 생산성이 높은 사람이 불리해지고 생산성이 떨어지는 사람이 보상을 받는 경우도 생긴다. 더 빠르고 효과적으로 일을 끝내는 사람이 더 많은 일을 받게 되는 경우를 흔히 "성과로 인한 처벌"이라 부른다.[1] 한편 성과가 낮은 사람들은 오히려 반대의 경험을 하게 된다. 느리게 일을 하기 때문에 주어진 일을 끝내는 데 더 오랜 시간이 걸리고, 그러면 업무에 더 헌신하는 것으로 칭찬을 받고, 연장 근무 수당의 형태로 더 많은 돈을 챙길 수도 있게 된다. 일을 동료들과 비슷한 정도, 혹은 더 적게 하면서도 말이다.

오늘날 시간은 대부분의 경제 부문에서 생산성을 측정하기에 대단히 불충분한 기준이다. 산출량 역시 제대로 된 기준이 못 된다. 산출량은 사람, 기계, 또는 산업에서 생산된 무언가의 양을 수량화한 것이다. 하지만 많은 노동자가 알고 있듯이 엄청난 양의 문서와 보고서를 생산하고도 제대로 된 결과를 내놓지 못할 수도 있다. 많은 직원이 바쁘게 긴 시간 일하며 불필요한 일들을 하는 조직은 훨씬 적은 시간 열심히 일하면서 정말 중요한 일에 날카로운 집중력을 유지하는 조직보다 더 나은 결과를 내놓지 못한다. 바로 그런 이유로 많은 조직에서 성과 측정 기준을 한 단계 더 발전시키고, 진짜 성과에 주목해야 한다. 시간이 흐르고 AI 덕분에 더 많은 일을 자동화할 수 있게 되면서 효율성에서 효과성으로의 이 같은 전환은 더욱 두드러질 것이다. 산출과 관련된 많은 부분을 로봇이 담당하게 되고, 인간은 결과를 이끌어 내는 데 더 집중하게 될 것이기 때문이다.

　　　　　　　　　　　

가짜 노동, 일을 위한 일

지난 세기를 지나며 단순한 투입 시간과 진짜 생산성 사이의 경계는 점점 더 흐려졌지만 이 보편적 측정 기준에 의존하는 행태는 더욱 견고해졌다.

그 결과 우리는 일과 불건전한 관계를 맺게 되었고, 우리의 가장 귀중한 자원을 덜 효과적으로 활용하는 상태로 내몰렸다. 동료나 고객, 친구가 고의로 업무 시간을 낭비하고, 보수를 높이거나 앞으로의 기대치를 낮추기 위해 일부러 일을 더 천천히 하거나, 퇴근 시간이, 주말이, 월말이, 혹은 연말이 머지않았다는 이유로 일을 시작하는 걸 미루는 걸 본 적이 있는가? 무슨 말을 하는지는 너무나도 잘 알 것이다.

미국의 인기 시트콤 〈사인필드Seinfeld〉의 팬이라면 결과물보다 들인 시간을 더 중시하는 지금 세태의 문제점을 아주 잘 보여 주는 에피소드를 기억할지도 모른다.[2] 조지는 직원 주차장에 차를 주차하고 차키를 넣어 둔 채로 잠그는 실수를 저지른다. 어쩔 수 없이 며칠간 주차장에 차를 둔 채로 지내다가 기술자를 부르려던 찰나, 그의 상사들이 그가 일을 잘한다고 칭찬하기 시작한다. 일찍 출근하기 좋아하는 조지의 상사는 매일 아침 주차장에 있는 조지의 차를 보고 조지가 이미 출근해 일을 시작했다고 생각한다. 한편 야근하는 일이 잦은 CEO는 퇴근길에 조지의 차가 주차장에 있는 것을 보고 조지가 밤늦도록 열심히 일하고 있다고 생각한다. 이 두 상사가 조지의 승진을 고려하는 동안 사실 조지는 허가받지 않은 휴가를 즐기고 있다. 이를 본 제리가 이렇게 말한다. "차에 열쇠를 둔 채로 잠근 게 네가 내린 최고의 선택이었구나."

1996년 1월 〈사인필드〉의 그 에피소드가 방송된 이후 직원 성과 측정 기준, 직장 문화의 많은 것들이 바뀌었지만 근무 시간을 중시하는 관행은 그대로 남아 있다. 딜로이트Deloitte의 〈2024년 글로벌 인적 자본 동향2024 Global Human Capital Trends〉 보고서에 따르면 조직의 17퍼센트만이 직원들의 활동이나 투입량을 추적하는 것 외에 그들이 창출하는 가치를 측정하는 데 "매우 또는 극도로 효과적"인 것으로 나타났다.[3] 나머지 조직은 여전히 직원들이 가져오는 가치가 아니라 이메일에 답장하는 속도 같은 피상적인 속성을 이용해 직원의 효과성을 평가하고 있다. 소프트웨어 대기업 아틀라시안Atlassian에서 2024년 발표한 〈팀의 실태State of Teams〉 보고서를 보면 지식 노동자의 65퍼센트가 중요한 우선순위 업무를 진행하는 것보다 메시지에 빠르게 답변하는 게 더 중요하다고 믿고 있다.[4] 달리 말하면 한 세기 동안 시간과 가시성을 중시하다 보니 직원들이 실제로 일을 해내는 것보다 바빠 보이는 데 더 많은 노력을 들이도록 훈련된 셈이다. 아마도 그 때문일 것이다. 2018년 하버드 대학교에서 발표한 연구에 따르면 일반 사무직 노동자는 업무 시간의 41퍼센트를 사업에 가치를 더하지 못하는 임의적 활동에 소비하는 것으로 나타났다. 이는 2024년 동일한 결론을 내린 슬랙의 인력 지표Workforce Index 연구에서도 확인된 바 있다.[5] 한편 아

                    Part 1 왜 이제 더 짧게 일해야 하는가

사나Asana의 2025년 일의 해부학 지표Anatomy of Work Index에서는 지식 노동자들이 회의에 참석하고, 업무 변경 사항을 확인하고, 진행 상황을 점검하는 등 연구자들이 "일을 위한 일"이라 부르는 "잡무"에 업무 시간의 60퍼센트 가까이를 할애하고 있다고 밝혔다. 전 세계적으로 보면 지식 노동자는 매년 평균적으로 불필요한 회의에 103시간, 중복되는 업무에 209시간, 그저 일에 대해 이야기하는 데 352시간을 쓰고 있었다. 이런 불필요하고 많은 시간이 소요되는 일들로 인해 그들 중 88퍼센트는 시간에 민감한 프로젝트와 주요 이니셔티브가 늦어지고 있다고 답했다.[6]

《딥 워크Deep Work》의 지은이 칼 뉴포트Cal Newport는 이처럼 시간이 많이 들어가면서도 중요성은 떨어지는 일에 "가짜 노동pseudo work"이라는 이름을 붙였다. 뉴포트는 2025년 6월 블로그에 게재한 글에서 많은 지식 노동자들이 자신의 업무 요건이 주당 40시간에 정확히 들어맞도록 설계되어 있다고 믿는다면서, 주 4일 근무제는 그 잘못된 믿음을 깨뜨릴 것이라고 했다. "핵심 업무, 즉 진정으로 노력을 집중해야 할 일은 주당 40시간이 걸리지 않는 것으로 나타났다. 따라서 근무 일수가 줄어들더라도 그 모든 일을 그 안에 해낼 수 있다. 엄격하게 생산 측면에서 볼 때 우리가 매주 하는 일 중 상당 부분은 필수적인 활동이 아닐 수도 있다." 그는 이렇게 썼다.[7]

실제 해야 할 업무 위에 겹겹이 쌓인 이 모든 "가짜 노동"이나 "일을 위한 일"은 일하지 않는 시간에 대기해야 하는 경우에도 발생한다. 마이크로소프트의 2025년 업무 동향 지표Work Trends Index에 따르면 노동자는 하루 평균 153개의 팀즈 메시지를 받으며 그중 약 58개는 업무 시간이 끝난 뒤 도착한다. 2025년에 9~5시 근무 시간 외에 전송된 채팅은 15퍼센트 늘어나, 전체 노동자의 거의 3분의 1이 밤 10시 이후에 이메일 계정을 열어야 할 정도였다. 이와 비슷하게 회의 역시 퇴근 이후에도 이어져서 오후 9시 이후에 잡히는 회의가 2025년에 16퍼센트나 늘어났다. 또한 노동자의 거의 20퍼센트가 주말 오전 중에 이메일을 확인하며, 5퍼센트는 일요일 오후 6시 이후에 이메일을 주고받는 데 시간을 보냈다. 마이크로소프트는 비근무 시간에 업무 활동이 점점 늘어나는 것이 "무한한 업무일"을 초래했으며, 노동자 세 명 중 한 명은 이렇게 높아진 기대치에 부응하는 것이 점점 더 힘들어지고 있다고 답했다.[8]

팬데믹 이후 원격 근무로의 전환이 시간과 활동 대신 실제 업무상 결과물을 바탕으로 생산성을 측정하는 대전환의 시초가 되기를 바랐지만 실제 데이터를 보면 오히려 그 반대의 일이 일어났다. 2024년 뱀부에이치알BambooHR에서 1,500명의 미국 직장인을 대상으로 실시한 조사에서 원격 근무자의 88퍼센트가 자신이 온라인에 접속해 있으며 업무 중임을 증명하기 위한 행동을 취한 적이 있다고 답했다. 실제 일터에 출근해 다른 직원과 대면하여 근무한 경우에는 79퍼센트였다.[9] 역시 이 조사에 따르면 원격 근무자의 거의 3분의 2가 채팅 앱을 거의 항상, 책상 앞을 떠날 때에는 모바일 기기로라도 열어 두고 있다고 답

    Part 1 왜 이제 더 짧게 일해야 하는가

했다. 현재 접속 중이며 근무 중임을 표시하기 위해서였다. 여기에는 "녹색 상태 효과"라는 이름이 붙었다. 책상 앞에서 근면하게 일하고 있든 해변에서 푹 쉬고 있든, 직장에서 쓰는 채팅 앱에 온라인 상태라고 표시되기만 한다면 회사를 위해 열심히 일하는 중이라고 인정받는다는 것이다.

바쁘게 일하는 모습을 연기해야 한다는 압박감은 원격 근무자에게만 국한된 것이 아니다. 위의 뱀부에이치알 조사에서 원격 근무와 출근을 병행하는 노동자의 42퍼센트가 순전히 일하는 모습을 보여 주기 위해 사무실에 나온다고 답했으며, 출근하는 노동자 중 37퍼센트는 동료와 상사들에게 보이기 위해 사무실 안을 돌아다닌 적이 있다고 털어놓았다.

가장 적게 일하고 가장 부유한 나라들

아이러니하게도 일터에서 열심히 일하는 것처럼 보여야 한다는 압박감은 실제로 업무를 하는 데 방해가 되는 경우가 많다.

이 모든 "보여주기식 바쁨"은 조직에 엄청난 손해를 가한다. 아틀라시안의 연구에 따르면 사람들은 그 어느 때보다도 바빠졌는데 성취하는 일은 더 적어졌다. "지식 노동자들이 계획을 세우고 그에 대해 이야기하는 데 시간을 너무 많이 써서 실제로 중요한 일을 하지 못하고 있기” 때문이다. 이 연구에 따르면 포춘 500대 기업에서 매년 비효과적인 협업으로 인해 250억 시간을 잃고 있으며, 임원의 93퍼센트는 팀원들이 보다 효과적으로 협업한다면 이전과 비교해 절반의 시간 내에 비슷한 결과물을 내놓을 수 있으리라는 데 동의했다. 전 세계 사무직 노동자 1만 명 이상의 업무 습관을 분석한 슬랙의 인력 지표에 따르면 퇴근 후 연장 근무를 해야 한다는 압박감을 느끼는 사람은 생산성이 20퍼센트 떨어지는 것으로 나타났다.

일하는 시간으로 업무 영향력을 측정하는 건 직원들이 회사에 제공할 수 있는 잠재적 가치의 일부를 훼손시킬 수 있지만, 이 같은 문제는 사실 직원들에게 더 큰 피해를 준다. 보여주기식 바쁨은 그 자체만으로 힘들다. 특히 실제 업무 부담과 결합되면 더욱 그렇다. 슬랙의 인력 지표 연구를 보면 퇴근 후 연장 근무를 해야 한다고 느끼는 바로 그 직원들은 업무와 관련된 스트레스로 약 두 배 더 힘들어하고, 직업 만족도가 더 낮으며, 번아웃을 경험할 가능성이 두 배 더 높았다. “속마음과 다르게 행동하는 건 특히 더 피곤합니다. 따라서 연기를 하며 보내는 시간이 늘어날수록 그 사람은 개인적으로 기분이 좋지 못하며, 동시에 에너지도 더 많이 필요하게 되죠. 그러다 보니 하나도 중요하지 않은 일을 하느라 에너지를 다 써 버려서 실제로 중요한 일을 해야 할 때 에너지가 부족하게 됩니다.” 토론토 대학교의 조직 행동 및 HR 관리 교수이자 조의 회사 ‘워크 타임 레볼루션’의 어소시에이트 컨설턴트인 존 트로거코스John Trougakos의 설명이다.[10] 가짜 일을 하는 건 힘이 들고 불필요할 뿐 아니라, 당장 일을 못해서 결국 연장 근무를 하게 만들고 자율성을 빼앗아 감으로써 번아웃을 가져온다. "자율성이 줄어들었다고 느끼는 것만으로도 스트레스가 생깁니다. 무언가를 의무적으로 해야만 한다고 느끼면 그 일을 하기 훨씬 힘들어지죠." 그가 말한다.

물론 삶에서든 일에서든 하기 싫은 것을 해야 할 때가 있기 마련이다. 그건 피할 수 없다. 하지만 연구에 따르면 의지와 반대로 혹은 그것이 중요하거나 필요하다고 느끼지 못한 채로 해야 하는 일이 늘어날수록 성과가 떨어지고 번아웃 가능성이 높아진다. "조직에 별로 도움이 안 된다고 느끼는 일을 맡을수록 더 힘들고 번아웃으로 자주 이어집니다. 열심히 하려는 동기를 찾기가 더 힘들어지기 때문이죠. 무언가를 하려는 마음이 깊은 곳에서 생겨날 때 일이 훨씬 더 쉽습니다." 존의 말이다.

지식경제에서 직원의 안녕과 성과 사이의 상관관계는 근무 시간과 성과 사이의 상관관계보다 훨씬 높게 나타난다. 세계에서 경제적으로 가장 경쟁력 있고 행복한 국가들이 가장 적은 시간 일하는 반면, 가장 가난한 국가들이 가장 오랜 시간 일한다.

예시로 경제협력개발기구OECD에서 실시한 연구에 따르면 유럽연합의 연평균 근로 시간은 육아휴직, 휴가, 파트타임 근무, 연장 근무를 모두 고려하여 1,571시간이다.[11] 그런데 같은 유럽연합 내에서도 일부 국가의 근로 시간은 25퍼센트 정도 짧으면서도 평균을 상회하는 경제 산출량을 보였다. 근로 시간을 분포도로 나타냈을 때 시간이 적은 국가로는 스위스가 연평균 1,529시간, 스웨덴이 1,440시간 근무했으며, 덴마크와 독일이 연 1,347시간, 주당 약 26시간으로 공동 1위를 차지했다. 이 국가들은 1인당 GDP가 가장 높고, 노동자 생산성도 가장 높으며, 〈세계 행복 보고서World Happiness Report〉에 따르면 국민들도 가장 행복했다.[12] 분포도의 반대편에 있는 국가로는 폴란드가 연간 1,815시간, 몰타가 1,876시간, 그리스가 1,886시간 일하며 동시에 유럽연합에서도 가장 낮은 1인당 GDP를 기록했다. 전 세계를 대상으로 했을 때 연구 대상 중 가장 오랜 시간 근무한 국가는 멕시코로 연평균 2,226시간, 주당 약 43시간이었다. 이 책을 쓰고 있는 현재를 기준으로 멕시코에서 연간 법적 근로 허용 시간을 주 6일 최대 48시간에서 주 40시간으로 줄이려는 입법 노력이 진행 중이다.[13] "노동자들에게 매주 8시간의 자유 시간을 주는 것이 국가적인 발전에 도움이 될 것이라고 믿고 있습니다." 멕시코의 클라우디아 셰인바움Claudia Sheinbaum 대통령이 2025년 5월 1일 노동절 연설 중 한 말이다.[14]

2022년 발표된 위의 OECD 데이터는 그 의미가 너무나도 확실하여 앞서 언급한 노벨 경제학상 수상자 크리스토퍼 피서라이즈가 주 4일 근무제의 필연성에 확신을 품게 해주었다. "그리스와 덴마크, 네덜란드는 규모가 비슷한 국가들입니다. 그런데 왜 그리스인은 주당 평균 36~37시간을 일하는 반면 덴마크와 네덜란드 사람들은 29시간만 일해도 될까요? 이들이 더 생산적이기 때문일 가능성이 높습니다. 그래

     Part 1 왜 이제 더 짧게 일해야 하는가

서 소득도 더 높고 더 짧은 시간만 일할 수 있죠."[15]

더 부유하고 생산성 높은 국가들이 그렇게 된 건 더 많이 일했기 때문이라고 생각할 수 있으나 피서라이즈 교수는 그들의 성공은 일하는 시간의 효율을 최대화할 수 있는 능력과 더 관계가 깊다고 말한다. 시간을 더욱 경제적으로 사용하면 일과 관련해 더 많은 휴가, 더 적은 연장 근무, 더 너그러운 휴가 정책, 더 큰 근무 유연성 등, 관대한 접근법을 취할 수 있다. 그 정도는 감당할 수 있는 부를 갖추었기 때문이다. "우리는 좋은 생활 수준을 누릴 만큼 충분한 소득이 있으니 삶의 만족감을 주는 다른 것들을 추구할 수 있습니다." 그가 덧붙였다. 아마도 그런 이유로 북유럽의 국가들이 휴가와 육아휴직 등에 세계에서 가장 관대한 정책을 강제하는 반면 그리스 같은 나라는 근무일을 주 6일로 확대하는 걸 허용하는 것일 터다.

특이값 미국, 그리고 싱가포르, 한국, 중국

이 연구에는 특이값이 존재한다. 바로 연평균 1,800시간 근무하면서 세계 최고 경제 수준을 누리며 글로벌 트렌드를 역행하는 미국이다.

피서라이즈 교수는 그것이 미국만의 독특한 노동 시장 제도와 관련이 깊다고 말한다. 노조의 힘이 약하고, 휴가와 관련해 법적 요건이 적으며, 최저임금이 낮고, 세계 최고 수준의 소득 불평등을 가져오는 기타 요인들 때문이다.[16] 사실 미국은 여성의 출산 휴가를 보장하지 않는 세계 유일의 선진국이다. "그건 기술력과는 아무 상관이 없습니다." 그가 덧붙였다. 미국을 제외한 다른 모든 국가에서는 높은 국가의 부와 개인의 경제력이 근로 시간의 감소를 가져왔다. 미국이 G20 국가 중에서 인당 GDP가 가장 높은 반면 2위인 독일은 근로 시간이 35퍼센트 더 적다. 연간으로 따지면 450시간이 넘게 차이가 난다. 미국의 노동자들은 휴가, 병가, 육아휴직, 파트 타임, 연장 근무를 포함해 주당 평균 35시간 근무하는 반면 독일은 평균 26시간 근무한다.

이런 국가들이 부유한 것이 노동자가 더 적은 시간 근무하기 때문이라는 말이 아니다. 근로 시간과 경제적 산출량 사이에 상관관계가 얼마나 적은지를 보여 주는 것뿐이다. 그리고 크고, 잘 살고, 서양화된 국가들의 사례만 주로 다루는 것도 안다. 하지만 거기엔 그럴 만한 이유가 있다. 첫째, 그렇게 하면 경제적, 문화적으로 비슷한 조건에 있는 국가들을 비교할 수 있다. 둘째, 근무 시간을 줄이는 데 있어서 많은 비서양권 업무 문화가 애초에 다른 기준선에서 출발한다. 물론 줄어드는 경향을 보이곤 있지만 말이다. 예를 들어 싱가포르에서 최근 연구에 따르면 주당 평균 근로 시간은 2010년 46.6시간에서 2024년 41.6시간으로 줄었다.[17] 칠레는 2023년 1월에 주 40시간 법안이 통과되면서 오랜 45시간 근무제에 마침표를 찍었다.[18] 그 전 해에 칠레의 평균 근로 시간은 연평균 1,966시간으로 OECD 데이터 기준 유럽연합에서 가장 오래 근무하는 그리스보다도 80시간이 더 많았다. 콜롬비아에서도 비슷한 법이 만들어져서 연장 근무를 포함한 최대 근무 시간이 2021년 주당 48시간에서 2026년 7월까지 42시간으로 줄어들 예정이다.[19] 한국은 2018년에 근로 시간을 유급 연장 근무 12시간을 포함해 주당 52시간으로 제한하는 법을 통과시켰다. 이전까지는 68시간이었다.[20] OECD에 따르면 2022년까지 한국인의 연간 근로 시간은 1,900시간이 넘었고 이는 유럽연합의 어느 국가보다도 길지만 그래도 개선된 수치였다.

이 같은 동향은 중국까지 번지고 있는 것으로 보인다. 많은 분야, 특히 기술 분야에서 직원들이 아침 9시부터 밤 9시까지 주 6일, 총 72시간 근무하는 9-9-6 문화로 악명이 높은 나라인데 말이다.[21] 2025년 초 중국의 전자상거래 대기업 지부유Zibuyu는 직원 급여를 그대로 둔 채 4.5일 근무제로 바꿨있다.[22] "모두가 함께 가치를 창줄했으니 보상을 즐겨야 합니다. 4.5일 근무제는 직원들의 노고에 최고의 보상이 될 겁니다." CEO인 천카이슝Chen Caixiong이 연초 전 직원 회의 도중에 한 말이다. 그는 직원 평균 연령 28세인 이 회사에서 근무일 단축이야말로 회사의 젊은 직원들이 가장 반가워할 혜택일 것이라고 밝혔다.

주 4일 근무제는 근무 시간이 이미 40시간으로 제한된 곳에서는 실현 가능성이 더 높겠지만 최근 몇 년간 근무 시간 단축 움직임은 전 세계로 확산되고 있다. 싱가포르 노동부에 따르면 전 세계 주당 평균 근로 시간은 최소 10년간 감소 추세를 보이며 2014년 46시간에서 2024년 43시간으로 줄어들었다.[23]

스타 선수는 풀타임을 뛰지 않는다

역설적으로 들리겠지만 가장 많은 휴식을 취하는 국가들이 장기적으로는 가장 많은 일을 해낸다. 그리고 조직이나 개인 차원에서도 그와 마찬가지라는 사실은 연구 결과로도 확인되었다.[24]

농구 팬이라면 미국 프로 농구(NBA)에서 "부하(load) 관리"라는 다소 논란이 있는 정책에 대해 잘 알고 있을 것이다. 요즘 NBA의 스타 선수들은 더 많은 휴식 시간을 누림으로써 더 오랜 기간 커리어를 유지한다. 엘리트 선수 수준으로 운동을 하려면 신체적으로 부담이 크다. 그래서 많은 프로 선수들이 오늘날 부상 가능성을 줄이기 위해 충분한 휴식과 회복이 포함된 운동 및 식이 요법을 쓴다. 물론 리그와 팬들은 스타 선수들이 몇몇 경기에 나서지 않고 벤치에 앉아만 있는 게 썩 마음에 들지는 않을 것이다. 그래도 나중에 명예의 전당에 이름을 올릴 선수들이 단순히 리그에 머무르는 게 아니라 오랜 기간 활발히 활동하며 팀에 기여하는 것을 볼 수 있는 것에는 불만을 품지 않을 것이다.

여전히 근무 시간과 생산성을 동일시하는 직장 문화에서 휴식과 회복을 지지하는 사람들을 한데 모으는 데에도 이와 비슷한 어려움이 존재한다. "제가 이미 25년 전에 밝힌 바 있어요. 꽤 확정적이죠. 일에서 벗어나 시간을 갖는 것이 실제로 일터에서 생산성을 높이는 데 정말로 중요하다는 사실 말이에요." 토론토 대학교 스카버러의 존 트로거코스의 말이다. 이 연구는 노동 시간에 따른 수익률 감소를 보여 준다.[25] 데이터에 따르면 사람들은 어떤 작업을 시작하면 일정 시간 동안 워밍업을 거친 뒤 최고 수준의 성과에 도달하고, 그 이후에는 피할 수 없는 하락을 겪는다. 시간이 흐를수록 효율은 떨어질 뿐 아니라 치명적인 오류를 저지를 가능성도 더 커진다.

2025년 《직업 및 환경 의학*Occupational and Environmental Medicine*》 저널에 실린 한 연구에 따르면 주당 52시간 이상 일하면 감정 조절과 실행 기능에 관여하는 두뇌 부위에 변화가 생긴다고 한다.[26] "인지 및 감정의 건강을 지키려면 정신 건강과 정기적인 휴식 기간, 워라밸을 우선시할 필요가 있습니다." 《글로브 앤드 메일》에 실린 이메일 인터뷰에서 이 연구의 공동 지은이 중 한 명인 이완형 교수가 재러드에게 해준 말이다.[27] 또한 업무가 득정 시산으로 한정되지 않는 디지털 세상에서는 그 같은 위험이 훨씬 더 두드러질 수 있다고도 경고했다.

이 연구는 우리가 정신적 에너지와 성과에 대해 이미 알고 있는 바를 재확인시켜 준다. "사람은 피곤할 때 억지로 일을 밀어붙일수록 더 많은 실수를 합니다." 존이 말했다. 그리고 마음속에서 동기를 느낄 때 생산성이 높아진 상태를 유지할 수 있다고 덧붙였다. "어떤 일을 하는 데 있어 그 자체의 즐거움이나 그 일에 담긴 의미로 인해 진정으로 동기부여가 될 때 자신을 더 밀어붙일 수 있고 더 오랫동안 더 효과적으로 해낼 수 있습니다. 평소 다른 일을 할 때만큼 힘들지 않기 때문이죠."

존의 연구에서는 일하지 않고 쉬는 시간의 길이와 질, 그리고 최상의 상태로 성과를 올릴 능력 사이에 직접적인 상관관계도 찾아냈다. 2023년 연구에서 그와 동료들은 근무일 하루 중 감정적 피로의 변동폭을 측정했다.[28] 매일 차이가 있긴 했지만 장기적으로 볼 때 정서적 피로는 예측 가능한 특정 패턴을 띠는 경향이 있었다. "우리가 알아낸 바에 따르면, 사람은 출근할 때부터 어느 정도 정서적 피로를 느끼는 상태로 일을 시작합니다. 그리고 근무 시간이 지날수록 그 피로가 점점 강해지는 경향이 있습니다. 사람들이 매일 정서적 피로를 어느 수준으로 느끼며 하루를 시작하게 될지 결정하는 가장 중요한 요인 가운데 하나는 바로 그 전날 심리적으로 일로부터 얼마나 떨어져 있었느냐입니다." 달리 말해 휴식의 빈도뿐 아니라 휴식의 질 역시 우리의 업무 능력에 직접적이고도 측정 가능한 영향을 미친다는 것이다. "일에서 멀어질 이런 기회를 더 효과적으로 활용할수록 피로를 덜 느끼고, 생산성이 높아지고, 성과도 더 잘 올렸습니다."

하지만 안타깝게도 현재 휴식과 관련한 직장 문화는 건전함과 거리가 멀다. 우리는 휴식을 장려하기는커녕 오명을 씌운다. 늦게까지 일하고, 책상에 앉은 채로 일을 하면서 점심을 때우고, 주말에도 일하고, 휴가를 건너뛰는 사람들을 칭찬한다. 익스피디아Expedia에서 2024년 전 세계 1만 1,500명의 직장인을 대상으로 한 조사에서 응답자의 62퍼센트는 충분한 휴식을 취하지 못한다고 답했다.[29] 또한 미국인이 휴가를 가장 적게 쓰는 것으로 나타났으며, 일반적인 직장인은 연간 단 11일의 휴가가 주어졌고, 절반은 부여된 휴가를 모두 사용하지 않는 것으로 조사됐다. 퓨 리서치Pew Research의 조사에 의하면 절반은 일이 밀릴까 걱정되어 휴가를 모두 쓰지 못하고, 43퍼센트는 동료들에게 일을 부탁하는 것에 대해 죄책감을 느낀다고 답했다. 여성 응답자는 이에 해당하는 비율이 더 높았다.[30] 《조직 행동 및 인간 의사결정 과정 *Organizational Behavior and Human Decision Processes*》 저널에 발표된 2025년 연구에 따르면 관리자들은 직원들이 일에서 멀어진 다음에 더 에너지를 얻고 생산성이 높아진다는 걸 알고 있었다. 하지만 동시에 정기적으로 휴가를 쓰는 직원들에게 불이익을 주고, 그들을 회사에 헌신하지 않는 사람이자 승진할 자격이 없는 사람으로 바라본다고 털어놓았다. 이에 연구원들은 "일로부터의 분리에 대한 역설"이란 이름을 붙였다.[31]

여전히 많은 사람들이 적게 일하고 자주 휴식을 취하는 것을 생산성에 부정적인 요인이라 생각하지만 연구 결과는 오히려 정반대로 나타난다. 장시간 근무는 직원 건강에 악영향을 미쳐 정신과 신체에 부담을 주고 회복을 늦춘다. 과도하게 오랜 시간 일하는 것이 시간당 생산성의 수익을 줄인다는 건 곧, 단기적 이득이 있더라도 지속 불가능하며 이것이 궁극적으로는 직원 번아웃과 이직률 같은 비용으로 인해 상쇄되고 만다는 뜻이다. 《미국 예방 의학 저널*American Journal of Preventive Medicine*》에 게재된 2025년 연구에 의하면 직원의 번아웃은 건강보험료 비용 증가와 병가 등 결근의 형태로 미국 기업에 직원 1인당 연간 4,000~2만 1,000달러의 손해를 초래한다.[32] 직원 천 명의 회사라면 매년 약 500만 달러나 되는 셈이다. 엘리트 운동선수처럼 휴식하고 회복할 시간을 허용하면 신체 에너지와 정신적 처리량에 장기적으로 긍정적인 영향을 미쳐, 최장 시간 일할 때보다 더 좋은 성과를 낼 수 있게 된다.

이 같은 문제에 맞서기 위해 조직은 다양한 웰니스 프로그램을 시행하려 애써 왔지만 이는 효과가 별로 없는 것으로 증명되기 일쑤다. 옥스퍼드 대학교에서 수행한 최근의 한 연구에 따르면 90개 기업 웰니스 프로젝트 중에 단 하나만 직원 웰빙에 긍정적인 영향을 미친 것으로 나타났다.[33] 충격적인 수치이지만 그리 놀랄 일은 아니다. 번아웃 비율이 점점 높아지고 있고, 많은 기업 웰니스 프로그램이 지속 가능한 수준보다 높은 업무량, 불합리한 기대치, 불명확한 경계 같은 근본 원인들을 해결하지 못하고 있기 때문이다. (아이러니하게도 90개 중 효과가 있었던 단 하나는 자원봉사 활동이었다. 그리고 주 4일제는 이런 활동을 가능하게 한다. 실제로 주 4일 근무제 시범 프로그램에 참여한 사람들 가운데 많은 이들이 여유 시간을 활용해 자원봉사를 했다고 밝혔다.)

다른 많은 기업 정책처럼 요가 수업에 등록시키고, 명상 앱을 제공하는 것은 상처에 반창고만 달랑 붙이는 것과 같다. 기업의 입장에선 직원들의 정신 건강 개선을 돕는다는 만족감을 느낄 수 있겠지만 이런 어려움에는 보다 체계적인 해결책이 필요하다. 그리고 주 4일 근무제는 더욱 효과적이고 오래 지속되는 해결책임을 스스로 증명하고 있다. 인피니트 포텐셜Infinite Potential이라는 싱크탱크의 연구에 따르면 2024년 표준 44시간 근무제로 일한 직원의 42퍼센트가 번아웃을 느꼈다. 2023년의 38퍼센트에서 증가한 수치다.[34] 조의 고객사 상당수의 데이터를 표본으로 사용한 이 연구에 의하면 32시간 근무제로 운영되는 조직에서 일하는 직원의 번아웃 비율은 9퍼센트에 불과했다.

전 세계 기업들은 2026년까지 기업 웰니스 프로그램에 946억 달러를 쓸 것으로 전망되지만 지금까지의 성과는 기껏해야 엇갈린 평가를 받는 수준이다.[35] 반면 주 4일 근무제는 일반적으로 이런 프로그램에 비용을 거의 혹은 전혀 들이지 않으면서도 직원의 정신 건강과 웰빙을 개선하는 데 광범위하게 효과적인 것으로 증명되었다.

시간표를 버리고 성과표를 들어라

〈사인필드〉의 한 에피소드에서 조지가 자동차에 열쇠를 두고 내린 뒤로 30년이 지났다. 여전히 직장인들은 주어진 일을 효과적으로 해내는 것보다 아침 일찍 출근하고 밤늦게까지 일하는 것으로 칭찬받고 승진하고 있다.

주 4일 근무제의 핵심은 낭비되는 시간을 줄여 없애자는 것이다. 더 강도 높게 일하자는 것이 아니라 여가 시간을 더 늘리자는 것이고, 실제 지식경제에서는 여가가 전반적인 성과를 향상시킬 수 있다. 과로하

는 것보다 더 적은 시간을 일하는 편이 오히려 낫다는 것은 존의 연구로 뒷받침된다. 지금 필요한 것은 결과물을 바탕으로 효과성을 측정하려는 태도다. 시간의 양이 아니라 질이 중요하다는 것이다.

앞서 설명한 것처럼 우리는 산업화 시대로부터 먼 길을 왔지만 기본적인 업무 구조와 규범은 여전히 그로부터 채택한 것을 쓰고 있다. 그중 아직도 주로 사용되는 것이 근무 시간 대비 산출량으로 생산성을 측정하는 방식이다. 이제 인간 두뇌의 힘을 활용하도록 설계된 지식경제 시대로 바뀌었으니 새로운 방식이 필요하다. 더 건강하고 더 생산적인 두뇌를 장려하는 방식, 직원을 위한 정신적 부담 관리 방식 말이다.

존의 연구에서 알아냈듯 직원들의 집단적 두뇌력을 극대화할 가장 효과적인 방법은 휴식과 회복을 장려하는 것이다. 생산성을 시간으로 측정한다면 주 4일 근무제는 곧 막대한 손실에 불과하다. 생산성을 산출량으로 측정한다면 반대로 막대한 이득을 가져다줄 것이다.

업무를 시간이 아니라 결과물로 측정하는 모델로 진화하려면 생산성이라는 바로 그 개념에 완전히 다른 접근법이 필요하다.

이상적인 세상에서라면 모두가 관리자나 고용주와 밀접히 협력하고 시간을 보내면서 매일, 매주, 매달, 매분기, 혹은 매년 자신에게 무엇이 기대되는지 명확히 정의 내릴 수 있을 것이다. 그런 과정을 통해 직원과 고용주 모두 단순히 근무 시간만 측정하지 않고 무엇이 우수한 성과/양호한 성과/형편없는 성과에 해당하는지 상호 간 이해에 도달할 수 있다. 그 기준은 영업 목표라든가 고객 서비스 응답 시간일 수도 있고 아니면 다가오는 재판의 모두발언일 수도 있다. 해야 할 일이 무엇이든 이 이상적인 세상에서라면 직원과 관리자 모두 성공이 어떤 모습인지, 객관적으로 어떻게 측정하면 좋을지 알고 있을 것이다. 걸리는 시간과 관계없이 말이다.

그 같은 접근법은 궁극적으로 개별 직원들이 자신의 필요에 가장 적합한 일정에 따라 자신이 책임져야 할 일을 자유롭게 수행할 수 있게 한다(산업혁명 전 농부나 가내 수공업 종사자와 크게 다를 것이 없다). 그 일을 하는 데 하루가 온전히 필요하다면 하루를 할애해 그 일을 할 것이다. 하지만 프리랜서인 재러드가 그랬듯이 상호 동의한 기준에 따라 할 일을 하는 새로운 방식을 도입한다면 일하고 남은 시간은 온전히 자기 마음대로 즐길 수 있는 시간이 된다. 이 같은 이상적인 세상에서 보상은 근로 연수나 과거의 업무 경험, 혹은 학력 같은 것에 얽매일 필요가 없고 그 사람이 조직에 가져다주는 정확한 가치만을 반영할 것이다. 같은 일을 더 적은 시간에 해내어 더 큰 가치를 제공한다면 그에 따라 보상을 받게 될 것이다.

한낱 몽상처럼 보일지도 모르지만 이 같은 비전은 곧 현실이 될 수 있다. AI와 데이터 혁명 덕분이다. 좋든 싫든 고용주들은 몇 년 전만 하더라도 공상과학 소설처럼 보였을 새로운 성과 측정 방식을 손에 넣고 있다. 재러드의 세상에서 또 다른 예를 하나 더 가져와 보자. 헤밍웨이Hemingway라는 앱은 AI를 이용해 사용자가 입력한 글의 품질뿐만 아니라 난이도도 측정해 주고, 개선할 여지가 있는 부분을 알려준다.

이 외에도 비슷한 도구가 많이 개발되면서 단순히 일한 시간에 의존하는 것이 아니라 신기술로 조금 더 세세하게 성과를 측정하고 정량화해주고 있다.

그런데 이런 도구에 기존의 생산성 측정 방식으로 시간에 의존하는 관행이 합쳐지면 문제가 생길 수 있다. 직원들과 보상을 공유하지도 않은 채 그들로부터 에너지와 효율성을 마지막 한 방울까지 짜내는 데 쓰일 수도 있기 때문이다. 그러한 비관적 시각에서 보면 성과 측정 기준은 직원들을 감시하고, 산출량 기대치를 높이고, 저성과자를 처벌하기 위해 사용된다. 하지만 더 건전한 업무 환경에서라면 이런 기준은 보편적인 기준을 세우고, 그것을 충족하고 나면 직원들이 더 열심히 일해서 보너스 보상을 받거나 남은 시간에 휴식을 취하도록 자유롭게 선택하게 해줄 수 있다. 아직 초기이긴 하지만 많은 조직이 이처럼 결과 위주로 측정하는 업무 환경을 채택하고 있다. 팀에 할 일과 마감기한, 명확한 목표와 기대치를 부여하되, 직원들이 각자의 상황에 가장 잘 맞는 방식으로 자유롭게 일정을 수립할 수 있는 권한도 함께 주는 것이다.

이제 남은 의문은 이것이다. 우리는 이런 새 도구를 활용하여 시간과 활동을 바탕으로 결과를 측정하는 기존 방식에서 벗어날 것인가, 아니면 그것을 이용해 직원들에게 더 높은 기준과 요건을 강요할 것인가? AI의 발달로 이제 사람은 가장 인간적인 기술의 가치를 인정받게 될 것이다. 사실 AI가 재러드의 인터뷰 노트를 글로 옮기고 요약할 수

   Part 1 왜 이제 더 짧게 일해야 하는가

는 있지만 실제로 그런 인터뷰를 직접 이끌어 갈 수 있게 되기까지는 오랜 시간이 걸릴 것이다. 앞서 언급한 내용의 또 다른 예를 인용하자면 어떤 작가와 언론인은 AI가 자신의 자리를 대신하게 될 것이라며 두려워하기도 한다. 하지만 재러드는 이것 역시 계산기와 회계사 같은 관계가 되어 사람은 단순 노동에서 벗어나 더 가치가 높은 일을 하게 될 것이라고 믿는다.

AI 도구 덕분에 사람이 일을 훨씬 더 빠르고 효율적으로 하거나 AI에 완전히 맡길 수 있게 된다면 전통적 의미의 '생산성'도 재평가해야 할 것이다. 그 같은 미래에서는 노동자에게 몇 시간의 잔업을 더 시키는 것보다 AI가 할 수 없는 일을 하는 그들의 능력을 극대화시키는 것이 훨씬 더 중요하다.

우리의 가장 인간적인 특성을 중시하는 세상으로 되돌아가면서 가장 효과적인 직원은 자신의 집중력과 에너지, 창의성을 극대화할 수 있는 사람일 것이다. 연구에 따르면 그건 곧 자주 휴식을 취하고, 적당한 회복 시간을 갖고, 강력한 워라밸을 추구해야 한다는 뜻이며, 이는 모두 주 4일 근무를 할 때 더욱 잘 이루어 낼 수 있다. 또한 일주일에 하루를 더 쉬는 것은 팀원들이 자기 자신과 서로의 업무에 책임감을 갖도록 하는 더 강력한 동기가 된다. 팀이 업무 프로세스를 개선하여 효율성을 향상시켰을 때 그에 대한 보상으로 추가 휴가 형태의 혜택을 제공한다면, 조직 전반의 변화 노력에 더 적극적으로 참여하려는 동기를 높일 수 있을 것이다. 비효과적인 협업, 과도한 행정, 디지털 주의 산만, 우선순위에 대한 무관심이 여전히 우리 일터에 깊이 뿌리 내리고 있다. 단축 근무제의 시범 운영은 직원들의 웰빙과 생산성 모두를 위협하는 바쁘기만 하고 쓸모는 없는 일에 맞서는 조직적 결집의 신호탄이 될 것이다.

Chapter 6

Z세대가 온다

북미 시범 운영 프로그램에 참여한 41개 조직의 직원들은 6개월의 주 4일 시범 근무를 마친 뒤 새로운 근무 방식이 자신들에게 어느 정도의 금전적 가치가 있는지 평가해 달라는 요청을 받았다.

3분의 1은 주 5일로 다시 돌아가야 한다면 26~50퍼센트 급여 인상을 요구할 것이라고 답했고, 12퍼센트는 50퍼센트 넘게 요구할 것이라 답했으며, 14퍼센트는 돈을 아무리 더 줘도 절대 주 5일제로 되돌아가지 않을 것이라고 했다.[1] "주 4일제가 주는 혜택과 유연성을 경험하고 나면 주 5일제로 다시 돌아가자고 설득하는 건 정말로 어려울 거예요. 정신적·신체적 건강의 혜택 면에서 주 4일제가 내게 준 건 수치화하기가 힘들 정도거든요." 북미 시범 운영 프로그램에 참여한 '그랜드 챌린지 캐나다Grand Challenges Canada' 소속 직원 26세 아니사 후다-타르바이Anisah Hooda-Tarbhai의 말이다.[2]

아니사는 2019년 이 글로벌 비영리 단체의 캐나다 지부에 합류했고, 이곳에서 근무 시간이 서서히 줄어드는 것을 직접 경험했다. 여름철 금요일 단축 근무를 시작으로 그다음에는 금요일 유연 근무제, 그러고 나서 마지막으로 금요일을 휴무로 하는 주 4일제가 정착되었다. 근무 시간이 적어서 이 회사에 들어온 것은 아니라고 했지만 그녀가 이 조직의 핵심 사명에 대해 품고 있던 열정에 이 같은 혜택이 합쳐지니 그곳을 떠나기는 거의 불가능해졌다.

다른 많은 이민 2세대처럼 아니사는 자녀의 경제적 안정을 위해 많은 희생을 감내한 가정에서 자라났다. 동아프리카 출신 이민자인 그녀의 부모님은 간판 제작 회사를 함께 운영하며 종종 쉬는 날도 일했고, 아니사의 말에 의하면 이 같은 생활은 워라밸에 대한 그녀의 시각에도 영향을 미쳤다. "부모님은 정말로 일에 모든 걸 바치셨어요. 우리를 지금 위치까지 키우시느라 많은 희생을 하신 걸 알고 있지만 그것이 부모님의 신체적·정신적 건강과 우리 가족의 생활에 큰 부담을 지웠다는 것도 잘 알아요. 저는 그런 생활을 원치 않아요. 가족과 함께 좀 더 많은 시간을 보내면서 동시에 제 욕구를 충족할 수 있는 일이 필요했죠."

요즘 아니사의 금요일은 보통 운동으로 시작되고 날씨가 허락된다면 오후에 산책을 한다. "금요일에는 개인적 잡무를 주로 처리해요. 예약해 둔 곳을 방문하고, 장을 보고, 한 주 동안 더러워진 집을 청소해요. 예전에는 이 모든 걸 주말에 했는데 이제 주말은 마음 편히 즐기며 회복할 수 있는 날이 된 거죠."

          Part 1 왜 이제 더 짧게 일해야 하는가

아니사는 근무 시간이 줄어든 것이 일의 품질에 긍정적인 영향을 미쳤다고 말한다. 전 세계 분쟁 지역을 지원하는 일을 맡고 있는 그녀는 때로 일이 매우 버겁다고 한다. 하루를 추가로 더 쉴 수 있게 되면서 감정적으로 힘들었던 일에서 적절한 수준까지 회복할 수 있게 되었다.

또한 그녀가 속한 조직은 회의 빈도와 시간, 참석자 수를 획기적으로 줄이고, 일을 자동화하고 간소화하는 데 도움이 되는 신기술을 활용하고, 결과물에 집중할 수 있도록 우선순위를 가다듬는 방식으로 발전하며 주 4일 근무제를 받아들였다. "일정을 블록 단위로 관리하며 집중 업무 시간을 만드는 등, 보다 효율적으로 활동하는 법을 배웠어요. 3일간 업무에서 벗어나니 4일간 더욱 집중력이 강해졌고, 그 덕에 5일간 일할 때보다 더 많은 걸 해낼 수 있게 되었어요. 원래 금요일쯤 되면 성신석으로 많이 피곤했거든요. 그 마지막 근무일을 없앴더니 더 힘차게 더 효율적으로 일할 수 있어요." 물론 일이 많아서 금요일에 쉴 수 없는 경우도 있지만, 그런 바쁜 시기에도 금요일 일정에는 여유가 더 있기 때문에 중요한 일을 훨씬 수월하게 해낼 수 있다고 말한다.

아니사는 자신이 워라밸에 부여하는 가치는 동료들 사이에서 흔히 볼 수 있는 특징이라고 덧붙인다. "자기 자신을 무엇보다 우선시하는 세대가 바로 우리 세대라고 생각해요. 자신을 위해, 그리고 내 주변 사람들을 위해 더 나은 내가 되고 싶어 하죠. 주 5일 근무하고 하루 세 시간씩 통근한다면 절대 그런 모습을 보일 수 없을 거예요. 우리 세대에게는 그런 비금전적인 혜택이 급여보다 더 중요해요."

그렇다고 해서 젊은 세대가 보상에 관심이 없다는 뜻은 아니다. 오히려 그 반대다. 오늘날처럼 물가는 오르고 생활비 부담은 점점 커지는 상황에서는 더욱 그렇다. 동시에 아니사는 생활비 상승으로 인해 외벌이 가정이 점점 더 현실성이 떨어지면서, 자신의 세대가 돌봄과 개인적인 책임을 감당하기가 훨씬 어려워졌다고 말한다. 오늘날 젊은 세대, 특히 여성에게는 생계를 책임지는 사람인 동시에 돌봄 제공자 역할까지 해야 한다는 기대가 커졌는데, 대부분의 사람들에게 이는 주 5일 근무 체제에서 감당하기에는 너무 큰 부담이라는 것이다.

"현실적으로 대부분의 가정은 부모 두 사람이 모두 일하고 있어요. 우리는 직장에서 제 역할을 해내고 있지만 집에서도 가족을 위해 최선을 다하고 싶어요. 재택근무나 주 4일 근무제 같은 유연한 근무 방식은 두 가지를 모두 가능하게 해줍니다."

아니사는 이런 모든 이유로 주 4일제는 단순히 필요한 것이 아니라 필연적인 것이라 믿고 있다. "당장은 아니더라도 Z세대가 높은 자리에 오를수록 이러한 움직임은 더욱 확대되리라고 생각합니다."

노벨경제학상이 예언한 주 4일제

노벨경제학상 수상자들의 논문은 대부분 매우 빽빽하고 일반인이 이해하기 어려운 경향이 있다. 그런데 우리의 친구 크리스토퍼 피서라

　　　　　　　　　　Part 1　왜 이제 더 짧게 일해야 하는가

이즈 교수는 2010년에 노벨상을 선사해 준 그의 논문이 꽤 단순하고 이해하기 쉽다고 말한다.[3]

교수와 동료들은 수학 공식을 이용해 '검색 이론'이 노동 시장에도 적용된다는 걸 보여 주었다. 검색 이론이란 고객이 능동적으로 검색하는 특성에 맞춰 기업이 제품과 서비스를 만든다는 이론이다. 자유 시장 속 민간 기업이 고객의 요구에 대응하듯, 고용주도 직원이 원하는 복리후생과 커리어 기회를 제시한다는 것이다.

그에 따르면 이 같은 경향은 최근 몇 년간 다양성과 포용성 프로그램, 보다 지속 가능한 사업 관행, 유연한 직장 문화 같은 것을 부상시켰다. 고용주의 선의 덕분이 아니라 이런 혜택을 제공하는 것이 젊은 인재를 유치하고 채용하는 데 도움이 되는 현실 때문이다. "직원들이 원하는 바를 제공해 주면 그들은 보다 생산적으로 일할 것입니다. 더 즐겁게 일하고, 더 열심히 일하고자 하는 동기를 갖게 되며, 고용주를 속이기보다는 협력하고자 하는 마음이 생길 겁니다. 그게 바로 우리가 원하는 것이죠."

피서라이즈 교수가 해당 연구를 주 4일 근무제와 연결하게 된 배경에는 앞서 살펴본 챗지피티 출시와 국가별 평균 근로 시간에 관한 OECD 데이터 외에도 미국심리학협회의 연구가 있었다.[4] 그 연구에 따르면 직장인의 3분의 1은 주 4일 근무제가 고용주가 일터에서 직원들의 웰빙을 지원할 수 있는 효과적인 길이라고 생각하고 있는 것으로 나타났다. 몇 년 전만 해도 상상조차 할 수 없었던 단축 근무가 이제는 고용주들이 직원 복지를 위해 고려 중인 한 가지 선택 사항이 되었음을 보여 준다. 또한 피서라이즈 교수의 연구에 따르면, 직원들이 주 4일제를 복지로 인식하고 요구하기 시작하면 고용주는 그에 응답할 가능성이 높아진다.

실제로도 그 데이터를 보면 이 같은 고용주의 응답이 예상한 대로 전개되었음을 알 수 있다. 2023년 6월부터 2024년 6월까지 유연 근무를 전문으로 하는 구직 플랫폼 플렉사Flexa에서 단축 근무를 제공하는 일자리를 찾는 구직자가 68퍼센트 늘어났다. 그 기간에 주 4일 근무제에 대한 관심은 두 배, 주 4.5일 근무제에 대한 관심은 세 배 늘었으며, 2주간 9일 근무제(2주마다 하루 덜 근무)를 제시하는 일자리에 대한 관심은 네 배나 늘었다. 2025년에 아울랩스Owl Labs에서 영국의 근로자를 대상으로 실시한 조사에서는 응답자의 83퍼센트가 2030년까지 현재의 주 5일 근무제보다 주 4일 근무제가 더 흔해질 것이라고 예상했다. 그중에서 Z세대 응답자는 그 비율이 91퍼센트나 되었다.[5]

팬데믹 도중에 시작된 정신 건강 위기가 여전히 지속되고 있고, 의료비, 결근, 직원 참여도, 이직률 같은 어려움을 관리하는 데 드는 비용이 증가함에 따라 피서라이즈 교수는 고용주들이 직원들이 가장 효과적이라고 여기는 해결책을 도입할 수밖에 없을 것이라고 믿었다. 그의 연구에 따르면 어떤 혜택이 차세대 직원들의 검색 주제가 될 것인가를 생각했을 때 주 4일 근무제가 가장 유력한 것으로 나타났다. "다양성이나 친환경적인 기업 운영, 또는 유연성 같은 것들은 결국 도입될 겁니다. 시장에서 도입되는 것이 눈에 보여요. 수요가 있기 때문이죠. 그러니 주 4일 근무제에 일찍 대비할수록 회사에 더 이로울 겁니다."

헌신을 자랑하던 세대의 퇴장

2024년 여름 스퀘어스페이스Squarespace의 최고마케팅책임자 킨질 마투르Kinjil Mathur는 Z세대 구직자들에게 첫 일자리를 구하려면 자기가 그랬던 것처럼 "무슨 일이든 할 용의가 있어야 한다"고 말했다가 많은 비판을 받았다.

"저는 무보수로 일할 생각이 있었어요. 저녁이든 주말이든 회사에서 요구하는 거라면 언제든 기꺼이 일할 수 있었어요. 무슨 일이든, 언제든, 얼마든, 어떤 종류의 일이든 하겠다는 마음가짐이 있어야 해요." 그녀가 《포춘》과의 인터뷰에서 한 말이다. 곧바로 혹독한 비판이 일었고 그녀는 그 발언을 철회해야만 했다. "제 대학 시절에 인턴십 경험을 이야기한 것이었는데 모든 세대를 향한 커리어 조언으로는 적절치 못했습니다." 그녀는 후에 이렇게 사과해야 했다.[6]

이 같은 일화는 오늘날 일터에서 서로 다른 세대 간 가치관의 충돌이 얼마나 커지고 있는지 잘 보여 준다. 어떤 이들은 여전히 자신을 희생해 헌신하는 태도를 보여 주는 데서 자부심을 느끼지만 또 어떤 이들, 주로 젊은이들은 생각이 다르다. "그들은 우리 세대가 익숙했던

'일 중심의 삶'보다는 '삶을 위한 일'이라는 태도를 더 강하게 가지고 있는 것 같습니다. 이것은 서양에서 특히 그렇습니다. 그 같은 헌신이 모두 부질없다는 걸 목격했죠. 예전에 서양의 많은 국가에서는 30년간 근속하면 확정급여형 연금과 은퇴자 의료보험 같은 것을 받게 해주겠다고 약속했었죠. 하지만 오늘날엔 그런 것이 하나도 남지 않았습니다." 컨설팅 기업 머서Mercer의 트랜스포메이션 서비스 부문 글로벌 리더 라빈 제수터선Ravin Jesuthasan이 2024년 다보스 포럼에서 한 말이다.[7]

오늘날 젊은 직장인과 나이 든 직장인 사이의 여러 차이점 중 하나로 스트레스에 대한 인식이 있다. 예부터 서양의 직장 문화에서는 스트레스를 곧 중요성과 동일시했다. 스트레스를 받는다면 그건 곧 당신이 하는 일이 더 힘들고 따라서 더 중요하다는 뜻이었고, 어떤 이들에게는 스트레스를 받는다고 투덜거리는 것이 곧 자신이 중요한 일을 하는 가치 있는 사람이라는 사실을 넌지시 알리는 방식이었다. 하지만 요즘 젊은이들은 스트레스나 과로를 명예의 상징이라 여기지 않는다. 시간 관리를 제대로 못 하거나 업무와 건강치 못한 관계를 맺고 있는 것이라고 여긴다. 조지아 대학교에서 실시한 2024년 한 연구에 따르면 스트레스를 받는다고 자랑하듯 말하는 사람들이 이제는 동료들에게 더 부정적으로 인식되는 것으로 나타났다.[8] 스트레스를 자랑하는 사람들이 더 유능한 것이 아니라 덜 유능한 것으로 인식되었다. 일하는 시간이 곧 효과성이고 바쁨이 곧 중요성이라고 인식하던 수 세대

                    Part 1 왜 이제 더 짧게 일해야 하는가

를 지나 Z세대는 다른 시각으로 시간의 가치를 바라보게 된 것이다.

1990년대 말부터 2010년대 초반에 태어난 이 세대는 이미 백 년에 한 번 올까 말까 한 경제위기를 거쳤고, 백 년에 한 번 올까 말까 한 팬데믹을 이겨냈으며, 예전에는 백 년에 한 번 올까 말까 했던 극단적인 기후 재난을 수시로 겪고 있다. 이제 막 노동시장에 진입하고 있는 이 세대는 어린 시절, 2008년 경제위기 속에서 부모들이 재정 문제로 불안해하는 모습을 보며 자랐다. 정신 건강에 해로운 것으로 드러난 규제되지 않은 소셜미디어 환경 속에서 사고방식이 형성되었고, 팬데믹으로 인한 온갖 제한과 봉쇄에 유년기 일부를 잃었고, 거의 매일 온갖 새로운 문제의 폭격을 맞고 있다.

그래서 이 젊은 세대는 이전의 어떤 세대보다도 제대로 된 시간 관리와 정신 건강, 웰빙의 중요싱을 절감하고 있다. 이전 세대는 물질적 부를 추구하고 이웃집과 우리집을 비교하면서 살았다면 이들 세대는 그것보다 의미와 기쁨을 더 중시한다는 것이 연구로도 잘 확인되었다. 흔히 돈으로 행복을 살 수 없다고 말하는데, 현대 역사상 가장 불안하고 우울한 세대는 그 같은 생각을 완전히 받아들인 것이다.

삶과 업무의 우선순위에 있어 Z세대가 경제적 안정과 정서적 안정 사이의 균형을 추구하고, 과도한 재산보다 소중한 사람들과 보내는 의미 있는 시간을 더 중시한다는 사실은 무수히 많은 연구를 통해 거듭 나타난다. 2023년 인튜이트Intuit에서 실시한 연구에 의하면 Z세대 응답자 중 4분의 3이 은행에 돈이 더 많은 것보다 가족이나 친구와 소중

한 시간을 보내는 편을 선호한다고 답했다. 그리고 66퍼센트는 자신의 관심사에 필요한 돈을 마련할 수단으로서만 돈을 버는 데 관심이 있다고 답했다.[9] 사회적 비교 수단이 집과 자동차, 그 밖의 다른 부의 지표에서 소셜 미디어 게시물로 옮겨 간 것도 그 원인 중 하나다. 실제로 Z세대의 33퍼센트가 소셜 미디어 속 사람들과 자신을 비교한다고 답했는데, 이는 다른 세대의 두 배가 넘는 수치다. 그리고 70퍼센트는 소셜 미디어 속 사람들에 비해 뒤처지는 것으로 느낀다고 답했다. 다른 세대 중 그렇게 느끼는 사람은 50퍼센트였다. 2024년 딜로이트에서 밀레니얼 세대와 Z세대를 조사한 자료를 보면 직장을 선택할 때 최우선 순위로 워라밸을 꼽았으며 그다음은 유연한 근무 시간과 단축 근무제도였다. 연봉은 이 모두에 후순위로 밀렸다.[10]

한 마디로, 아니사는 주 4일제를 선도하기에 완벽한 세대다. 근무 시간이 줄어 여가 시간이 더 늘어났는데, 이것은 이 세대가 보상보다 더 중시하는 요소일 뿐 아니라 스트레스와 불안감, 번아웃, 우울증을 줄여 주는 것으로 나타났다. 게다가 주 4일 근무제는 디지털 시대에 가족이나 공동체의 유대감을 높이고, 성평등을 개선하고, 기후 변화에 대응(다음 장에서 더 자세히 다루겠다)하는 등, 가장 어려운 과제 일부를 해결할 수 있는 기회가 된다. 그리고 마지막으로 주 4일제는 스스로 의미 있다고 여기는 대의에 더 참여할 수 있는 시간을 주는데, 연구에 따르면 이는 젊은 직장인의 주된 동기부여 요인이었다.

돈보다 금요일을 선택하는 Z세대

Z세대는 또한 주 4일제라는 개념에 가장 열정적인 세대이자, 그것의 실현 가능성만이 아니라 필연성을 가장 믿는 세대이기도 하다.

2024년, 미국의 18세부터 27세까지 Z세대 학생과 직장인을 대상으로 한 조사에서 80퍼센트는 주 4일제가 규범으로 자리 잡아야 한다고 답했다. 전년도에는 76퍼센트였다.[11] 역시 동일 연구에서 대부분의 젊은이는 이미 새로운 AI 기술을 이용해 더 적은 시간 내에 더 많은 일을 해내고 있으며, 72퍼센트는 생성형 AI를 정기적으로 사용하는 것을 편안하게 느끼고 있다고 답했다. 실제로 Z세대 AI 사용자의 72퍼센트는 이 기술을 활용하여 과제를 하는 데 걸리는 시간을 주당 1~10시간씩 아끼고 있다고 답했으며, 14퍼센트는 업무 시간을 10시간 이상 줄였다고 답했다.

또한 젊은이들은 기존의 직장 복리후생을 포기할 용의가 있을 정도로 주 4일제를 간절히 원하고 있다. 2023년 뱅크레이트Bankrate의 연구를 보면 Z세대와 밀레니얼 세대 응답자의 92퍼센트가 주 4일제를 위해서라면 다른 보편적인 복지 혜택을 포기할 수 있다고 답했다. 같은 질문에 대해 X세대의 응답률은 89퍼센트, 베이비붐 세대는 80퍼센트였다.[12] 모든 세대의 응답자들이 근무일을 하루 줄일 수 있다면 가장 기꺼이 포기하겠다고 답한 직장 관행은 '하루 8시간 근무'였다. 응답자의 54퍼센트는 남은 나흘 동안 근무 시간을 더 늘려 일하겠다고 밝했다. 두 번째로 많은 응답을 얻은 선택지는 산업이나 직무, 혹은 회사를 바꾸는 것이었다. 응답자의 37퍼센트는 근무일을 줄일 수 있다면 현재 직장을 떠날 의향이 있다고 밝혔다. 2023년 헤이스Hays에서 영국의 근로자 1만 2,000명을 대상으로 한 조사에서는 62퍼센트가 기존처럼 주 5일 재택근무와 출근을 병행하는 것보다 주 4일 출근해 일하는 것을 선호한다고 답했다.[13] 2004년부터 전 세계 수천 명의 근로자들에게 업무 선호도에 대한 질문을 해온 글로벌 HR 회사 란스타드Randstad는 2025년 연례 보고서에서 근로자들이 사상 최초로 급여보다 워라밸을 더 중시했다고 밝혔다.[14] 전 세계 2만 6,000명의 근로자를 조사한 바에 따르면 83퍼센트가 그것을 최우선 순위로 꼽았으며, 이 같은 선호는 Z세대 근로자 사이에서 더 강하게 나타났다.

자율적 젊은이, 통제적 조직

아니사의 동료인 라히브 라흐먼Raheeb Rahman은 주 4일 근무제가 학교를 떠난 젊은이들이 일터에 더 매끄럽게 적응할 수 있게 해준다고 믿는다.

토론토 메트로폴리탄 대학교의 테드 로저스 경영대에서 회계와 재무를 공부하는 22세의 라히브는 지원한 인턴십 여러 군데서 채용 의사를 밝혀 왔지만 현재의 직장이 사명과 가치관 측면에서 가장 마음

   Part 1 왜 이제 더 짧게 일해야 하는가

에 들었다고 말했다. "비영리 단체이다 보니 그 점이 매우 독특했어요. 많은 학생이 그런 기회를 얻는 게 아니죠. 지원 과정에서 또 다른 눈에 띈 점이 바로 주 4일 근무제였어요."[15] "일은 완료하는 데 주어진 시간을 모두 채울 만큼 늘어진다"는 파킨슨의 법칙을 잘 모르면서도 라히브는 학교 공부와 과제를 하면서 스스로 비슷한 이론을 정립한 듯 보였다. "대학교에서 프로젝트를 할 때를 생각해 보세요. 마감 기한이 좀 더 이르더라도, 그 기한이 합리적인 수준이라면 우리는 여전히 프로젝트와 과제를 제때 끝낼 수 있습니다. 예를 들어 기간이 네 달짜리 프로젝트가 있다고 해봅시다. 제가 한 달 늦게 시작하더라도, 그 프로젝트는 여전히 석 달 안에 끝낼 수 있습니다."

라히브는 또한 짧은 근무일 덕분에 순조롭게 일에 적응할 수 있었다고 생각한다. 현재의 수업 일정도 보통 4일로 압축되어 있기 때문이다. "먹고, 자고, 운동하는 것처럼 우리의 시간과 건강을 관리하는 건 우리 책임이죠. 지금은 우리가 진정으로 원하는 바로 그 라이프스타일을 창조할 수 있는 나이가 되었다고 생각해요." 라히브에게 그런 삶이란 기도하고, 자원봉사하고, 자전거를 타고, 걷는 것이다. 물론 모든 대학생이 똑같은 우선순위를 갖고 있는 건 아니겠지만 말이다. 동시에 그는 대학교가 인생에서 최고의 시간이라고 여겨지는 경우가 많다는 것을 인정한다. 학생으로 책임을 다하기만 한다면 본인이 원하는 대로 우선순위를 세우고 시간을 관리할 수 있는 최초의, 그리고 어쩌면 유일한 기회이기 때문이다.

다른 많은 젊은이들처럼 라히브는 대학생으로 누리게 된 자율성과 개인적 책임감에 막 익숙해지던 차에 인턴십을 찾기 시작했고, 이후 첫 정규직 일자리를 구해야 할 시기가 다가왔다. 같은 처지의 대학생들처럼 라히브도 직장에 나가더라도 그 자율성을 잃지 않고 싶었다. 바로 그런 이유로 주 4일제가 특히 더 매력적으로 다가왔다. 학생에서 인턴으로, 그리고 직장인으로 변모하면서 라히브는 자유와 유연성을 보상만큼, 아니 어쩌면 그보다 더 중요하게 생각한다고 말한다. "어쨌거나 회사가 제공하는 복리후생이나 유연성과 다른 방식으로 우리의 건강을 중시하는 회사가 있다면 저는 그것을 우선시할 것 같아요. 가장 높은 연봉을 제시하는 곳이 아니라요."

라히브가 설명한 것처럼 대학교 졸업생은 자율성과 권한 부여, 결과에 대한 책임감을 바탕으로 세워진 학업 환경을 경험한 뒤 직장에 들어간다. 자기 관리가 가능하다는 걸 스스로 증명하자마자 지시와 통제를 위해 만들어진 업무 환경에 투입되는 것이다. 마이크로매니지먼트 문화와 같은 변화는 종종 너무나 충격적이어서, 젊은 근로자들의 잠재력에 방해가 되기도 한다.

다른 세대들이 이 대의에 함께하는 것이 조금 늦어지고 있더라도 주 4일 근무제가 실현될 수밖에 없는 데는 그럴 만한 이유가 있다. 미래의 리더 세대가 그것을 매우 중요시할 것이기 때문이다.

"부모님은 '너 정말 일을 하기는 하는 거니?' 같은 농담을 하세요." 아니사는 이렇게 말한다. "하지만 제가 이런 균형을 허용하는 회사에서 일하게 된 걸 내심 자랑스러워하세요. 아마 부모님도 그런 삶을 원하셨을 테니까요. 부모는 언제나 자식이 자기들보다 더 나은 삶을 살기를 바라잖아요. 은퇴가 다가온 부모님과 금요일마다 함께 시간을 보낼 수 있어 정말 좋아요. 어린 시절 부모님이 일주일 내내 일하느라 함께하지 못했던 시간을 이제야 되찾는 느낌이에요.”

Chapter 7

더 큰 혜택: 환경, 성평등, 출산율

뉴욕에서 서핑을 할 수 있다는 사실을 알고 있는가?

우리는 몰랐다. 적어도 존 릴랜드Jon Leland와 화상 회의를 하기 전까지는 말이다. 당시 브루클린의 크라우드펀딩 플랫폼 킥스타터 Kickstarter의 최고전략책임자 겸 지속가능성 책임자였던 존의 모습은 마치 젊은 날의 가수 밥 딜런처럼 보였다. 퀸스에 있는 자신의 아파트 창문으로 햇빛이 그대로 들어오는 탓에, 그는 실내에서도 선글라스를 쓰고 눈을 가리고 있었다. 놀랍게도 그의 뒤엔 인도의 현악기 시타르 와 서핑보드가 세워져 있었다. 전형적인 뉴욕의 아파트와는 조금 어울리지 않는 모습이었다. "JFK 공항이 바로 저기예요." 그가 한 손으로 에비에이터 선글라스를 낀 눈을 가리고 다른 한 손으로는 커튼이 달리지 않은 창문 밖을 가리키며 말했다.[1] "그 옆의 섬이 로커웨이 비치, 그 다음이 애틀랜틱 비치인데, 바다 바로 앞에 여러 개의 방파제 섬과 반도가 있죠." 뉴욕에서 여름에만 서핑을 즐길 수 있을 것이라 생각했다면 그 역시 틀렸다. "사실 1월이 가장 좋은 시기입니다." 직접 경험한 것이 아니라면 반박할 수 없는 주장이었다.

존은 주 4일 근무제의 개척자이자 상징적인 얼굴로서 2024년 3월 미국 상원 청문회에 나서기도 했다. 오랜 시간 환경 운동을 해온 그는 대부분의 뉴욕 시민, 아니 대부분의 사람이 그랬듯 2020년과 2021년에 팬데믹으로 인한 고립과 외로움, 지루함에 무척 힘들어했다. 하지만 움직임의 제약은 생각의 문을 열어 주었고, 존의 머릿속은 성인이 된 후 오랫동안 해결하기 위해 애써 왔던 한 가지 문제에 사로잡히기 시작했다. "저는 예전부터 기후변화에 맞서기 위한 메시지를 전파하고 그것이 얼마나 어려운 일인지 알리는 데 관심이 많았어요. 데이터는 무시무시하고, 경고 신호는 현실이며, 해결책의 상당수가 개인의 희생을 필요로 하죠. 그래서 기후와 관련한 문제에는 항상 죄책감과 그로 인한 암울한 미래상이 꼬리표처럼 따라다녀요."

그 시기에 존은 주 4일 근무제에 관한 책을 읽고 일종의 깨달음을 얻었다. 기후 문제의 메시지가 무시무시하지 않고, 우리에게 죄책감을 느끼게 하지 않거나, 개인적인 희생을 요구하지 않는다면 어떨까? 환경을 더 잘 지키는 일이 무언가를 앗아가는 것이 아니라 무언가를 더 해 준다면? 희생이 아니라 혜택이라면? 존은 주 4일 근무제가 "보다 낙관적인 미래 전망인 동시에 모두가 원하는 것이라는 점에서 흥미로운 수단"이라고 말한다. "이건 환경 운동에서 흔히 만나는 것들과 아주 다르죠. 그리고 일과 삶의 균형, 자연과 소비와의 균형을 잡아주기 때문에 문화적, 심리적으로도 매력적이에요."

출근과 탄소 감축 사이에서

주 4일제가 주 5일 근무제에 더 지속 가능한 대안이 될 것이라는 존의 가설은 2014년에 실시된 한 연구를 바탕으로 한다. 이 연구에서 유럽과 북미인들은 주말에 탄소 배출량이 더 적었다.[2] 실제로 일요일에 탄소 배출량은 일일 평균보다 40퍼센트 더 낮았으며, 평일은 20퍼센트 더 높았다. 미국 에너지정보청의 데이터를 봐도 미국인은 평일보다 주말에 화석 연료를 10퍼센트 덜 사용한다.[3] "평일 하루를 주말로 바꿀 수 있다면 그날의 탄소 배출량을 10퍼센트 줄일 수 있어요." 존의 말이다. 미국 환경보호국에 따르면 교통이 미국 탄소 배출량의 28퍼센트를, 상업 및 주거 건물이 13퍼센트를 차지한다.[4] 따라서 사무실과 고속도로, 공장이 하루 더 추가로 비게 된다면 상당한 배출량 감축이 가능하다는 논리가 된다. "주말보다 평일에 교통량이 더 많습니다. 14퍼센트 정도 늘어나죠. 이 두 가지 요소를 바탕으로 보면 국가 전체적으로 연간 약 4,800만 톤의 탄소 배출량 감축이 가능합니다." 교통 혼잡 시간대가 5일에서 4일로 줄어든다면 상당한 개선이 이루어질 것이라며 그가 덧붙였다.

　　　　　　　　　　　　Part 1 왜 이제 더 짧게 일해야 하는가

주 4일제가 효과적인 기후 위기 대응 전략이 될 것이라는 존의 가설을 뒷받침하는 다른 연구도 있다. 2012년 매사추세츠 대학교에서 한 연구를 보면 OECD 국가에서 근무 시간을 10퍼센트 줄이면 생태 발자국, 탄소 발자국, 이산화탄소 발생량이 각각 12.1퍼센트, 14.6퍼센트, 4.2퍼센트 줄어들 것이라고 나타났다.[5] 스웨덴의 샬머스 공과대학교의 연구에 의하면 근무 시간이 1퍼센트 줄어들면 에너지 사용과 온실가스 배출량이 약 0.8퍼센트 줄어든다.[6] 스페인의 해안 도시 발렌시아에서 2023년 봄 대대적인 주 4일 근무제를 시범 시행했을 때 대기 중 아산화질소 양이 58퍼센트나 줄어들었다.[7]

일하는 시간을 줄이면 혼잡 시간대 차량 운행량이 줄어들 뿐만 아니라 높은 빌딩과 공장의 전기 수요도 상당히 줄일 수 있다. 미국과 영국에서 실시된 조의 주 4일제 시빔 운영을 소사한 연구는 결과적으로 참가자들이 보다 지속 가능한 생활 방식을 받아들이기 시작했음을 찾아냈다. 곰곰이 생각해 보면 일리가 있다. 일이 하루 중 많은 부분을 차지하면 장기적으로 자신이나 환경과 관련해 더 나은 의사결정을 내리기가 힘들어진다. 예를 들어 일상에서 시간의 압박을 더 느끼는 사람은 출근할 때 자전거를 타기보다 운전을 할 테고, 건강한 음식을 조리해 먹기보다 배달음식을 먹을 가능성이 높다. 쳇바퀴 도는 듯한 회사 생활은 우리로 하여금 편리를 우선시하게 한다. 그 같은 선택이 장기적으로는 우리 자신에게나 사회에 좋은 것이 아님을 알면서도 말이다. 아마 영국의 시범 운영 참가자들이 주 4일제로 인해 환경을 더욱 의식하게 되었다고 답한 것이 이런 이유일 것이다. 실제로 미국과 영국 시범 운영 모두에서 참가자들은 자전거를 타고 달리기를 하는 등, 탄소 배출량이 적은 활동에 더 많은 시간을 쓰고, 야외에서 더 많은 시간을 보내며 자연과 새로운 관계를 맺게 되었다고 답했다. 영국의 참가자들은 또한 주 4일 근무제를 시작한 이후에 환경 보호 운동에 자원 봉사하는 시간이 늘어났고, 가정에서 재활용을 더 의식하게 되었으며, 친환경적인 제품을 더 많이 구입하게 되었다고도 했다.

주 4일 근무제 전환의 환경적 혜택의 상당 부분은 이미 널리 퍼진 원격 근무 전환 때 현실이 되지 않았느냐고 주장할 수도 있을 것이다. 하지만 그 같은 에너지 절약 효과는 보편적이지 않았고, 조사에 따르면 줄어드는 추세이기도 하다. 갤럽Gallup 조사에 따르면 2020년 4월, 팬데믹이 절정이던 당시 미국 노동 인구의 거의 절반이 완전 원격 근무를 했다. 재택근무가 가능한 직종의 경우 그 비율은 70퍼센트에 달했다.[8] 그런데 2023년이 되자 미국 정규직 근로자의 12.7퍼센트만이 원격 근무를 했으며, 이는 재택이 가능한 사람 중에서도 고작 27퍼센트에 해당하는 수치였다.[9] 미국 인구조사국에 의하면, 데이터가 수집된 2006년부터 2020년 팬데믹 직전까지 매년 16세 이상 미국 근로자의 약 76퍼센트가 매일 혼자 차를 운전해 출근한다고 답했다.[10] 2020년에는 데이터를 수집할 수 없었고, 다시 조사를 시작한 이후에도 그 수치는 기대한 만큼 떨어지지 않았다. 2021년에 원격 근무가 늘어나긴 했지만 그 해에도 미국 근로자의 67.8퍼센트가 매일 혼자 차를 운전해 출

                    Part 1 왜 이제 더 짧게 일해야 하는가

근했다. 그리고 많은 조직이 대면 근무일을 늘리거나 사무실 복귀 정책을 쓰면서 그 수치는 꾸준히 올라갔다. 2025년 1월, 미국에서 유급 근무일의 약 29퍼센트가 재택으로 운영되고 있다.[11]

이제 기업은 사무실 복귀와 탄소 감축 중 하나를 선택해야 하는 상황이다. 주 4일 근무제는 사업을 운영하는 데 따라오는 탄소 배출을 크게 늘리지 않으면서도 직장에서 대면 협력을 늘릴 수 있게 하여 어느 정도 균형을 잡도록 도와줄 것이다.

주 4일 근무제가 환경에 미칠 수 있는 잠재적 영향력을 발견한 존은 그 개념을 미국의 (서핑이 가능한) 해변으로 가져오기로 결심했다.

"사비 6만 달러를 들여 이 사안에 투입할 팀을 꾸렸습니다. 그 돈은 그 개념을 여기로 가져오는 데 핵심적인 역할을 했어요." 그 돈이 2021년 조가 주직한 미국 최초의 주 4일 근무제 시범 운영을 지원하는 데 쓰였다면서 그가 설명했다. 2022년 초 미국 최초의 시도가 마무리된 뒤(여기에서 존은 유일한 기후 운동가 자격으로 참여했었다) 그는 주 4일 근무제를 자신의 일터에도 도입하기로 했다. "지금까지 이 문제와 관련해 이루어진 연구를 정리하고, 만약 파일럿 프로그램을 시행한다면 어떤 모습이 될지, 그에 따른 이점과 위험까지 개괄적으로 설명하는 문서를 작성했습니다. 이 문제와 관련해 내가 회사 업무와는 별도로 개인적으로도 활동하고 있다는 점도 숨기지 않았습니다. 그래서 어느 정도 개인적인 관점이 개입되어 있다는 것도 솔직히 밝혔죠. 그럼에도 나는 최대한 객관적으로 제시하려고 했습니다. 이 사안 자체가 충분히 설득력을 갖고 있다고 생각했기 때문입니다."

그 무렵 킥스타터는 대형 테크 기업 중 정규직 직원들이 노동조합을 결성한 첫 사례로 주목받고 있었다.[12] (참고로 킥스타터는 2025년 중반 기준 약 28만 개의 프로젝트에 투입할 자금을 거의 90억 달러나 유치했다.) "그 당시 우리는 노조와 단체교섭을 진행 중이었고, 주 4일 근무제가 직원들과의 관계를 강화하는 데 도움이 될 것이라고 생각했어요. 물론 그런 이유만으로 이 제도를 도입하기에는 회사 입장에선 위험한 시도였습니다. 그래서 우리는 단체협약에, 시범 운영 이후 제도를 계속 시행할지 여부를 경영진이 재량에 따라 결정할 수 있는 유연성을 명시했습니다. 다시 말해, 계약에 의해 반드시 시행해야 하는 제도로 못 박지는 않았습니다." 시범 운영이 성공적으로 끝난 뒤 회사의 150명 직원은 목표를 계속해서 달성하는 한 주 4일제를 유지할 수 있게 되었다. 그리고 5년이 지난 지금 이 정책은 아직 철회되지 않았다.

'좋은 날' 하루가 바꾸는 사회적 변화

당신에게 하루의 가치는 어느 정도인가?

아마 하루를 어떻게 보내느냐에 따라 다를 것이다. 무엇과도 바꿀 수 없고, 황홀하고, 오래 소중하게 간직될 하루가 있는가 하면, 흔적도 없이 사라져 버리는 날도 있다. 잊고 싶은 날도 있고, 영원히 잃고 싶지

　　　　　　　　　　　Part 1 왜 이제 더 짧게 일해야 하는가

않은 날도 있으며, 별 의미가 없는 날도 있다. 주 4일 근무제도 여러 가지 의미가 있겠지만 그중에서도 중요한 건, 모두에게 좋은 날을 더 많이 선사하고 그저 그런 날을 줄이고자 하는 시도라는 것이다. 이미 줄어든 근무일을 즐기고 있는 사람들은, 늘어난 휴일 하루 덕분에 그 혜택이 일터에서 가정으로, 공동체로, 그리고 결과적으로 사회 전반으로 확대되며 진정으로 삶이 바뀌었다고 말한다.

매주 일하지 않는 날이 하루 늘어난다면 무엇을 할지 생각해 보자. 여행을 가거나 가정에서 사랑하는 사람들과 좋은 시간을 더 많이 보낼 수 있다. 더 많은 시간 운동을 하고 휴식을 취할 수 있다. 걱정 없이 늦잠도 자고 개인적으로 해야 할 일들을 더 많이 할 수 있다. 책도 더 보고, 자원봉사도 더 하고, 사랑하는 사람들과 시간을 더 보내고, 공동체에 참여하고, 아니면 자연을 찾을 수도 있다.

영국의 시범 운영 참가자들에게 늘어난 휴일을 어떻게 쓰는지 묻자 오랫동안 원했던 취미 활동을 시작하거나, 오래전에 포기했던 과거의 취미 활동을 다시 시작했다는 답이 돌아왔다. 몇몇 참가자는 금요일을 이용해 커리어에 필요한 공부를 시작했다고 말했다. 한 사람은 늘어난 휴일을 이용해 일주일에 한 번 조부모를 모시고 외출을 나가는데, 그 시간이 그들에게 너무나도 소중하고 주 4일 근무가 아니었다면 불가능했을 것이라고 답했다.

주 4일 근무제는 앞에서 보았듯이 개별 근로자에게 상당한 혜택을 주고, 앞으로 살펴보겠지만 조직에도 상당한 혜택을 준다. 하지만 많

은 지지자들은 가장 큰 영향력이 발휘되는 분야는 바로 사회 전반이라고 말한다. 주 4일 근무제가 세상 모든 문제를 해결할 만병통치약은 아니지만, 성평등, 가족의 결집, 공동체 참여, 출생률 저조, 기후변화 대처 같은 우리 시대 최대의 문제점에 맞서는 데 유의미한 진전이 되어주는 것만은 사실이다.

주 4일 근무제는 고용주들에게 회사 내부 문화를 개선할 전략을 제시하고, 동시에 회사와 직원들이 살고 활동하는 공동체를 발전시킬 기회도 제공한다. 연구에 따르면 그러한 공동체 구축 노력은 회사가 더 나은 직원을 유치, 보유하고 심지어 제품도 더 많이 팔도록 도와준다. 2020년 영국 컨설팅 회사 칸타Kantar에서 실시한 연구에 따르면, 목적의식이 확실한 브랜드는 지난 12년간 회사의 가치 평가액이 그렇지 못한 브랜드보다 175퍼센트나 높았다.[13] 또한 동기간 86퍼센트 성장했다. 목적의식이 부족한 브랜드의 경우 70퍼센트였다. 실제로 글로벌 시장 선도 회사의 76퍼센트는 잘 정의된 회사의 목적의식을 가지고 있다. 또한 밀레니얼 세대와 Z세대 소비자의 3분의 2는 특정한 가치를 지향하는 브랜드의 제품을 선호한다. 2022년 링크드인LinkedIn의 연구를 보면 미국 근로자의 82퍼센트가 문화와 가치 측면에서 자신과 일치하는 조직에서 일하고 싶어 하는 것으로 나타났다.[14]

앞서 이야기한 것처럼 직원, 특히 젊은 직원은 구직 결정을 내릴 때 기업의 환경, 사회, 지배구조(ESG) 개선 노력을 고려하며, 피서라이즈 교수가 설명한 것처럼 그 같은 요구로 인해 결국 고용주들은 필연적으로 그에 대응하고 나설 수밖에 없게 된다. 급여는 물론 중요하지만 이는 대부분의 직원에게 커리어를 모색할 때 고려하는 많은 요소 중 하나일 뿐이다. 한때 ESG는 기업의 가식이나 요식행위에 불과했으나 신세대 근로자는 기업에 의미, 사명, 가치 같은 것들을 진지하게 받아들이라고 요구한다. (특히 젊은 세대 사이에서) 인기 있는 고용주가 되려면 강력한 브랜드 목적의식을 전달할 필요가 있다.

그런 움직임의 가치는 공익 회사, 즉 비콥이 최근 부상하는 것만 보아도 증명된다. '비콥 인증'은 "사회 및 환경 관련 성과와 투명성, 책임의식"의 높은 기준을 충족하는 영리 단체에 수여된다.[15] 지금까지 거의 1만 개의 조직이 엄격한 심사 과정을 거쳐 비콥 인증을 얻었다. 여기에는 킥스타터와 함께 뒤에서 자세히 다룰 유니레버 뉴질랜드도 포함되어 있다. ESG 목표가 빈말에 불과했던 세상이라면 그런 움식임은 시작조차 어려웠을 것이다. 하지만 직원, 투자자, 고객, 공급업체, 파트너사, 그리고 시장 전반은 세상에 긍정적인 영향력을 발휘하고 있는 조직과 일하고 싶어 하는 것으로 나타났다. 그리고 이 인증은 그러한 회사라고 믿을 수 있는 높은 신뢰도를 제공한다. 주 4일 근무제는 당연하게도 비콥 기업들 사이에서 인기가 높다. 그 회사들이 갖는 일부 원대한 목표를 달성하도록 도와주기 때문이다. "얼마 전에 주 4일제 시범 도입을 모색하는 샌프란시스코 베이 에이리어의 비영리 단체와 회의를 했습니다. '이 지역에서 다른 비영리 단체들이 너도나도 주 4일제를 시행하고 있어서 우리도 해야 한다고 느꼈습니다'라고 말하는 고용주를 처음 만났어요. 그 지역 관련 기관들 사이에서 티핑 포인트에 이른 것이죠. 다른 어디에서도 똑같이 할 수 있습니다." 존의 말이다.

더 적게 일하고 더 많이 잃는 여성들

2011년, 25세의 그레이스 탤런Grace Tallon이 더블린에서 역대 최연소 여성으로 카운티 의회에 진출했다. 하지만 그녀는 한 가지 단순한 이유로 아일랜드 정치계에서 장기적인 미래를 꿈꿀 수 없었다.

"여성 의원을 위한 출산 휴가가 없었어요. (그건 2022년에야 도입되었다.) 의원이 출산으로 인해 회의에 불참하면 결석이 됩니다. 정치인은 표결이 진행 중일 때 전략적으로 기권을 선택하기도 하는데 그 순간에 아기를 낳고 있는 여성 의원도 똑같이 기권한 사람이 되고 마는 거예요."[16] 예리한 독자라면 이 책의 3장에서 밝힌, 아일랜드 공공 부문의 워라밸에 관한 연구를 떠올릴 것이다. 워킹맘과 워킹 대디, 그중에서도 주로 워킹맘이 급여 삭감을 받아들이면서도 여전히 풀타임으로 근무하는 동료들과 똑같은 성과를 올렸다는 사실 말이다. "조가 그 조사를 하던 당시 저도 어떻게 하면 이 상황을 여성에게 평등하게 만들 수 있을지 생각하고 있었어요. 주 4일제는 새로운 개념이 아닙니다. 여성은 오래 전부터 그렇게 하고 있었어요. 더 짧은 시간 일하면서도 동료들과 똑같은 책임을 맡고 있었죠. 그러면서도 항상 여기저기에 사과하고 죄책감을 느낄 수밖에 없었어요." 그레이스는 이 같은 상황이 워킹 맘에게만 국한된 것이 아니라고 덧붙인다. "연로하신 부모님을 돌보는 사람들도 마찬가지입니다. 물론 이런 책임은 보통 여성에게 지워지긴 하지만요."

이는 일하는 여성에게 단기적으로는 불안감과 죄책감을 주고, 장기적으로 커리어에 악영향을 끼친다. "똑같은 책임을 지면서도 근무 시간이 짧다는 이유로 그들은 승진 대상에서 제외됩니다. 또한 스스로 리더 직위에 나아가지 않으려 하기도 해요. 일과 육아를 병행하는 것만으로도 번아웃에 시달리고, 이미 회사가 많이 봐주고 있다고 느껴서 더 많은 것을 요구하지 못하기 때문이죠."

그레이스는 그렇게 젊은 나이에 공직에 진출하기 위해 믿을 수 없을 정도로 열심히 일했다. 하지만 2019년 그녀는 정치와 가정 모두에서 성공할 수는 없다는 것을 깨달았다. "정계를 떠나게 될 거라고는 한 번도 생각한 적 없었어요. 하지만 정치인으로 일하며 가정을 꾸리는 것은 가능해 보이지 않았어요. 특히나 출산 휴가를 떠날 계획이라면 말이죠." 2011년 당시 의회에서 일할 때만 해도 그녀에게 워라밸을 추구하는 것은 꿈에서나 가능했다. 하지만 재선을 포기하고 2019년에 사임하기로 결정하고 얼마 지나지 않아 이 꿈은 조금씩 현실이 되기 시작했다. 조를 만났기 때문이었다. 현재 두 사람은 코커스패니얼 두 마리를 키우며 토론토에서 함께 살고 있다.

그레이스는 정계를 떠난 뒤 더블린의 뉴파크 음악 아카데미 디렉터로 3년간 근무했다. 그 후 인생의 파트너이자 사업 파트너인 조와 손을 잡았다. 그리고 '포 데이 위크 글로벌'의 글로벌 파트너십 관리자로, '워크 타임 레볼루션'의 최고운영책임자로 일하고 있다.

"유연성의 역설"

2020년에 그레이스는 원격 근무로의 전환을 통해 여성들이 의미 있는 워라밸을 얻을 수 있을지도 모른다고 잠시나마 희망을 품었다. 그러나 원격 근무를 포함한 유연한 근무 방식이 회사 전반에 시행되는 것이 아니라 원하는 직원만 자발적으로 실시하도록 하는 경우, 그 정책을 이용하는 사람들이 불이익을 받는 문화로 이어진다. 영국 켄트 대학교의 정희정 교수는 이를 "유연성의 역설"이라 칭한다.[17] 그레이스는 회사 전체에 걸쳐 구조적 유연성을 갖춘 조직, 예를 들면 직원 모두가 주 4일만 근무하는 조직에서는 여성만 도드라지거나 불이익을 받는 일이 없다고 말한다. 주 4일 근무제는 또한 팬데믹 와중에 다급하게 원격 근무로 전환하는 과정에서는 건너뛸 수밖에 없었던, 보다 신중하고 구조적인 업무 재설계를 가능하게 한다. 더 나아가 시범 연구에서 얻은 결과를 보면 남성들도 근무일이 짧아진 다음에는 더 많은 돌봄 책임을 나눠 갖는 것으로 나타났다.

예시로 영국 시범 운영에서 주 4일제로 바뀐 다음에 여성 근로자가 자녀를 돌보는 데 쓴 시간은 13퍼센트 늘어난 반면, 남성은 27퍼센트 늘어났다. 또한 참가자의 60퍼센트가 줄어든 근무일 덕분에 직장과 가정에서 맡은 책임 사이에 균형을 잡기가 더 쉬워졌다고 답했다. 하루를 더 쉬게 되자 아이 돌봄에 들어가는 비용이 20퍼센트 줄었다. 참고로 '차일드 케어 어웨어 오브 아메리카Child Care Aware of America'에 따르면 2023년 미국의 어린이 한 명당 연간 돌봄 비용은 평균 약 1만 1,600달러였다.[18] 그건 곧 어린아이가 있는 가정은 아이 한 명당 약 2,320달러의 이득을 봄과 동시에 매주 하루를 더 아이와 함께 보낼 수 있다는 뜻이다. 한편 조금 더 나이가 많은 자녀를 둔 참가자의 경우 그 시간을 온전히 자신을 위해 보낼 수 있게 된 것이 얼마나 소중한지 모르겠다고 답했다. 아이가 학교에 간 동안 직장과 가정의 책임에서 벗어나 재충전을 위해 꼭 필요하고 당연히 누려야 할 휴식 시간을 가질 수 있기 때문이다.

뒤에 가서 자세히 알아보겠지만, 업무 효율을 높이고 주 4일제를 가능케 할 시간 관리 전략을 도입하는 데 있어 직원 개인이 할 수 있는 일에는 한계가 있다. 그 같은 노력은 개인의 책임이 아닌 공유된 목표가 될 때 훨씬 더 쉬워진다.

지금의 직장 구조는 부부 중 한 명이 돈을 벌고, 한 명이 가정을 돌보는 구조에 맞게 설계되고 최적화되어 있다. 1940년 주 40시간 근무제가 공정근로기준법에 성문화되었을 때, 미국 여성의 28퍼센트만이 노동에 참여하고 있었고, 한부모 가정은 미국 전체 가정의 4퍼센트밖에

되지 않았다.[19] 반면 오늘날 미국 노동 인력 중 여성의 비율은 46.8퍼센트에 달하고, 미국 어린이 중 약 4분의 1이 한부모 가정, 그중에서도 싱글맘과 함께 살고 있다.[20] 미국에서 35~59세 여성의 9퍼센트가 싱글맘으로 아이를 키우고 있다. 2퍼센트인 미국 남성과 대조적이다.

지난 85년간 여성의 노동 참여가 급증하긴 했지만 여성은 여전히 집안일과 돌봄의 주요 책임을 지고 있다. 실제로 퓨 리서치 센터에 따르면 미국 여성의 59퍼센트가 집안일 대부분을 하고 있다고 답한 반면 남성은 6퍼센트에 불과했다.[21] 조사한 남성의 거의 절반이 집안일을 공평하게 나눠서 한다고 답했으나 (어쩌면 당연하게도) 여성 대부분은 그 말에 동의하지 않았다.

한때 원격 근무가 하나의 해결책으로 여겨지기도 했지만, 실제 데이터는 오히려 그것이 일하는 여성들에게 더 큰 부담을 지울 수 있음을 보여 준다. 사우샘프턴 대학교 연구진이 2025년에 실시한 연구에 따르면, 부모 모두 원격 근무가 가능한 맞벌이 가정에서 자녀가 아파 집에서 돌봐야 하는 상황이 발생했을 때 여성은 남성보다 일을 쉬고 돌봄을 맡을 가능성이 훨씬 높았다.[22] 같은 연구에서 일하는 엄마의 53퍼센트가 아이가 아프면 보통 결근하고 집에 머문다고 답했다. 아빠의 경우 5퍼센트에 불과했다. 실제로 유연 근무를 하는 여성들은 그렇지 않은 경우보다, 자녀가 아플 때 돌봄 책임을 공평하게 나누는 비율이 35퍼센트 낮았다. 이는 앞서 언급한 정희정 교수의 "유연성의 역설"을 잘 보여 주는 사례다.

　

이처럼 높아진 부담과 책임으로 인해 여성은 더 적은 시간 일하고, 더 낮은 임금을 받고, 더 일찍 노동 시장을 떠날 가능성이 높다. 이 같은 격차로 인해 결국 고용주에게는 리더 직위에 오를 수 있는 여성 후보자 풀이 축소되는 결과가 생기고 만다. 2023년, 풀타임 남성 근로자가 1달러를 번다고 할 때, 동일하거나 비슷한 역할을 하는 여성 근로자는 83센트를 버는 데 그쳤다.[23] 게다가 여성은 파트타임 근무를 할 가능성이 거의 두 배나 높았다.[24] 그건 미국 가정에만 해당되는 것이 아니다. OECD 회원국 전체를 놓고 보면 2021년 근로 연령 여성의 21.5퍼센트가 주당 30시간이 채 안 되는 파트타임 근무를 했다. 남성의 경우 그 비율이 7.7퍼센트에 불과했다.

여성이 풀타임으로 일하지 못하고 낮은 임금을 받는 것은 단순히 여성 개인이나 그들의 사정반의 문제가 아니다. 여성이 풀타임 역할을 지속할 수 없으면 승진 후보자로 고려될 가능성이 낮아지고, 인재 풀에서 여성 리더가 부족하게 되면 기업의 성공에 상당한 영향을 미친다. 2015년에 '맥킨지 앤드 컴퍼니McKinsey & Company'에서 성별 다양성을 갖춘 리더들이 기업 성공에 미치는 영향을 측정하기 시작했다. 임원진 성별 다양성 상위 4분위 기업은 하위 4분위 기업에 비해 업계 평균을 웃도는 재무 성과를 낼 가능성이 15퍼센트 더 높은 것으로 나타났다.[25] 이 영향력은 시간이 흐를수록 점점 막강해져 2023년 연구에서는 성별 다양성 상위 기업이 하위 기업보다 높은 성과를 올릴 가능성이 39퍼센트로 크게 높아졌다.[26]

한국과 일본이 주 4일제에 주목하는 이유

여성의 노동 참여율이 높아진 만큼 미국을 포함한 대부분의 서양 국가에서 출산율이 떨어졌다. 가장의 1인 소득으로 한 가정을 꾸리기가 어려워지면서 여성과 남성 모두 부모가 되는 데 따르는 경력 단절과 경제적 희생이 감수하기 힘든 수준이 되어 가고 있다. 미국 질병통제예방센터에 따르면 지난 10년간 미국의 출산율이 급감하여 15~44세 여성 1,000명당 2017년 69.3명이던 최고치에서 2023년 사상 최저인 54.4명으로 떨어진 것도 아마 이 때문일 것이다.[27] 1970년대 후반 미국 인구는 연간 약 2퍼센트 비율로 늘어났지만 1990년대 중반이 이르자 인구 성장률이 1퍼센트 미만으로 떨어졌다. 2023년에는 연간 0.8퍼센트 증가했으며, 노동통계국은 2033년까지 인구 증가율이 0.6퍼센트까지 떨어질 것으로 내다보고 있다.

그런데 출산율 하락은 비단 미국만의 문제가 아니다. 월드뱅크World Bank에 의하면 여성 한 명당 출산아 수는 1963년 5.3명에서 1990년 3.3명, 2022년에는 단 2.3명으로 줄었으며, 그 수는 앞으로도 줄어들 것으로 예상된다. 2050년이 되면 전 세계 국가의 4분의 3에서 여성 한 명당 대체 출산율 2.1이 되지 않을 것으로 보인다. 해당 국가들의 자연 인구가 감소 국면에 들어간다는 의미다.[28] 2100년이면 전 세계에서 오직 6개 나라, 아프리카에서 세 곳, 태평양 제도에서 세 곳만이 대체 출산율을 상회할 것으로 예상된다. 2024년 OECD 보고서에 따르면 감소하

　　　　　　　　　Part 1 왜 이제 더 짧게 일해야 하는가

는 출산율과 그에 따른 전 세계 인구 감소는 미래 세대에 "심각한 경제적·사회적 어려움"을 야기할 수 있다.[29]

최근 몇 년간 전 세계 여러 나라에서 이 문제를 더 진지하게 받아들이기 시작했고, 주 4일 근무제가 잠재적이고 현실적인 해결책임을 깨달았다. 일례로 2023년에 출산율이 역대 최저인 1.2명을 기록하자 일본은 국가적 위기 상황을 선포했다.[30] 이 문제를 해결하기 위한 노력으로 도쿄도는 2025년 4월부터 도쿄 지방 정부 직원들을 대상으로 주 4일 근무를 시작하기로 했다. "업무 방식을 유연하게 바꾸어 출산이나 육아처럼 생애에서 거치는 중요한 일로 인해 커리어를 포기하는 사람이 없게 할 것입니다. 우리 도쿄 사람들의 삶과 생계, 경제를 보호하고 개선하기 위해 도쿄가 먼저 나서야 할 때입니다." 도쿄도지사 고이케 유리고가 2024년 밀 이 계획을 제시하며 한 말이다. 2024년에 한국도 출산율 하락을 국가적 위급 상황이라 선언하고 비슷한 접근을 취했다. 그것이 극도로 긴 근무 시간으로 인한 것이라고 결론을 내린 뒤였다.[31] 한국의 더불어민주당은 현재 주당 40시간 근무를 36시간으로 줄이고, 결국에는 주 4일제를 실행할 것이라는 공약을 내걸었다. 그리고 2025년 6월, 대선에서 승리했다.[32]

조가 주도한 시범 운영 연구에 따르면 주 4일 근무제는 여성들이 커리어와 가정생활 사이에 균형을 잡기 더 쉽게 만들어 줄 뿐만 아니라 남편의 참여를 장려해 육아 비용을 줄임과 동시에 가족이 더 많은 시간을 함께 보내게 해준다. 하지만 가장 큰 영향을 받는 것은 아마 일터 자체일 것이다. 가정에서 돌봄 책임을 지는 사람과 그렇지 않은 사람 모두를 동일한 회사 정책 내에 둠으로써, 가정에서 책임이 더 큰 사람도 근무 시간이 짧은 유별난 사람이 아니라 회사에 똑같이 기여하는 사람, 비슷한 승진 기회를 누릴 수 있는 사람으로 여겨질 수 있다. "연구 대부분에서 그것이 회사를 더욱 평등한 무대로 만들고, 여성이 높은 자리에 올라가기 조금 더 쉽게 만들어 주는 것으로 나타났어요." 그레이스의 설명이다. 또한 주 4일 근무하는 회사가 더 포용적임을 보여주는 일화도 많다고 했다. 그녀는 그 효과를 객관적으로 측정하기 위해 노력 중이다.

"여러 학계 파트너와 협력하여 근무 시간을 줄이지 않은 여성, 개인 사정에 맞춰 시간을 줄인 여성, 근무 시간 감축을 전체적으로 도입한 조직에서 일하는 여성들을 추적하고 있어요. 앞으로 몇 년 동안 각 집단에 어떤 영향이 있는지 알아볼 수 있을 겁니다. 이 커리어 가동성 요소가 앞으로 정말로 흥미로워질 거라고 생각합니다. 그들이 어디에서 어떻게 리더 자리에 나서게 될지, 그리고 그것이 그들의 삶과 커리어에 어떤 다른 영향을 미칠지 관찰할 예정입니다."

40시간 근무를 제도화했던 시대의 사회는 지금 우리의 사회와 크게 달라 보인다. 순수하게 숫자로만 보면 과거의 근무 제도를 보면서 그것이 현재와 똑같다고 생각할지도 모른다. 하지만 그러한 결론은 당시 가정은 어른 한 명만 일을 하고 나머지 한 명은 풀타임으로 가정을 돌봤다는 사실을 무시한 것이다. 또한 기술의 발전과 문화적 기대의 변

　　　　　　　　　　Part 1 왜 이제 더 짧게 일해야 하는가

화로 인해 일이 더 이상 공식적인 근무 시간이나 공간에 국한되지 않는다는 사실을 고려하지 않은 것이기도 하다. 현실에서 전체 가구원의 총 근무 시간은 크게 늘었다. 노동 시장 참여자의 수가 40시간 근무자 한 명에서 일과 삶의 경계가 훨씬 느슨한 1.5명 혹은 2명으로 바뀌었기 때문이다. 동시에 가사의 주된 책임자가 누구인가를 둘러싼 문화는 그다지 바뀌지 않았다.

주 4일 근무제는 많은 주요 경영 과제에 대한 해법을 제공하지만, 그중에서도 가장 큰 가치는 더 높은 곳에서 바라봤을 때만 눈에 보인다. 일을 덜 하는 세상은 곧 탄소 배출이 적고, 가사 책임이 더 공평하게 배분되고, 일터가 더 평등해지고, 가족과 친구, 공동체와 더 많은 시간을 보낼 수 있는 세상이다. 주 4일 근무제가 사회의 모든 문제를 해결해 주진 않을 것이다. 하지만 개인에게 큰 희생을 요구하는 방식이 아닌, 의미 있는 개인적 혜택을 널리 확산시키는 방식으로, 우리가 직면한 가장 중요한 공동의 과제들에 대해 실질적인 진전을 이끌어 낼 수 있는 가능성을 지니고 있다.

Part 2

주 4일제로 더 많은 것을 이룬 기업들

Chapter 8

근무일을 줄이자 실적이 올랐다

2020년, 유니레버 뉴질랜드는 흔히 마주치는 몇 가지 경영상 어려움을 이겨 내기 위해 참신한 접근법을 취했고 놀랄 만한 결과를 얻었다.

세탁 세제 등 다양한 가정용 소비재를 생산하는 이 거대 기업의 뉴질랜드 지사는 팬데믹 이후 다양하고 새로운 어려움에 직면해 있었다. 당시 다른 많은 기업처럼 직원들은 1년간의 봉쇄 조치와 사회적 거리 두기 같은 일상적 혼란에 지쳐 있었다. 팬데믹 발발 이전 4년 동안 유니레버 뉴질랜드는 탄탄대로를 달렸다. 16분기 연속 성장세를 즐기며 그 과정에서 유니레버의 가장 성공적인 지역 시장이 되었다.

그런데 2020년 수많은 봉쇄 조치 중 첫 번째 사태가 끝날 즈음, 당시 대표 캐머런 히스Cameron Heath는 회사가 수년 만에 처음으로 분기 실적이 하락할 수도 있음을 알게 되었다. "1년의 코로나 봉쇄 조치를 막 빠져나왔고, 엄청난 혼란과 변화를 겪었죠. 그러한 압력까지 더해져 직원들이 심한 피로감을 느꼈습니다. 모두 힘들어했어요." 그가 팬데믹과 급격한 원격 근무 전환으로 인한 어려움을 떠올리며 말했다. 원격 회의라든가 화면을 내내 들여다봐야 하는 데서 오는 피로, 늘어난 돌봄 책임 때문이었다.[1] 2024년 가을 어느 화창한 아침, 뉴질랜드 오클랜드에 있는 자택에서 화상 인터뷰에 응한 캐머런은 당시 회사가 팬데믹 이후 사업 성과를 끌어올릴 방법을 모색 중이었다고 말했다. 그러한 목표 중에는 신기술을 도입하는 것, 직원들의 퇴직 물결을 막는 것, 그리고 회사의 지속가능성 목표를 더욱 앞당기는 것 등이 있었다. "확실한 방안을 찾고 있었어요. 누구나 하는 거 말고요. 우리 회사는 그간 뛰어난 실적을 쌓아 왔고 그 과정에서 실험하고, 위험을 감수하고, 남들과 조금 다른 일을 시도하는 문화에 익숙했거든요."

유니레버가 증명한 역설

실적 하락이 우려될 때 대부분의 기업은 직원들에게 더 많은 시간 일할 것을 요구한다. 하지만 유니레버 뉴질랜드는 그와 정반대로 나아갔다.

2020년 12월, 이 회사는 주 4일 근무제 12개월 시범 운영을 시작했다(이는 나중에 팬데믹과 관련한 추가적인 혼란으로 인해 18개월로 연장되었다). 이 기간 직원들은 급여 삭감 없이, 기존 업무량을 80퍼센트의 시간 안에 완수하도록 요청받았다. 특정한 요일을 휴무로 지정하는 대신 상사와 상의하여 각자 32시간 업무 계획을 세우게 했다. 캐머런의 말에 따르면 누군가는 매주 똑같은 날을 휴무일로 정했고, 누군가는 이틀간 반일 근무를 선호했으며, 누군가는 주 5일간 매일 조금 일찍 퇴근했고, 누군가는 매주 근무 일정을 변경했다.

하지만 주 4일제로의 전환은 단순히 모두에게 일찍 퇴근하라고(혹은 팬데믹 기간에는 일찍 로그오프하라고) 지시하는 것만큼 단순하지 않았다. 주 4일 근무 시범 도입에 앞서, 유니레버는 운영 방식 전반에 걸쳐 다섯 가지 주요 변화를 먼저 시행했는데, 캐머런에 따르면 이는 전환을 수월하게 하고 성공 가능성을 높이기 위한 조치였다.

가장 중요한 첫 번째 변화는 바로 관리자의 참여였다. "직원의 참여 또는 업무 방식에 가장 큰 영향력을 발휘하는 사람이 바로 일선 관리자입니다. 그들을 주 4일제라는 개념에 일찍부터 참여시키고 이를 통해 생산성을 높일 방법을 찾는 데 적극 뛰어들도록 수없이 소통했습니다."

두 번째로 내부 기술 스택을 강화했다. 마이크로소프트와 협력하여 직원들을 돕고, 팀별로 고립된 상태가 아니라 마이크로소프트의 표현을 빌리자면 "밖에도 들릴 정도로 시끄럽게 일하게" 했다. 즉, 관리자와 동료들이 서로 무슨 일을 하고 있는지 더 잘 알 수 있게 해주는 도구를 활용해 협업하고, 동료들이 중단한 부분부터 일을 이어 나가기 쉽게 한다는 뜻이었다.

    Part 2 주 4일제로 더 많은 것을 이룬 기업들

셋째, 회의 문화를 대대적으로 수정했다. 팬데믹 와중에 많은 사람들이 경험한 것처럼 원격 근무는 불필요한 회의를 양산했다. 사무실에서라면 지나가다 한두 마디 대화로 확인할 수 있는 일도 굳이 화상회의를 열어 해결하는 경향이 생긴 것이다. "사람들이 회의에 너무나도 많은 시간을 쓰고 있다는 걸 깨달았습니다. 더욱 절제되고 집중적인 방식으로 회의를 이용하는 게 정말로 중요했어요."

주 4일제 시범 운영에 앞서 이루어진 네 번째 주요 변화는 업무 재설계에 중점을 둔 새로운 직원 교육 프로그램을 마련한 것이었다. 해당 프로그램은 조의 초기 시범 운영 파트너 중 하나인 행동과학 비즈니스 컨설팅 기업 인벤티움Inventium과 공동 개발했다(인벤티움은 자체적으로 주 4일제 정책을 시행하고 있었는데, 그들은 이것을 "다섯째 날의 선물"이라 부른다). 캐머런은 이 정도 규모의 대전한은 열정적인 직원 참여가 있어야만 성공을 거둘 수 있다고 말한다.

"주 4일 근무제를 시행하는 데 중요한 마지막 요소는 아마 직원들에게 권한을 부여하는 섯일 겁니다." 캐머런은 이렇게 말했다. 그의 말에 따르면 유니레버는 어떤 회의에 참석할 가치가 있는지, 어떤 걸 취소할 수 있는지, 어떤 날 쉬어야 하는지, 또는 결과물에 더 잘 집중하기 위해 어떻게 우선순위를 다시 세울지, 직원들을 대신해 결정을 내려줄 생각도, 능력도 없었다. "우리는 직원들에게 이렇게 말했습니다. '회사가 제공한 도구를 바탕으로, 여러분은 자신의 일정과 업무 흐름을 스스로 관리할 전적인 권한이 있습니다. 그리고 맡은 일이 조직에 적

절한 성과나 가치를 만들어 내지 못한다고 판단될 경우, 과감히 우선
순위를 낮추거나 거절해도 됩니다.'"

캐머런이 주 4일제에 대해 이해관계자들에게 자주 설명하곤 하는
중요한 차이점이 하나 있다. 추가 휴무일은 일반적인 휴가나 주말과는
분명 다르다. 고객이나 관리자가 전화하면 직원은 전화를 받아야 하
며, 꼭 필요하다면 출근하여 마감 기한을 맞추거나 긴급 상황을 처리
해야 한다는 것이다. 주 4일제 하에서도 어느 날은 추가 근무가 필요하
고 어느 날은 여유로울 수도 있는 법이라고 그는 덧붙였다. "회사는 직
원이 그 20퍼센트의 시간을 언제, 어디서 쓸지에 대해 유연하게 허용
할 수 있습니다. 하지만 유연성은 상호적이어야 합니다. 직원 역시 그
유연성을 회사에 되돌려줘야죠. 예를 들어 쉬는 금요일 오후에 고객이
전화를 걸어온다면, 전화를 받아야 합니다. 하지만 대개는 10분 정도
의 통화에 불과하니, 전화를 끊고 나면 다시 골프를 치거나 가족과의
시간을 이어 가면 됩니다."

주 4일 근무제가 특정한 어려움에 대한 특정한 해결책으로서 시작
되긴 했지만 캐머런은 그것이 여타의 더 큰 의미를 갖는다는 사실을
깨달았다. 그것은 주주의 이익은 커지지만 중산층은 줄어드는 세상,
혁신이 빠르게 일어나지만 급여는 좀처럼 오르지 않는 세상, 의사소통
기술은 발전하지만 인간의 접촉은 줄어드는 세상에서 절실히 필요한
것이었다. "대부분의 기업은 생산성 향상을 위해 인력을 줄이고 남은
이들에게 일을 추가적으로 떠안기지만 그에 대한 보상은 지급하지 않

    Part 2 주 4일제로 더 많은 것을 이룬 기업들

습니다. 제가 생각하기에 우리 접근법에서 가장 큰 차이점은 그 추가적인 노력과 열정, 에너지에 대해 진정 의미 있는 보상을 부여한다는 것입니다. 그 보상이 바로 시간이죠." 캐머런의 말이다.

캐머런은 온갖 운영 효율 프로그램들이 선풍적인 인기를 끌었던 1990년대부터 기업들이 직면해 왔던 공통적인 어려움을 설명한 것이다. 린Lean, 식스 시그마Six Sigma, 카이젠Kaizen 등등, 효율을 높여 준다며 매달 바뀌던 새로운 유행 기조들은 시행 과정에서 결과적으로 실패하고 말았다. 열정적인 직원 참여라는 필수 요소가 빠져 있기 때문이었다. 새로운 기술을 배우고 새로운 업무 방식을 채택하고 받는 유일한 보상이 더 많은 일, 아니면 주주를 위해 더 많은 돈을 벌 기회라면 직원은 그 같은 변화에 쉽게 동참하지 않을 것이다. 직원들과 보상을 나누어 적극적으로 나설 동기를 심어 주는 것이 직원들의 지지를 얻을 가장 효과적인 방법이다. 최소한 이론상으로는 그렇다. 문제는 그것이 사업의 현실을 견딜 수 있느냐였다.

그에 답하기 위해 유니레버는 시드니 공과대학교에 요청해 2020년 12월에 시작해 18개월 후인 2022년 6월에 끝난 주 4일 시범 근무의 효과를 연구했다. 2022년 11월, 연구원들이 그 결과를 발표했다. 그 18개월 동안 유니레버 뉴질랜드는 매출 성장을 지속했고, 연속 성장 분기 기록에 6개 분기를 추가했으며, 사업 목표 모두를 달성했다. 고객사를 대상으로 설문조사를 실시했을 때는 회사가 일을 제때, 그리고 우수한 품질로 완수하여 100퍼센트 만족이라는 답이 돌아왔다. "어쨌거나 우리는 고객에 서비스하는 일을 하는 회사니까요. 고객사가 우리와 협력하는 방식에 있어 전혀 지장이 없게 하는 것이 중요했습니다." 캐머런이 설명했다.

직원들이 그렇게 우수한 품질로 성과를 올릴 시간을 대체 어디에서 찾아낸 건지 궁금한가? 데이터를 보면 명확한 답이 나온다. 회의 줄이기 캠페인을 통해 주당 직원 1인당 3.5시간의 회의 시간이 사라졌고 결근율은 34퍼센트 줄었다. 평일에도 병원 방문이나 가족 돌봄과 같은 개인적인 일을 처리할 수 있는 여유가 생기면서, 굳이 결근까지 할(휴가를 사용할) 필요가 줄어든 덕분이다. 실제로 직원들은 일과 삶의 충돌이 67퍼센트 감소했고 업무 관련 스트레스 수준은 33퍼센트 낮아졌으며, 업무 중 에너지는 15퍼센트 증가했다고 보고했다. 그건 곧 근무 시간을 최대로 활용할 수 있는 능력이 좋아졌다는 뜻이다. 이 분석에 따르면 직원 중 20퍼센트가 쉬는 날을 개인적인 잡무를 처리하는 데 썼고, 18퍼센트는 휴식에, 15퍼센트는 친구 및 가족과 시간을 보내는 데 사용했으며, 15퍼센트는 운동을 더 했고, 11퍼센트는 여행을 더 많이 할 기회로 활용했다고 했다.

"사업도 이전보다 주 4일 근무할 때 확실히 성과가 더 좋았습니다. 시범 운영 전에도 성과가 떨어지는 회사가 아니었는데도 말이에요. 이미 4년간 지속적으로 성장해 왔는데 그 시범 운영 기간에 성장세가 더 가팔라졌습니다." 유니레버는 처음 18개월 시도가 끝난 뒤에도 주 4일 근무제를 이어 오고 있을 뿐만 아니라 이 프로그램을 유니레버 오스트

    Part 2 주 4일제로 더 많은 것을 이룬 기업들

레일리아의 직원 600명에게도 확대했다. "그곳은 규모가 더 큽니다. 매출도 더 많고 인원도 더 많으며 더 복잡한 사업이기도 하죠. 제조 공장이 있거든요. 그곳에 우리의 물류 센터와 공급망 팀, 마케팅 팀, 지속가능성 팀이 다 있습니다."

2022년 초, 오스트레일리아 팀이 주 4일 시범 운영을 시작했고 1년 뒤 직원 결근 감소, 직원 참여 개선을 포함한 비슷한 혜택을 본 동시에 매출 등 여러 사업 목표는 계속해서 달성한 것으로 나타났다. 오스트레일리아의 직원들도 워라밸과 업무 참여에 있어 상당한 개선이 있었다고 답했다. 게다가 시드니 공과대학에서도 그 시도가 효율과 생산성을 더 높이는 데 성공적이었음을 확인해 주었다. 이 프로그램의 성공 여부를 판가름하는 데 쓰인 직원 및 사업 성과 측정의 모든 기준이 안정적으로 유지되거나 개선되었다.

그렇게 성공을 거두긴 했으나 캐머런은 유니레버가 이 정책을 곧 전세계 150개국 18만 직원에게 널리 적용하지는 않으리라 생각한다. 다른 많은 글로벌 기업처럼 유니레버도 여러 사업부와 지역에 천편일률적인 정책을 강요하기보다 상당한 수준의 자율성을 부여하고 있기 때문이다. 그리고 조가 최근 몇 년간 협력했던 규모가 크고 복잡한 조직 대부분처럼 유니레버도 주 4일 근무제와 관련해 보편적이기보다는 실험적 접근법을 취하고 있다. 앞으로 몇 년간 주 4일 근무제의 시장 도입이 가속화된다면 이 개념을 미리 탐색하고 시험해 본 기업은 경쟁사보다 더 빠르고 순조롭게 확장할 수 있는 위치에 있게 될 것이다. "이 시도는 유연성에 대해 많은 배움과 통찰을 가져다주었고, 이런 배움과 통찰은 전 세계에 다양한 방식으로 적용되었습니다. 하지만 세계적으로 일괄적인 방식을 취하려는 사람은 없을 것이라 생각합니다." 캐머런의 말이다. 하지만 유니레버에서 언젠가 이 프로그램을 확대하기로 결정한다면 뉴질랜드와 오스트레일리아에서 개발한 내부 지침의 도움을 받게 될 것이다.

한편 이들 두 개 지사는 지금도 주 4일 근무제를 이어 가고 있다. 뉴질랜드는 5년이 넘었고, 오스트레일리아는 3년이 되었다. 캐머런의 설명에 따르면 주 4일 근무제는 제대로 실행에 옮겼을 때 스스로 강화되는 구조가 되어 직원들로 하여금 더 적은 시간에 더 많은 일을 해내는 방법을 계속 모색하도록 장려한다. 많은 이들에게 이는 삶을 바꿔 놓은 직장 내 혜택이었다.

2024년 중반 캐머런과 대화를 나누었을 당시 유니레버 뉴질랜드는 여전히 성장세를 이어 가고 있었다.

좋네요, 하지만 우리 회사엔 글쎄요

유니레버는 코로나 팬데믹이 가져온 대혼란을 기회 삼아 궁극적 변화를 꾀한 많은 기업 중 하나다. 그러나 팬데믹은 항상 해 오던 방식이 앞으로도 최선일지 재평가할 기회를 제공했을 뿐이다. 원격 근무와 마찬가지로 주 4일 근무제는 팬데믹이 시작되기 훨씬 전부터 많은 시장에 적용 가능했다. 이를 입증하는 개별적인 실험들이 존재한다.

2013년 재러드는 프리랜서 언론인으로 커리어를 시작하면서 원격으로 풀타임 근무하는 사람이 되었다. 당시 약 23퍼센트의 사람들이 업무의 일부를 원격으로 하고 있었지만 완전히 집에서만 일하는 미국인은 단 300만 명으로 인구의 1퍼센트도 되지 않았다.[2] 그때 이것은 그에게 선택이라기보다 필요에 가까웠다. 당시 25세의 재러드는 공식적인 작업실을 구할 여력이 없어서 침실 한 개짜리 아파트 한쪽 구석에 아주 작은 이케아 책상을 들여놓고 글쓰기를 시작했다. 재러드는 원격으로 일하는 것이 놀랄 만큼 만족스러웠다. 조금 늦잠을 잘 수도 있었고, 통근하는 데 드는 시간과 돈을 절약했으며, 하루 중 언제든 세탁을 하거나 자잘한 볼일을 볼 수 있었고, 일할 때도 가장 편한 옷을 입을 수 있었다(최소한 화면으로 보이지 않는 하의만큼은).

원격으로 일하고 몇 달 지나지 않아 재러드는 사무실에 출근해서 풀타임으로 근무하는 방식으로는 절대 돌아갈 수 없음을 깨달았다. 하지만 이 같은 깨달음을 얻은 사람은 당시엔 그 혼자뿐인 것 같았다. 원격 근무가 얼마나 행복한지, 생산성이 얼마나 더 높아졌는지, 시간과 돈이 얼마나 절약되는지 친구와 동료, 가족에게 이야기하면 "좋네. 하지만 나한텐 글쎄…" 식의 대답이 돌아왔다. 사람들은 원격 근무가 그들이 하는 일, 속한 산업, 회사 문화 또는 개인적 기호에 맞지 않는다고 말하곤 했다. 물론 그 전에 원격 근무를 시도해 본 적 있는 사람은 없었다. 그저 다른 방식을 상상하자마자 잠재적인 어려움부터 떠올리고 잠재적 장점은 무시한 채 그 생각을 포기해 버리는 것이다. 원격 근무가 얼마나 훌륭한지 다른 사람들에게 이야기하면 할수록, 재러드는 자신의 성향, 업무 스타일, 또는 업무와의 관계가 독특하거나 이상한 편이라는 생각이 들곤 했다. 물론 지금은 많은 사람이 원격 근무를 원한다는 사실을 모두 알고 있다. 2023년 한 조사에 따르면 지식 노동자의 무려 98퍼센트가 그렇다고 한다.[3]

이것은 슬랙이 출시되기 전, 줌과 팀즈가 일터에서 흔히 사용되기 전인 2013년이라는 사실을 명심해야 한다. 재러드는 원격 근무가 편리해지거나 팬데믹 이후 온갖 새로운 플랫폼과 기술이 등장하기 전부터 원격 근무와 사랑에 빠졌다. 이제 우리가 무슨 말을 하려는 건지 짐작이 갈 것이다. 재러드가 주 4일제에 대해 글을 쓰면 쓸수록 원격 근무 이야기와 비슷한 대답이 돌아왔다. "좋네요. 하지만 내가 하는 일에선 상상이 안 가요." 원격 근무와 관련해 귀가 닳도록 들었던 말을 이번에도 사람들이 해댔다. 그들이 하는 일에, 그들이 속한 산업에, 직장 문화에, 또는 개인적 기호에 맞지 않는다는 것이다. 이 사람들 중 누구도 그것을 시도해 보지 않았지만 이전과 다른 방식으로 일하는 것을 상상하기만 해도 잠재적인 어려움을 떠올리고, 잠재적 장점은 무시한 채 포기해 버렸다. 인간은 변화를 싫어한다. 우리는 안정성, 일관성, 예측 가능성을 추구하도록 만들어졌다. 그리고 주 5일제는 이 모든 것을 지켜 준다. 현 상태를 유지하는 것이 바꾸는 것보다 더 쉽다. 설사

     Part 2 주 4일제로 더 많은 것을 이룬 기업들

그 현 상태가 그 필요성을 이미 오래 전에 상실했더라도 말이다.

팬데믹으로 인해 사람들은 어쩔 수 없이 재러드가 10년 가까이 칭송해 오던 것을 마침내 시도하게 됐다. 시간이 흘러 옆방에서 시끄럽게 떠들던 아이들이 학교로 돌아가고, 사온 식재료를 소독하지 않아도 되고, 텔레비전에서 전하는 온갖 비극적이고 암울한 뉴스를 접하지 않게 되면서 평화롭게 집에서 일하는 걸 즐길 수 있게 되자 대부분의 사람들이 팬데믹 이전의 방식으로 돌아가는 것을 거부했다. 참으로 기이한 입증의 과정이었지만 어쨌든 확실하게 입증은 되었다. 이제 재러드가 원격 근무를 시작하고 그것이 좋다고 말했을 때 회의를 품었던 바로 그 사람 중 다수가 계속 집에서 근무할 수 있는 권리를 쟁취하기 위해 고용주들과 싸우고 있다. 세상이 주 4일 근무제의 장점을 인정하는데 팬데믹처럼 비극적이고 충격적인 또 다른 사건이 필요하지 않기를 바란다.

이제 재러드는 다른 사람들에게 주 4일 근무제에 대해 이야기하고 전과 똑같은 "좋네요. 하지만 나는 안 될 거예요" 대답이 돌아오면 처음 원격 근무를 시작했던 시절을 떠올린다. 편안한 잠옷 바지와 조그만 이케아 책상, 침실 하나짜리 아파트에서 창문 밖을 내다보던 일, 쌓인 눈을 뚫고 덜덜 떨면서 아침 출근길을 서두르는 사람들을 지켜보던 일, 그리고 그 사람들의 불행으로부터 자유로운 자신의 삶에 미소 짓던 일을 기억한다. 물론 이번엔 자신이 독특하거나 이상한 사람이 아니라는 걸 확신한다.

최고의 인센티브는 '시간'이다

누군가 주 4일 근무제에 대해 물으면 환경 기획 서비스 회사 타일러 그레인지Tyler Grange의 창립자이자 회장인 사이먼 어셀Simon Ursell은 구루와 고양이 이야기를 들려주곤 한다.

이 우화의 대략적인 내용은 이렇다. 매일 저녁, 힌두교의 스승인 한 구루가 인도의 아쉬람(수도원)에서 제자들을 이끌고 기도를 했다. 그러던 어느 날, 고양이 한 마리가 아쉬람에 나타났다. 구루가 기도를 드리기 위해 자리를 잡았지만 고양이가 계속해서 울어 대자 그 소리에 신경이 거슬리기 시작했다. 그 소리를 무시하려 했지만 결국 실패하자 구루는 고양이를 잡아 소리가 들리지 않도록 멀리 묶어 두었다가 기도가 끝나면 풀어 주라고 지시했다. 첫날에 그렇게 묶여 있었는데도 불구하고 고양이는 다음날 저녁에 다시 나타나 또 야옹거리기 시작했고, 결국 기도를 방해하여 구루가 전날과 똑같은 지시를 내렸다. 그렇게 매일 밤, 똑같은 일이 벌어졌고 구루는 고양이 문제가 해결된 다음에야 기도를 시작할 수 있었다.

그렇게 오랜 세월이 흘러 구루는 세상을 떠났지만 고양이는 남았다. 그리고 제자와 신도들은 똑같이 고양이를 멀찌감치 묶어 두었다가 풀어 주는 일을 계속했다. 더 많은 시간이 흐르고 결국 고양이도 죽고 말았다. 그러자 신도들은 또 다른 고양이를 아쉬람으로 데려와 똑같은 일을 계속하는 것이 아닌가. 그리고 수십 년 뒤, 구루의 본래 제자들의 후손들은 아쉬람에 모여 기도하는 동안 고양이를 묶어 두는 것이 어떤 예법적인 중요성을 갖는지를 두고 열띤 토론을 벌였다고 한다. "저는 주 5일제가 구루의 고양이와 같다고 생각합니다. 우리가 그걸 지키는 건 그저 항상 그렇게 해 왔기 때문이고, 다른 모두가 그렇게 하기 때문이에요. 주 5일제에 어떤 미신적인 의미를 부여한 겁니다." 사이먼이 영국 교외의 자택에서 한 말이다.[4]

2009년 런던에서 타일러 그레인지를 설립할 당시 그와 공동 창업주들은 직원들에게 매월 하루씩 자원봉사에 참여하기 위한 휴일을 주기로 했다. 그로부터 몇 년 후, 사이먼은 주 4일제에 대한 기사를 읽었지만 별다른 생각을 하지 않았다. 그러던 중 어느 운명적인 밤, 사이먼은 자다가 식은땀을 흘리며 소스라쳐 잠에서 깨어났다. "경쟁사 한 곳에서 그걸 시작한다고 선언하는 악몽을 꿨어요. 그 순긴, 우리가 주 4일제의 얼리 어답터가 되면, 지금 바로 행동에 나서면 어떤 혜택이 있을지 깨달았죠." 그 꿈 때문에 한밤중에 욕을 하면서 벌떡 일어났다고 그가 덧붙였다.

그 혜택 중에는 먼저 회사에 대한 언론 보도도 있다(이 책에 소개된 것이라든가 수많은 다른 언론에 등장한 것이 곧 그 효과를 입증해 주었다). 그리고 인재를 더욱 경쟁력 있게 채용할 수 있게 된 점도 있었다. '주 4일 근무제라는 개념이 보편화되어 버리면 이 두 가지 혜택은 사라질 거야!' 그는 꿈에서도, 꿈에서 깨어서도 겁이 났다. 사이먼은 몇 달에 걸쳐 동료들과 이것을 논의하고 조에게 조언을 구했고, 결국 2022년 여름에 시작된 영국의 주 4일제 시범 운영에 참여한 61개 조직 중 하나가 되었다.

"주 4일제를 도입하고는 월 1회 자원봉사 휴일을 없앴어요. 하지만 타일러 그레인지의 일원이라면 반드시 자원봉사를 해야 한다는 데 모두가 동의했고 고용 계약서에도 포함시켰죠." 단, 자녀를 둔 부모는 면제라고 사이먼이 덧붙였다.

유니레버가 그랬듯, 타일러 그레인지도 사람들이 더 적은 시간 안에 똑같은 일, 혹은 더 많은 일을 해내게 만들기 위해 업무 공정 안에서 충분한 효율성을 찾아야 했다. 그건 곧 다양하고 새로운 디지털 솔루션을 도입하고, 이전에는 즉흥적으로 사용했던 과정을 공식화하고, 회의에 쓰이는 시간을 가차 없이 줄여야 한다는 뜻이었다. 그런데 그 회사의 직원들이 당시에 모르는 것이 있었다. 이것이 바로 사이먼과 회사의 리더들이 오래전부터 꾀하고 싶었던 변화였다는 사실이다. 주 4일 근무제를 도입하기 전부터 그들은 회사의 많은 발전 과제를 계획해 두었는데, 직원들의 참여와 호응을 얻기가 힘들어 앞으로 나아가지 못하고 있었던 것이다. 그런데 주 4일제라는 인센티브를 제공하니 회사 운영에 일련의 과감한 변화를 줄 수 있었다고 그는 말했다. "원래대로 주 5일 근무하면서 이런 변화를 밀어붙였다면 아마 팀원의 3분의 1, 어쩌면 절반까지 잃었을지 모릅니다. 변화는 힘들고, 고통스럽고, 많은 노력을 요구하거든요. 주 4일 근무제에 멋진 점이 있다면 그게 최고의 인센티브라는 사실입니다. 변화를 원하는 이유가 직원들이 더 나은 삶을 누릴 수 있게 하기 위함이라면 모두가 '너무 좋아요. 제가 어떻게 하면 될까요?'라고 나올 겁니다."

영국의 시범 운영에 참여한 조직 모두가 주 4일제로 전환하기 전에 냉혹한 수준의 효율화 작업을 벌인 것은 아니다. 주 4일제 시도를 처음 시작하던 날, 61개 회사가 줌으로 모두 모였고, 사이먼은 그중 한 회사가 뒤에 풍선을 가득 쌓아 둔 걸 보았다. "그 사람들은 이렇게 말했습니다. '이 회의가 끝나자마자 직원들한테 발표하려고요.' 그러자 회의실에 침묵이 감돌았어요. 우리 모두 몇 달 전에 이미 알렸거든요. 우리 회사의 경우는 6개월 전이었고 더 일찌감치 알린 회사도 있었어요. 그래서 우린 어느 정도 예감했죠. 그 회사에서 일이 잘 풀리지 않을 거라는 걸." 사이먼이 예상한 대로 이름을 밝힐 수 없는 그 회사는 시범 운영이 끝나고 주 4일제로 영구 전환하는 데 신패한 5개 회사 중 한 곳이 되었다. 직원 참여와 적절한 계획이 얼마나 중요한지 증명한 셈이다.

한편 타일러 그레인지는 시범 운영 기간 동안 전반적인 사업 성과가 개선되어, 선체 생산성은 30퍼센트 좋아졌고, 인재 채용과 직원 유지, 참여도에서 상당한 효과를 보았다. 주 4일제를 도입하고 2년이 지난 현재, 사이먼은 회사가 계속해서 성장할 것을 더욱 확신한다. 직원들이 지속적으로 효율을 추구하고자 애쓰기 때문이다. "수치는 여전히 더 나아지고 있고 생산성도 더 좋아지고 있어요. 무엇보다, 최고의 인재를 채용하고 싶다면 주 4일제가 답입니다. 그리고 최고의 인재를 채용하면 당신의 회사가 최고가 될 겁니다. 그건 당연한 이야기 아닌가요."

재무 성과 측면에서 보면 사실 사이먼은 돈 이야기하는 걸 좋아하지 않는다. 타일러 그레인지가 환경적 지속 가능성 컨설팅을 제공하는 비콥 회사라는 점을 감안하면 당연한 일이다. 그 대신 그가 사는 영국 중심부의 한 시골집에서 조금만 걸어 내려가면 앤 공주의 집이 있고, 한때 윌리엄과 해리 왕자가 자주 드나들던 펍도 가깝다고 말하기를 좋아한다. 우리가 이야기를 나누던 그 시점에 찰스 왕이 2킬로미터쯤 떨어진 국왕의 처소에 머물고 있었다. 사이먼은 돈을 많이 벌겠다는 생각으로 움직이는 것이 아니라고 하지만 돈을 아주 많이 번 건 사실이라고 인정한다. 그리고 그 모두가 수익보다 다른 가치를 우선한 의사결정들 덕분이라고 말한다. "문화는 이익을 아침 식사로 삼아 성장해요. 회사의 목표가 명확하고 분명한 방식이 있다면 성공할 겁니다." 사이먼은 타일러 그레인지의 성공이 우수한 직원들 덕분이라고 말한다. 그리고 그 직원들을 얻은 건 오래 지켜 온 규범에 의문을 제기하고 더 나은 방식을 찾고자 노력했던 리더들 덕분이라고 덧붙인다. 그렇다면 우리는 여기에서 어떤 교훈을 얻어야 할까. 밧줄을 치우고 고양이를 풀어 두자. 그러면 고양이를 쫓아다니며 쓸데없는 논쟁을 벌이느라 시간을 허비하지 않는, 그 지역에서 유일한 수도원이 될 수도 있다.

번아웃 문화의 해독제

리나 유세피Leena Yousefi가 가족법 변호사로 일하기 시작했을 때 그녀는 변호사의 수면 시간이라든가 가정생활, 또는 웰니스 같은 것에 전혀 신경 쓰지 않는 수위 "빡센" 법무법인에서 일하고 싶다고 공공연하게 말했다.

"졸업한 뒤에 노스밴쿠버의 작은 법인에서 수습으로 일할 때도 만족스러웠지만 그걸론 부족했어요. 저는 거물 밑에서 뼈 빠지게 일하고 싶었어요. 스스로를 혹사시키고 싶었죠. 그 일에 프로가 되겠다고 결심했어요."[1]

리나가 원래 그렇게 야심 찬 사람은 아니었다. 사실 2002년에는 결석이 잦아 빅토리아 대학교에서 퇴학을 당하기도 했다. 이란에서 교수와 건축가로 일했던 부모님이 전쟁으로 폐허가 된 나라를 떠나 두 딸에게 성공할 진짜 기회를 주겠다며 캐나다로 이주했지만, 그 변화는 처음에 너무 힘들었다. "어린 시절 이란에서 겪은 정신적 충격과 십대에 이민 생활을 하며 힘들었던 경험이 합쳐져 우울증이 생기면서 대학교에 잘 적응하지 못했어요. 그것 때문에 결국 퇴학을 당했죠. 한마디로 저는 방황했어요. 대마초도 많이 피웠죠. 그러던 어느 날, 세상에 무감각해지고 싶게 만들었던 바로 그 고통이 단번에 뒤집혀 이번에는 완벽한 사람이 되어야겠다고 결심하게 만들었어요. 성공할 수 있다면 모든 걸 성취하고 싶어졌죠." 그렇게 생각이 바뀌자 리나는 무엇도 자신을 막을 수 없었다고 했다.

대학교를 떠나고 2년 뒤 그녀는 빅토리아 대학교에 다시 들어갔고, 이번에는 수강하는 과목마다 모두 A 학점을 받으며 지원한 12개 법학대학원 중 11곳에서 입학 허가를 받았다. 그렇게 하여 마침내 2010년 대학원을 졸업하고 회사에 입사했을 때 리나는 처음 그녀를 고용한 노스밴쿠버의 분위기 좋고, 원칙을 지키며, 워라밸을 중시하는 가족법 전문 법무법인을 견디기 힘들었다. 그녀는 피도 눈물도 없는 프로들과 함께 일하고 싶었다. "그래서 그 회사를 떠나 밴쿠버 시내에 있는 중간 정도 규모의 회사에 들어갔어요. 아주 일이 빡센 곳이었죠. 가차 없는 사람들과 함께 일했는데 정말 좋았어요. 제가 원하던 걸 얻었죠. 경험도 많이 쌓았어요. 전 유능한 변호사가 되고 싶었고, 그곳이 잘 맞았어요."

처음에 리나는 장시간 근무하고 개인의 사정 따위는 봐주지 않는 업무 환경이 너무 좋았지만 2년이 지나자 상황이 바뀌기 시작했다. 리나

     Part 2 주 4일제로 더 많은 것을 이룬 기업들

는 가족법 자체가 법조인에게는 가장 감정적으로 힘든 분야 중 하나라고 설명했다. 안 그래도 스트레스가 많은 업무 환경인데 말이다. 그렇게 몇 년이 지나자 리나의 감정적 스트레스는 극에 달하기 시작했다. "이혼은 인간이 경험할 수 있는 스트레스 중 그 정도가 자녀의 죽음 다음으로 극심하다고 해요. 직업적으로 매일 그런 일을 다루어야 하니 업무 환경이라도 긍정적이거나 서로 의지할 수 있는 분위기였으면 했죠." 하지만 안타깝게도 법인 대표는 정반대의 길을 걷기로 한 사람이었다.

2012년 이 회사는 새 COO를 고용했다. 그는 변호사들의 역량을 마지막 한 방울까지 짜내는 임무를 부여받았다. 그러자 회사는 그저 힘든 곳에서 말 그대로 유해한 곳으로 금세 바뀌었다. "사람을 잘못 뽑은 거죠." 리나가 딱 잘라 말했디. "그 COO는 직원들 사이를 이간질하고 분열시켰어요. 우린 의뢰인이나 사건에 집중할 수가 없었고 곧 회사 안에서 내전이 일어났죠." 처음에 리나는 언제나 그랬듯이 고통을 무시하고 계속 나아가려 했지만 결국 스트레스와 불안감은 참을 수 없을 정도가 되었다. "극심한 편두통이 생겼어요. 의사는 주당 4일만 일하라고 했죠."

하지만 그녀의 상사는 그 의사의 조언을 곧이곧대로 받아들이지 않고 당장 사무실을 나가서 다른 의사를 찾아 견해를 들어 보라고 했다. 새로 만난 의사도 똑같은 권고를 하자 리나의 고용주는 그 사안을 진지하게 받아들이지 않으면 상당한 법적 책임을 져야 할 수도 있는 처지에 놓였다. "의료 문제이기 때문에 무조건 거부할 수는 없었어요. 그래서 즉시 제 급여를 20퍼센트 삭감하더군요. 윗선의 반응이 저를 지지하고 응원해 주지 않는 건 확실했어요." 리나는 일하는 시간이 20퍼센트 줄어드니 급여를 20퍼센트 덜 주는 게 계산상으로는 공평하다고 생각했다. 그런데 주 4일 근무로 바꾼 뒤에도 리나는 이전의 실적을 계속 유지했다. "목표를 계속 달성했어요. 동시에 기분도 좋고 건강하고 행복해졌어요. 금요일에 쉬면서 출근을 안 해도 되는데 동시에 의뢰인에게 필요한 서비스를 하고 목표도 달성하면서 느끼는 기분은 제게도, 고용주에게도 놀라운 일이었어요."

리나는 어느 정도 워라밸을 즐길 수 있게 되었지만 그녀의 동료들은 여전히 새로운 COO 밑에서 시달리다가 하나, 둘 회사를 떠나기 시작했다. 그 덕분에 리나는 자신의 고용 상황을 재평가하기에 이르렀다. "그 시점에서 저에겐 선택권이 있었어요. 회사를 나가 다른 법무법인에 들어가거나 홀로서기를 시도하거나. 저는 정말 젊고 아직 직급도 많이 낮았어요. 경험이 2년밖에 안 됐었으니까요. 그래서 겁이 많이 났어요. 다른 직장에 들어가 똑같이 유해한 문화 속에서 똑같은 고생을 하자니 엄두가 안 났으니까요." 결국 리나도 2013년 1월에 사직서를 냈다.

슬프게도 리나의 정신 건강 문제는 법조계에서 예외적이라기보다 보편적인 일에 가깝다. 긴 시간 근무하면서 이혼이나 분쟁, 범죄처럼 힘든 상황을 다뤄야 하는 일이다. 변호사들에게 지워진 업무상 위험

     Part 2 주 4일제로 더 많은 것을 이룬 기업들

부담과 과도한 업무량, 장시간 근무가 당연시되는 현실, 그리고 정신 건강상 문제를 억누르거나 무시하는 문화, 이 모두가 합쳐져 평균보다 높은 수준의 고독감, 불안감, 우울, 번아웃, 약물 남용, 자살까지 초래하게 된다.

예시로 2023년 캘리포니아와 워싱턴 DC의 변호사 2,000명을 조사한 연구를 보면, 법조인은 미국의 다른 근로자보다 자살에 대한 생각을 두 배나 많이 하는 것으로 나타났고, 응답자의 8.5퍼센트가 자해나 자살을 생각해 본 적 있다고 답했다.[2] 당연한 말이겠지만 가장 많은 압박감에 시달리는 변호사가 가장 큰 정신 건강상 고충을 토로했다. "업무 부담이 크다"고 호소한 사람들은 자살을 생각할 가능성이 2.2배, 외로움에 시달릴 가능성이 2.8배 높았다. 어려움을 겪고 있다고 답한 사람 중에서 66퍼센트는 이 직업이 정신 건강에 해가 된다고 답했고, 46퍼센트는 스트레스와 번아웃으로 인해 이 업계를 떠날 것을 고려하고 있다고 했다.

같은 연구에서 주당 근무 시간과 자살에 대한 생각 사이에 직접적인 관계가 있다는 것도 밝혀졌다. 매주 31~50시간 일하는 법조인의 약 8퍼센트가 자살을 생각했고, 주당 51~60시간 근무하는 경우는 9.1퍼센트, 주당 61~70시간 일하는 사람은 거의 15퍼센트나 그러했다. 스트레스의 원천은 많지만 조사에 참여한 판사의 거의 절반이 언쟁이 많이 벌어지는 가족법 사안을 처리하는 게 그들의 정신 건강상 문제를 주로 초래한다고 답했다.

국가에 관계없이 법조인들은 지속적으로 정신 건강 문제를 높은 비율로 보고하고 있다. 2022년 캐나다 법조인 7,300명을 조사한 연구를 보면 57.5퍼센트가 심리적 고충이 크다고 답했다. 같은 연구에서 4명 중 거의 1명이 이 분야에서 일을 시작한 이후 자살을 생각한 적이 있었고, 35.7퍼센트는 높은 수준의 불안감을 겪었다고 답했다.[3]

물론 과로와 과도한 업무로 견디기 힘들다고 느끼는 사람은 변호사뿐만이 아니다. 실제로 2024년 머서에서 1만 2,000명의 전문직 종사자를 조사했더니 82퍼센트가 과도한 업무량과 피로, 경제적 압박으로 인해 번아웃 위험이 높은 것으로 나타났다.[4]

편두통이 사라진 날, 회사가 태어났다

리나는 퇴사 후 3주 만에 아담한 공유 오피스에 자신의 회사 와이로 YLaw를 열었고, 3년 후 밴쿠버에 자갈길이 깔린 고급스러운 분위기의 예일타운으로 이사했다. 그곳은 IT 회사 본사와 칵테일바, 트렌디한 카페들이 많은 곳으로 태평양도 엎어지면 코 닿을 데 있는 근사한 지역이다.

"편두통이 사라졌어요. 회사를 세우면서 주 4일은커녕 24시간 일해야 했지만 피곤하지도 않고 행복했어요." 처음 4년간 리나는 사업주이자 변호사로서 웹사이트를 구축, 관리하고, 새 의뢰인과 계약하고, 심

     Part 2 주 4일제로 더 많은 것을 이룬 기업들

리에 참석하는 등 모든 일을 직접 해야 했다. 그러다가 회사가 혼자 관리하기 힘들 정도로 커졌다. "4년이 지나자 공이 제대로 굴러가기 시작했어요. 혼자 감당할 수 없을 정도로 의뢰인이 늘어나서 변호사를 더 고용하기 시작했죠. 그리고 금세 기하급수적으로 확장하게 되었어요. 5년 만에 500퍼센트 이상 성장했고 캐나다에서 가장 빠르게 성장하는 회사 중 한 곳이 됐죠."

회사가 커지면서 리나는 다시 한번 쉴 새 없이 일하는 자신을 발견했다. 선택은 아니었고 어쩔 수 없는 일이었다. 그러자 곧 공황과 편두통이 서서히 돌아왔다. "주 5일, 하루 두 번 심리에 나가고 일주일 내내 일했어요. 정말 힘들었죠." 자신의 건강이 걱정된 리나는 직접 담당하는 건수를 줄이고 법인 운영에 에너지를 집중하기로 결심했다. 감정적으로는 덜 힘든 일이었지만 일하는 시간은 비슷했다고 그녀는 털어놓았다.

2017년에 첫 아이를 출산하고서야 리나는 비로소 휴식을 취할 수 있었다. 딸이 태어난 뒤 매주 이틀 정도 일을 하다가 하루 더, 그리고 나서 또 하루를 더했지만 주 5일 근무로 완전히 돌아가진 않았다. "그 생활이 정말 즐거워졌어요. 그런데 제가 주 5일 근무할 당시 해내던 업무량을 똑같이 해내고 있다는 걸 깨달았어요. 그러다가 어느 날 저녁을 준비하다가 문득 다른 직원들도 이렇게 해보면 어떨까 하는 생각이 들더라고요."

직원에게 요구하는 것이 너무 없는 회사에서도, 너무 많은 걸 요구하는 회사에서도 일해 본 리나는 최적의 생산성을 발휘하는 회사를 만들고 싶었다. 그녀는 회사 이익의 10퍼센트를 걸고 근무 시간을 10퍼센트 줄여 하루 9시간씩의 주 4일 근무제로 전환하기로 결심했다. 누군가에게는 하루 9시간이 길게 느껴질 수 있겠지만 법조계에서는 상대적으로 짧은 시간(그중에서도 가장 혹독한 회사와 비교하면 거의 절반밖에 안 된다)이었다. "사람들에게 '무슨 요일에 쉬고 싶으세요?'라고 물어봤고 대부분이 수요일이라고 답했어요. 그래서 직원 대다수가 수요일에 쉬고, 리셉션 직원 한 명, 보조 사무원 한 명, 변호사 한 명만 호출 대기하기로 계획을 세웠죠." 리나는 최근 직원들을 상대로 조사했을 때 대부분이 수요일에 한두 시간 정도는 일한다고 답했다고 덧붙였다. 그래도 이 정책의 취지에 부합하는 수준이다. "그 정도는 아무 문제 없어요. 반드시 출근하고 퇴근할 필요가 없는 심리적인 자율성과 자유라는 혜택이 있죠. 결정은 직원들의 몫이거든요."

근무 시간 전환을 위해 다른 정책에 약간의 수정도 필요했다. 일례로 리나는 법정 공휴일이 있는 주에는 근무일이 하루 더 줄어드는 것이 아니라 수요일 휴무일이 공휴일로 대체된다는 점을 명시하도록 와이로의 고용 계약서를 수정했다. 또한 휴가가 허용되는 기간을 일수에서 주 수로 바꿔 명시했다. 달리 말해, 주 5일 근무 기준으로 4주 휴가는 20일이었지만, 주 4일 근무제에서는 16일로 조정된 셈이다. 이 같은 세부 사항이 정리되고 나자 와이로는 2021년 3월, 3개월간의 주 4일 근무 시범 운영에 돌입했다.

와이로가 기본적인 업무 구조를 극적으로 바꾼 건 아니었지만 리나는 회사가 그런 점에서 이미 업계를 선도하고 있었다고 말했다. 팬데믹 기간 동안 원격 및 하이브리드 근무로 전환하면서 새로운 도구와 시스템을 도입했기 때문이었다. "아마 우리는 법무법인에서 그 기술을 사용하는 걸로 이미 상위 20퍼센트에 속했을 거예요. 사실 아직도 업무 일정을 관리하는 데 펜과 종이를 쓰는 회사들이 있거든요." 일례로 와이로는 최근에 더 확대된 원격 및 하이브리드 근무 환경에서 정보 공유와 지식 관리를 한층 강화시키는 새 시스템을 도입했다. "예를 들어 회의를 제한하기 시작했어요. 효율을 높이기 위해 이메일 대신 실시간 메신저 도구를 쓰기 시작했고, 통계치 수집에 AI를 활용하는 등, 절차적인 일을 이전과 다르게 하게 됐죠."

도착하기 전에 무너지지 않도록

직원의 근무 시간을 10퍼센트 줄이긴 했지만 리나는 급여에는 전혀 변화를 주지 않았다.

주 5일 근무제에서 이 회사의 직원들은 연간 1,500시간의 '청구 가능 시간'을 달성해야 했는데, 주 4일 근무제에서는 1,400시간으로 조정되었다. 직원들은 조정된 목표치를 달성해 냈고, 놀랍게도 일부 직원은 여전히 1,500시간을 찍기도 했다. "당연히 주 5일 근무하던 때보

다 청구 가능 시간이 늘진 않았어요. 하지만 줄지도 않았죠." 이후 18 개월 동안 회사는 규모가 두 배로 커지며 브리티시컬럼비아에서 가장 빠르게 성장하는 법무법인이 되었다. 거의 5년이 흘러 이제 세 곳의 지점과 25명의 변호사를 자랑하는 와이로는 여전히 주 4일, 하루 9시간 근무 일정으로 운영되고 있다. "우리의 이직률은 거의 0퍼센트입니다. 이 제도를 도입한 이후 딱 한 명만 다른 회사로 이직했어요. 다른 곳에 가서 일주일에 5일씩 일하는 건 상상도 못 하겠다고들 해요."

리나가 나중에 손봐야 했던 딱 하나의 의도치 않은 부정적 결과가 있었다. 와이로가 주 4일제로 전환한 뒤 입사 지원자가 급격히 치솟았지만 리나는 그중에 잘못된 생각을 가진 사람도 많았다고 말했다. "이 정책을 일 안 하고 놀아도 된다는 허락으로 오해하는 사람들이 가끔 있어요. 건강해지고 싶어서가 아니라 게으름을 피우고 싶어서 지원하는 거죠." 이에 대응하기 위해 리나는 이 같은 혜택을 신입 직원에게 확대 적용하기 전에 수습 기간을 두었다. 그리고 동시에 완전히 반대 경우에 해당하는 인재들로부터도 많은 지원을 받았다고 그녀는 전했다. "백만 년이 지나도 유치하지 못할 줄 알았던 대단한 사람들이 지원을 했어요. 열심히 일하면서도 스트레스가 덜한 환경에서 일하고 싶어하는 경험 많은 변호사들이 많이 들어왔어요. 그건 기대하지 못한 긍정적이고 부차적인 효과였어요."

리나는 이 같은 실험이 법조계 전체 기저에 깔린 진실을 드러냈다고 말했다. 바로 주요 법무법인의 청구 가능 시간 목표가 장기적으로

     Part 2 주 4일제로 더 많은 것을 이룬 기업들

는 지속 가능하지 않다는 사실이다. "경력이 많지 않은 어소시에이트 변호사라면 처음 3~5년 정도는 어떻게 해서든 이 목표를 달성하려고 해요. 하지만 이후에는 번아웃이 와서 회사를 떠나게 됩니다. 많은 법무법인이 연간 1,800~2,100시간 달성을 요구하는데 그에 비하면 우리 회사는 처음부터 상당히 합리적인 목표를 설정했던 거죠." 애초에 비현실적이고 지속 가능하지 않은 목표를 설정해 둔 거대 법인들은 근무 일수를 줄일 수가 없다. 또한 최고의 인재를 오래 붙잡아 둘 수도 없다. 결과적으로 대부분의 사람들이 번아웃되고 그만두게 된다. 하지만 그녀는 현실적이고 지속 가능한 목표를 세우는 회사라면 어디든 재정적 손실을 겪지 않고 주 4일 근무제로 전환할 수 있다고 믿는다.

명확한 수치를 다시 한번 짚고 넘어가자면, 와이로 직원은 일반적으로 주당 36시간(4일간 하루 9시간) 근무하고, 필요에 따라 수요일에 한두 시간 정도 추가로 근무한다. 휴가 기간은 같지만 주 4일만 일하므로 실제 사용하는 연차 일수는 조금 더 적다. 또한 공휴일이 있는 주에도 근무 일정을 유지한다.[5] 그것을 모두 더하면 여름철 금요일 단축 근무를 실시하는 북미 지역의 일반적인 회사와 거의 동일한 연간 근무 일정이 된다.

그 대신 와이로는 업계 최고의 인재를 영입할 수 있었고, 법조계 전체, 특히 가족법 전문 변호사들을 괴롭히는 불안감과 우울증, 번아웃, 기타 정신 건강 문제에 대응할 효과적인 해결책을 찾았다. 선택하지 않을 이유가 없지 않겠는가.

업무 압박을 견디다 못해 거의 업계에서 밀려날 뻔했던 리나는 작은 법인에서 주 4일제 모델이 실현 가능함을 증명해 냈다. 그리고 와이로의 성장 덕분에 중간 규모의 회사도 주 4일제가 가능하다는 걸 알게 됐다. 하지만 그녀는 거기에서 멈추지 않는다. "우리는 대기업이 되고 싶습니다. 다른 유명 법인들과 동등한 위치에 올라서 이 방법이 효과가 있다는 걸, 그것이 지속 가능하고, 수익을 가져다주고, 성공적이며, 회사, 심지어 큰 회사도 운영할 수 있는 새 모델이라는 걸 보여 주고 싶어요. 처음에는 모두들 비웃었지만 지금은 조용히 우리를 지켜보고 있어요. 앞으로 언젠가는 그들이 우리 뒤를 따르기를 바랍니다. 그게 제 소명이 될 거예요."

야심만 가득 안고 졸업한 지 15년이 흘렀다. 리나는 경쟁이 치열한 업계에서 최고가 되려면 무엇이 필요한지 아주 귀중한 교훈을 얻었다. 너무 열심히 일하면 성공과 부가 아닌 불만과 이탈, 번아웃으로 이어지기 쉽다. 주의하지 않으면 끊임없는 생산성 추구가 순식간에 생산성을 저해하는 요인으로 바뀔 수 있다. 법조계처럼 직원들이 뼈 빠지게 일할 것을 알고 입사하는 고강도 업계에서 특히 그러하다.

리나는 언제나 자신과 직원들이 한계를 넘어 최선을 다하도록 이끌어 왔다. 그리고 몇 년 지나지 않아 최대한 많은 결과를 얻어 내려면 일을 더 오래 하는 것이 아니라 더 짧게 해야 한다는 사실을 깨달았다. "저는 마치 프로 선수나 피아니스트처럼 목표를 향해 쉼 없이 노력했어요. 프로가 되려면 당연히 야근을 해야 한다고 생각했거든요. 하지만 나이가 들고 현명해지면서 이걸 지속할 수 없다는 걸 깨닫게 됐어요. 그래서 저는 일을 얼마나 잘하고 싶어 하든 상관없이, 이것이 더 적은 노력으로 목표를 달성할 수 있는 공식이라고 생각합니다. 목표에 도달하기 전에 번아웃되는 일 없이 말이죠."

Chapter 10

창의성의 촉매

삭막한 직장에서, 아니면 마감 기한이 촉박하거나 감정적으로 힘들 때, 스트레스가 심할 때 좋은 생각이 잘 나지 않는 데는 이유가 있다.

연구에 따르면 샤워할 때나 긴 산책을 할 때, 밤늦게 침대에 누워 있을 때처럼 자유롭게 생각할 공간이 있을 때 창의력이 발휘되기 쉽다고 한다. 이는 심리학자들의 설명처럼, 강도 높은 인지적 노력은 우리의 생화학적 상태를 변화시켜 몰입 상태에 들어가는 것을 불가능하게 만들기 때문이다.[1] 스트레스 호르몬이 활성화되면 우리 두뇌는 투쟁 도피 반응을 보여 돌연 에너지가 솟구치고, 기도가 확장되고, 두뇌로 산소를 더 보내 경계심을 높인다.[2] 이런 스트레스 반응은 두뇌로 하여금 즉각적인 위험으로부터 살아남는 데 집중하게 한다. 물론 이것은 곰을 만나 싸워야 할 때면 아주 좋겠지만 마감 기한 전에 새로운 마케팅 캠페인을 짜내려고 애쓰는 중이라면 대단히 좋지 못하다.

연구에 따르면 샤워, 빨래 개기, 잔디 깎기처럼 습관처럼 하는 가벼운 행동을 하면 우리 두뇌가 일종의 '자동 항법' 모드로 들어가서 창의적인 생각이 떠오르기에 이상적인 시나리오를 만들어 낸다.[3] 그게 바로 우리가 집중하려 애쓸 때 눈을 감거나 바닥이나 천장을 멍하니 바라보는 이유다. 그게 우리 두뇌가 집중을 방해하는 요소를 차단하는 방식이기 때문이다. 버지니아 대학교 연구팀은 여기에 "샤워 효과"라는 이름을 붙였다. 약간의 집중만 필요로 하는 작업이 가장 창의적인 결과물을 만들어 낸다는 것이다.[4] 때로는 문제를 억지로 풀려 하지 않을 때, 오히려 가장 혁신적인 해법이 떠오른다.

그러나 우리 대부분은 이와는 정반대의 환경에서 일하고 있다. 이해관계와 사내 정치가 얽히고, 마감과 산출물에 쫓기며, 끊임없이 울리는 기기와 긱종 방해 요소로 가득한 분주한 일디 말이다. 효과적으로 창의력을 끌어내고 싶다면 두뇌가 자동 항법 모드로 느리게 움직이는 시간을 더 많이 마련해 주어야 한다. 그것이 궁극적으로 데일리Daly에서 의도치 않게 한 일이었다.

마케팅 회사도 가능할까요

2019년 뉴욕의 트렌디한 소호에 설립된 커뮤니케이션 마케팅 대행사 데일리는 곧이어 발생한 팬데믹 이후 완전 원격 근무 체제를 유지해 오고 있다.

창업주 알렉스 데일리Alex Daly는 현재 마이애미에 살고 있고, 대표 앨리 브러스키Ally Bruschi는 3시간의 시차가 있는 로스앤젤레스에서 일하고 있다. 나머지 11명의 직원들 또한 미국 전역에 흩어져 있으며, 일부는 디지털 노마드로서 세계 각지에서 근무하고 있다. 모두가 그랬듯 2020년은 데일리에도 특히 힘든 한 해였다. 팬데믹 발발과 함께 널리 퍼진 경제적 불확실성은 수많은 기업의 파산과 고용 불안을 낳았다. 설상가상으로 2020년 여름 뉴욕은 글로벌 보건 위기의 진원지가 되었다. "재정적으로나 경제적으로도, 심리적으로도 너무나도 불안정하고 힘든 시기였어요. 하지만 이 시기를 결핍의 시각으로만 접근하고 싶진 않았어요." 알렉스의 말이다. 그녀는 이미 많은 스트레스를 받고 있던 직원들이 고용 안정성까지 걱정하는 것을 원하지 않았다.[5]

2019년 회사가 세워졌을 때 알렉스는 첫 번째 직원 앨리와 그 이후 함께한 모든 직원들에게 6월, 7월, 8월에 금요일마다 오후 3시에 퇴근을 허락했다. 팬데믹이 심각한 수준에 이르자 여름철 단축 근무를 "영원한 여름 단축 근무"라는 이름으로 그해 상시 확대했다. 직원들에게 조금이라도 힘이 되어 주고자 하는 마음에서였다. "직원들이 스스로를 돌보는 데 쓰라고 돈을 더 줄 수는 없었죠. 돈이 없었거든요. 그래서 실제로 돈이 많이 들지 않는 혜택을 통해 상당한 가치를 제공할 길을 찾고 있었어요." 알렉스가 설명했다.

데일리는 결국 2021년이 끝날 때까지 금요일 단축 근무를 유지했

     Part 2 주 4일제로 더 많은 것을 이룬 기업들

고, 이 프로그램은 부정적 부작용 하나 없이 직원들로부터 많은 긍정적인 피드백을 받았다. 실제로 더 적은 시간 근무했음에도 업무 성과역시 오히려 향상됐다.

영원한 여름 단축 근무 시도가 성공한 이후 알렉스와 앨리는 이 개념을 한 단계 더 발전시킬 방법을 찾고 싶었다. 그렇게 탐색을 시작했고, 두 사람은 조의 시범 운영 프로그램에서 일부 희망적인 데이터를 찾았다. 그리고 금요일을 아예 쉬는 것에 대해서는 조금 망설이면서도 그의 세미나에 참석하기 시작했다. "2022년에 그의 이야기를 들으면서 마음에 와 닿는 것이 있었어요. 주 4일 근무제를 정말로 잘 활용하고 있는 회사들의 성공적인 사례 연구와 사연들이었죠. 생산성을 하락시키지 않고도 직원들의 정신 건강에 아주 좋았다는 이야기 말이에요. 하지만 우리처럼 고객사를 직접 상대하는 커뮤니케이션, 마케팅, 디자인 에이전시 같은 회사의 입장은 듣지 못했어요." 앨리가 말했다. 2022년, 알렉스와 앨리는 여러 자료를 통해 많은 아이디어를 한데 모아 그들의 회사에 맞는 단축 근무제를 만들었다.

"주 5일을 내내 공백 없이 운용할 수 있는 방법을 고안했어요. 전체직원이 원래대로 주 5일을 다 근무하지만 금요일에 일찍 퇴근하고, 월요일에는 조금 늦게 출근하고, 남은 3일에서 각각 30분을 줄여서 주당 32시간 근무를 만들었죠. 2023년에 그걸 시범 실시하며 '슬로다운 타임'이라는 이름을 붙였어요. 그리고 그것에 대해 피드백이나 아이디어, 의견을 받았어요. 이런 방식으로 주 4일 근무를 하는 회사는 거의 없을 거예요." 앨리의 말이다.

조직 대부분이 이렇게 단축 가능한 시간을 찾기 위해 내부 운영 체제에 전체적인 수정을 가하는 반면, 알렉스와 앨리는 새로운 근무제로 전환하기 전에 준비 기간을 거의 갖지 않았다. 그건 그들이 몇 년 동안 여름 단축 근무제를 운영하면서 약간 줄어든 시간으로 운영하고 있었고, 직원을 신뢰할 수 있었던 덕분이다. "크게 걱정하지 않았어요. 기반이 잘 다져져 있었거든요. 우리 직원들이 신뢰할 만한 사람들이라는 덕이 크죠. 직원들이 최선을 다하고 시간도 잘 관리할 거라고 믿었어요. 굳이 직원들을 감시할 필요가 없었죠." 알렉스의 말이다.

애초에 팬데믹에 대응하기 위해 근무 시간 단축을 도입하긴 했지만 알렉스와 앨리는 예상치 못했던 다른 이점도 알아차리기 시작했다. "사람의 창의적인 두뇌는 쥐어짠다고 생산성이 올라가는 게 아니에요. 직원 각자 가장 생산적인 상태로 일터에 나와야 하죠. 마케팅 업계는 휴식과 재충전의 시간을 통해 최고의 컨디션과 두뇌를 갖추고 출근할 수 있게 해야 해요. 일주일에 80시간씩 굴리고 휴가도 못 가게 하면, 자리에 앉아 있어도 아무 효과가 없어요." 알렉스는 회사가 근무 시간을 줄이면서 직원들이 더 많은 아이디어와 더 창의적인 해결책을 내놓기 시작했다고 말했다. "근무일을 줄이고 사람들에게 시간을 돌려주어도 훌륭한 작업물을 제출할 수 있다는 걸 알았어요. 아니, 어쩌면 전보다 더 좋아졌을 수도 있어요. 사람들이 그럴 수 있는 시간과 공간을 갖게 된 덕분이죠."

정답은 하나가 아니다

지금까지 알아본 네 개의 조직, 유니레버, 타일러 그레인지, 와이로, 데일리는 주 4일 근무제에 대해 완전히 다른 네 가지 접근법을 취하고 있다. 그건 당연한 일이다.

대부분의 혁신적인 직장 정책처럼 주 4일 근무제도 처방이라기보다 하나의 틀에 가깝다. 일부 기업, 특히 프로젝트를 기반으로 업무를 하고 직원들이 내부 협업을 통해 대부분의 가치를 창출하는 기업은 조직 전체의 휴일을 하루 더 늘리는 것이 이치에 맞다. 주 5일간 고객사를 위해 서비스를 유지해야 하는 조직이라면 당직제나 교대 근무제 같은 방식이 더 유리할 것이다. 주 4일 근무제를 설계할 때는, 팀원들 간의 협업 가능 시간을 늘리는 깃이 더 중요한지, 아니면 고객과 외부 이해관계자에 대한 대응 가능성을 높이는 것이 더 중요한지를 따져 봐야한다. 유니레버 뉴질랜드 같은 일부 기업은 직원들 스스로 주간 업무 일정을 선택할 수 있는 위치에 있었던 반면, 와이로와 타일러 그레인지 같은 회사는 수요일을 쉬든, 금요일을 쉬든, 전 직원이 같은 일정으로 근무하게 하는 것이 더 쉽거나 더 이득이 클 것이다. 데일리처럼 하루를 통으로 쉬는 것이 아니라 가장 생산성이 떨어지는 시간에 근무를 조금씩 덜 하는 것이 최고의 해결책임을 알게 되는 회사도 있을 것이다. 접근법이 다양해도 여전히 주 4일 근무제의 같은 취지를 공유한다는 사실을 보여 주기 위해 이 같은 이야기를 들려준 것이다. 사실 엄밀히 따지자면 이것은 주 4일 근무제가 아니라 근무 시간 단축이라 불러야 할 것이다(비록 느낌은 좀 다르지만).

월요일 출근이 행복해진 이유

데일리의 커뮤니케이션 이사 헤일리 머피Hailey Murphy는 근무 시간 단축을 도입한 이후에 고객사들이 전환 사실을 눈치조차 채지 못했지만 자신의 삶에는 크나큰 영향이 있었다고 말했다.

"고객사들이 어떻게 나올지, 어떤 생각을 할지, 우리가 충분히 신경 쓰지 않는다고 느끼지는 않을지 걱정했어요. 하지만 그런 말이 나온 적은 단 한 번도 없었죠."[6] 헤일리는 그것이 알렉스와 앨리의 독특한 근무 시간 감축 전략 덕분이 아닐까 생각한다. "아버지가 회사 생활을 오래 하셔서 예전부터 알고 있었어요. 대부분의 회사원들이 월요일 아침과 금요일 오후 시간은 헛되이 보낼 때가 많다는 걸요. 그냥 컴퓨터 앞에 앉아서 딴짓만 하는 거예요. 그저 거기 앉아 있어야 한다는 이유만으로요." 헤일리는 이런 시간에 "딴짓만 하는" 대신 집안일 대부분을 처리하여 토요일과 일요일에는 실제로 충분한 휴식을 취할 수 있게 되었다고 말했다. "장 보러 가거나, 바닥 청소를 하거나, 빨래를 하는 거죠. 지난 월요일에는 원피스를 한 벌 맞췄어요. 바보 같이 들리겠지만 그걸 주말에 끝내야 한다는 부담감이 없으니 기분이 정말 좋아요."

   Part 2 주 4일제로 더 많은 것을 이룬 기업들

데일리가 근무 시간 단축을 시행한 이후 헤일리는 일요일 저녁이면 많은 근로자들이 느끼는 불안감, 즉 '월요병'에서 탈출했다고 말했다. "남편은 일요일 밤에 공포심에 사로잡혀서 저에게 이렇게 말하죠. '당신은 내일 아침에 일 안 해도 되지?' 그러면 저는 이렇게 말하죠. '응, 안 하지.' 월요일 아침 9시에 컴퓨터 앞에 앉지 않아도 된다는 사실 하나만으로 얼마나 불안감이 사라지는지는 형용하기 힘들어요." 그녀가 미소 지으며 말했다.

뉴저지 저지시티에 사는 31세 헤일리는 월요일 아침은 보통 집안일을 하면서 보내지만 금요일 오후에는 재미있는 일들을 한다. 교통량이 늘어나기 전에 먼저 주말 여행을 떠나기도 하고, 저녁과 주말에 예약이 꽉 차는 맨해튼의 유명 한의원에 예약을 잡기도 한다. 아이러니하게도 이렇게 삶을 개신하는 데 드는 비용은 딱이 없다. 헤일리는 고객이 월요일 아침이나 금요일 오후에 연락을 해오는 경우는 거의 없고, 설사 있더라도 보통은 빠르게 해결하고 즐기고 있던 활동으로 바로 돌아갈 수 있었다고 말했다.

슬로다운 타임 근무제는 단순히 헤일리가 데일리에서 하던 일의 기분 좋은 변화가 아니라 이전부터 커뮤니케이션 업계에서 경험한 것들의 엄청난 변화였다. 데일리에 입사하기 전에 그녀는 주요 언론사에서 사내 커뮤니케이션 전문가로 근무했는데, 그곳에서는 사실상 근무 시간에 한계라는 것이 없었다. "홍보는 언제 어느 때든 일해야 하는 직업이에요. 어느 순간에든 긴급 상황을 겪을 수 있고, 그러면 하던 일을 모두 내팽개치고 나서야 해요. 제게도 그런 일이 셀 수 없을 정도로 많이 일어났었죠." 직전에 예약 취소하기, 여행 중간에 돌아오기, 필요할 때 일찍 출근하거나 늦게까지 일하기는 커뮤니케이션 업계에 흔한 일이었고 그녀가 데일리에 합류한 이유 중 하나였다. 데일리는 시간에 쫓기는 긴급 상황이 적었고 리더들, 즉 알렉스와 앨리가 직원들이 퇴근하면 걱정 없이 쉴 수 있도록 의식적인 노력을 기울이기 때문이었다.

하지만 헤일리의 경험은 오늘날 일의 현실을 잘 보여 준다. 그리고 그만큼 휴식의 가치가 더 커졌음을 시사한다. 불과 20년 전만 해도 대부분의 지식 노동자들은 모바일 기기나 재택근무 환경이 없었다. 퇴근 후나 주말, 휴가 중에는 회사와 계속 연결될 방법도, 그럴 필요도 거의 없었다. 가끔 업무 외 시간에 전화가 오긴 했지만, 일과 삶 사이에는 분명하고 물리적인 경계가 존재했다.

오늘날 대부분의 지식 노동자는 말 그대로 일과 한 몸이 되어 살아간다. 집에서나 이동하면서도 사소한 일, 심지어 중요한 일도 해내기가 쉬워지면서 직원이 하루 24시간 전화를 받기(또는 이메일이나 메시지에 답장하기)를 기대하는 사람이 늘어났다. 하지만 이러한 상황은 완전히 반대의 방식으로도 이용될 수 있다. 헤일리의 이전 직장에서는 '항상 연결되어 있음'이 곧 더 큰 압박을 의미했다. 하지만 지금은 다르다. 자리를 비운 상태에서도 간단한 연락에 대응할 수 있다는 점이 오히려 더욱 손쉽게 일에서 벗어날 수 있게 해주는 것이다.

헤일리는 그 정신적 분리, 즉 쉬는 동안 휴식에 방해받을 가능성이 적다는 사실을 알고 있는 것이 아이러니하게도 최고의 성과를 올릴 수 있게 해주었다고 말했다. "월요일 아침마다 강아지와 긴 산책을 해요. 그동안에는 휴대전화를 들여다보지 않으려 애쓰죠. 그러다 보면 나도 모르게 이런저런 생각을 하다가 문득 내가 해야 할 프레젠테이션 아이디어를 떠올려요. 정말로 독특한 아이디어가 퍼뜩 떠오르면 그걸 적어두는데, 이런 경우가 꽤 잦아요." 최고의 업무 아이디어 대부분은 일을 떠나 있을 때 떠오른다며 그녀가 말했다.

헤일리의 여유로운 라이프 스타일은 주 4일 근무를 하는 사람들에게는 흔한 경우다. 영국 시범 도입 연구에 의하면 추가로 하루 더 쉬게 되면 이 시간의 가장 흔한 용도는 장 보기, 병원 가기, 집안일 같은 "생활 관리"였다.[7] 이런 잡일은 보통 토요일과 일요일에 하게 되지만 병원 가기 같은 경우는 일하던 중에 잠시 외출하거나 반차를 내야 한다. 이런 이유로 주 4일 근무제는 직원의 결근(휴가)을 크게 줄일 수 있다. 또한 주말을 온전히 쉴 수 있게 되어 충분한 재충전 후 출근할 수 있게 되었다고 답했다.

주 4일 근무제로 전환한 사람 중 절대다수는 이전으로 되돌아가기 싫다고 답했으며, 헤일리도 그중 한 명이다. 2020년 데일리에 입사하기 전, 그러니까 데일리가 영원한 여름 단축 근무와 슬로다운 타임을 도입하기 전까지만 해도 그녀는 에이전시보다 회사 사내 홍보 업무를 선호했다. "여기에서도 처음엔 몇 년 있다 떠날 줄 알았어요. 하지만 이제는 다른 회사에서 일하고 싶지 않네요." 헤일리의 말이다. 헤일리

는 2023년 《비즈니스 인사이더*Business Insider*》에서 선정한 "PR 차세대 스타" 중 한 명으로 이름을 올렸으며, 그 덕분에 취업 시장에서 주목받는 인재로 떠올랐다.

고객 측면에서도 긍정적인 변화가 있었다. 알렉스에 따르면, 6개월간의 시범 운영 기간 동안 기존 고객과의 재계약률과 신규 고객 계약 체결률이 모두 두 배로 증가했는데, 이는 회사 역사상 그 어느 시기보다 빠른 증가 속도였다.

알렉스와 앨리는 2024년 《패스트 컴퍼니》에 공동 기고한 글에서 이렇게 썼다. "우리는 일이 주어진 시간을 가득 채우려는 성질이 있고, 그것이 번아웃으로 이어질 수 있다는 사실을 깨달았다. 근무일을 단축할 수 있다면 뛰어난 고객 서비스를 제공하고 생산성을 유지하면서도 직원들에게 업무가 아닌 일상을 위한 시간도 돌려줄 수 있다."[8]

2024년 초, 데일리는 단축 근무를 영구적으로 정착시켰다. "회사 규정에 추가했고, 업무 매뉴얼도 완전히 자리 잡았어요." 앨리가 말했다. "매년 말이면 효과성을 재점검합니다. 하지만 주 4일제가 아닌 현실은 이제 상상조차 못 하겠어요. 물론 변화는 가능해요. 어쩌면 근무 시간을 더 줄일 수 있을지도 모르죠." 알렉스가 덧붙였다.

　　　　　　　　Part 2 주 4일제로 더 많은 것을 이룬 기업들

Chapter 11

인재 채용의 게임 체인저

글로벌 거대 기업들과의 기술 인재 확보 경쟁에서, 제이 골드먼Jay Goldman이 승산을 갖기란 애초에 불가능한 일이었다.

토론토에 본사를 둔 기업용 소프트웨어 플랫폼 센세이 랩스Sensei Labs의 공동 창업자이자 CEO인 제이는 55명의 직원과 일하고 있었고, 그중 절반은 소프트웨어 개발자였다. 그런데 2021년, 회사는 인재 유출을 겪고 있었다. 생명과학 제품의 마케팅 및 상용화를 지원하는 에이전시 클릭 헬스Klick Health에서 분사한 지 불과 1년 남짓 지난 시점이었고, 개발자 채용을 둘러싼 경쟁은 그 어느 때보다 치열했다. 회사가 막 자리를 잡아 가던 바로 그 시기에, 거대 기술 기업들이 그의 직원들에게 접근해 왔다. "도저히 거절할 수 없는 수준의 연봉을 제안받은 것 같더라고요. 그들이 제 방에 찾아와서 말했어요. '정말 이러고 싶지 않은데, 어떻게 해야 할까요?' 저는 이렇게 말할 수밖에 없었습니다. '우리는 그 정도 급여 수준을 맞춰 드릴 수가 없군요. 당신과 가정에 의미가 있는 일이니 기회를 잡으세요.'"[1]

그즈음 제이는 조의 연구 협력자 중 한 명인 줄리엣 쇼어의 강연에 참석했다. 그녀는 거기에서 짧은 근무일의 핵심 장점 중 하나로 인재 채용과 유지를 언급했다. 그 이야기를 들은 제이는 생각에 잠겼다. "당시 아마존이나 페이스북 같은 회사와 급여 경쟁을 할 순 없었습니다. 기존 게임에서 그들을 이길 수 없다면 그들이 아예 낄 수 없는 다른 게임으로 판도를 바꿔야 했죠." 그로부터 몇 달 뒤, 센세이 랩스는 조가 실시한 주 4일제 시범 운영에 참여하기로 했다.

참여 전, 제이는 직원들에게 실험은 실험일 뿐이며 6개월 후 엄격한 평가를 통해 지속 여부를 결정할 것이라고 전달했다. "이번 실험에서 가장 중요한 것은 시스템 전반을 점검해 이전에는 전혀 인지하지 못했던 생산성 누수와 공백을 찾아내는 것이었습니다. 물론 '자, 모두 생산성을 20퍼센트 올립시다'라고 말하면 다들 이런 반응을 보일 겁니다. '네, 네, 그러시든가요. 난 바빠서 이만.' 하지만 '생산성을 20퍼센트 올릴 방법을 찾으면 금요일에 쉴 수 있습니다'라고 말한다면 생산성을 20퍼센트, 어쩌면 그 이상으로 올릴 수 있는 아이디어들이 쏟아져 나옵니다."

센세이 랩스의 생산성 향상은 불필요한 회의를 없애는 등의 비교적 흔한 방법부터, 동시 협업이 필요했던 프로세스 중 일부를 비동기적으로 전환하여 병목을 줄이는 방식도 있었다(이에 대해서는 14장에서 더 자세히 다룬다).

"모든 팀이 스스로의 생산성을 어떻게 측정할지 고민해 보는 과제를 진행했습니다. 그중 일부 팀은 겉보기식 지표를 가져왔고, 저는 그 것이 왜 유효한 지표가 아닌지 설명하며 되돌려 보내야 했습니다. 하지만 이 과정은 매우 유익했어요. 회사가 어떤 구조로 어떻게 돈을 버는지에 대해 대부분의 직원들이 잘 이해하지 못하고 있다는 걸 깨달았거든요." 제이의 설명이다. 많은 직원들이 사업 성과에 별 영향을 주지 못하는 지표에 우선순위를 두고 있다는 사실을 알게 된 뒤, 제이는 그들이 회사의 수익에 실질적으로 기여하는 일에 집중할 수 있도록 함께 방향을 조정해 나갔습니다."

시범 운영 첫 몇 주 동안 예기치 못한 어려움이 나타났다. 이를테면 센세이 랩스는 처음에 직원들이 월요일과 금요일 중 쉬는 날을 스스로 정하게 하기로 했다. 그러자 팀 간 서로 협업이 이루어지던 일수가 주당 5일에서 3일로 줄게 되었다. 갑작스러운 변화가 불필요한 어려움을 만들어 내는 걸 본 제이의 공동창업자 벤지 내들러Benji Nadler는 모두를 월요일부터 목요일까지 근무하도록 만들었다. 그런 다음, 금요일에 고객과 관련한 위기 상황이 벌어지는 걸 피하기 위해 직접 고객을 상대하는 실무팀에는 금요일에 한 명씩 돌아가면서 근무하도록 지정했다. "고객 관리팀의 당직자는 하루 세 번, 오전 9시, 정오, 오후 3시에 상황을 확인하고 긴급 이슈가 있으면 처리합니다. 물론 대부분은 월요일까지 미뤄도 무방한 사안들이죠. 소프트웨어 개발팀의 당직자는 어

디에 있든 비상시엔 10분 내 로그인할 수 있어야 합니다. 전체 팀원이
아니라 그날 당직인 사람만요."

다른 회사는 도입하지 않으면 좋겠어요

2022년 6개월 간의 첫 시범 운영 후 2년이 조금 넘는 시간 동안 센세
이 랩스는 이 정책을 네 차례 공식 평가했고, 제이는 평가할 때마다 그
효과가 더욱 뚜렷해졌다고 말했다 "효과가 지속되지 않으면 언제든
5일제로 돌아갈 수 있다고 강조해 놓은 덕에 직원들의 긴장감과 집중
력이 유지될 수 있었다고 생각합니다."

제이는 회사의 급여가 경쟁력 있는 수준이긴 하지만, 주 4일 근무제
가 연봉 20퍼센트 인상에 해당한다고 본다면, 급여가 20퍼센트 더 높
은 회사와 비견해도 경쟁력이 있다고 생각했다. 하지만 앞서 설명한
것처럼 그건 보수적인 추정치다. 6장에서 설명한 것처럼 '포 데이 위
크 글로벌'에서 실시한 북미 시범 프로그램에 참여한 사람 중 33퍼센
트 정도가 주 5일 근무로 되돌아가야 한다면 26~50퍼센트 연봉 인상
을 요구할 것이라고 답했고, 12퍼센트는 50퍼센트 인상을 요구할 것
이라 했으며, 14퍼센트는 돈을 아무리 많이 줘도 주 5일제로 절대 돌아
가지 않을 것이라고 했다. "지금까지 우리 팀원들로부터 나온 반응은
연구 결과와 동일한데, 아마 30퍼센트 정도는 인상되어야 할 겁니다."

　　　　　　　　　　Part 2 주 4일제로 더 많은 것을 이룬 기업들

제이의 말이다.

제이가 2022년 주 4일 시범 운영에 참여했던 건 회사 인력의 절반을 차지하는 개발자들을 잃을지도 모른다는 위기감 때문이었다. 그런데 그 이후 2년여가 지나면서 IT 업계가 위축되었고 지금은 조직의 나머지 절반, 즉 고객 관리 및 솔루션 분야의 직원들을 지키는 게 중요한 상황이 되었다.

제이는 다른 회사에서 이 게임에 참여하기를 거부하는 한 인재 채용과 유지 경쟁에서 계속해서 승리할 것이라며, 농담조로 덧붙였다. "다른 회사 어디도 주 4일제를 도입하지 않았으면 좋겠습니다. 이게 저희한테는 굉장히 강력한 경쟁 우위거든요."

번아웃 직전의 열정가들에게 필요한 것

'그랜드 챌린지 캐나다'의 인사 및 조직문화 총괄 이사 트레이시 스미스Tracy Smith의 말을 빌리면 인재 채용과 유지는 이들이 주 4일 근무제로 전환한 주된 동기이기도 했다.[2]

다른 많은 비영리 단체들과 마찬가지로 트레이시의 팀 동료 115명은 젊고, 열정적이며, 때로는 세상에 긍정적인 차이를 만들기 위해 기꺼이 희생하는 사람들이다. 하지만 바로 이 같은 강력한 동기가 때로는 높은 이직률을 가져오기도 한다. 어떤 대의에 열정을 품고 커리어를 헌신하는 사람들은 휴가마저 반납하기 일쑤다. 그러한 헌신은 존경할 만하지만 지속 가능하지 않다. "우리의 일은 개인에게 큰 부담이 될 수 있어요. 우리는 어려운 문제를 다루거든요." 감정적으로 힘든 일에 대단한 열정까지 더해지면 높은 이직률이라는 결과물이 나오기 마련이다.

트레이시는 코로나 팬데믹도 지원자의 우선순위에 영향을 미쳤다고 말했다. "팬데믹이 판을 완전히 바꿔 놓았죠. 많은 사람들이 우선순위를 다시 세웠고, 절대 양보할 수 없는 것이 무엇인지 깨달았어요. 유연성이 그중 하나였죠. 세대를 통틀어 많은 이들이 지금 이 순간을 중시하게 되었는데, 특히 젊은 층이 심했어요. 은퇴 후까지 기다리는 게 아니라 지금 당장 행복한 삶을 살아야 한다는 거였죠."

이것이 궁극적으로 그랜드 챌린지가 2022년에 주 4일 근무제 시범 운영에 뛰어든 이유였다. 그 이후 6개월간 직원들은 금요일에 일을 쉬었고 6개월 뒤 그랜드 챌린지는 이 프로그램의 평가를 실시했다. "내부로도 외부로도 놀랄 만큼 이 프로그램에 대한 지지가 대단했어요. 우리가 유일하게 바꾼 게 있다면, 초기에는 금요일을 휴일로 취급했지만 이제는 '플렉스 프라이데이'라고 부르며 업무 관련 연락이 닿는 상태를 유지하기로 한 점입니다. 우리는 여전히 다른 사람들을 돕는 조직이며, 금요일에도 긴급한 일이 발생할 수 있다는 사실을 잘 알고 있기 때문이죠. 그래봤자 분기에 한 번 정도 연락이 갈 수 있습니다. 플렉스 프라이데이에 진정으로 회사 연락을 원치 않는다면 미리 휴가를 신

　　　　　　　　Part 2 주 4일제로 더 많은 것을 이룬 기업들

청하기로 했어요."

트레이시는 2023년 초 시범 프로그램의 초기 조정 이후 주 4일제가 별다른 변화 없이 이어지고 있다고 말했다. "제가 볼 때는 모든 측면에서 성공적이었어요. 힘든 일을 헌신과 열정으로 해내는 사람들에게 주 4일 근무제는 보상인 동시에 인재 유지 전략이에요. 정말로 일밖에 모르는 사람들에게는 휴식 시간을 제도적으로 보장할 필요가 있어요."

구직자 우위의 채용 시장

지난 세기는 대체로 고용주가 모든 것을 결정하는 시대였다. 그러다가 마지막 20년쯤, 힘의 균형이 반대 방향으로 움직였고, 앞으로 당분간은 거기 머무를 것으로 보인다. 상황에 따라 잠깐씩 반대 방향으로 흔들리며 오갈지라도 말이다.

노동 시장도 일반 시장과 똑같이 돌아간다. 재고가 많으면 가격이 내려가고, 재고가 적으면 가격이 올라간다. 지난 200여 년 동안 근로자는 항상 일자리보다 많았다. 즉, 구매자, 그러니까 고용주가 가격을 결정하는 경우가 많다는 것이다. 그런데 최근에는 그 공식이 뒤집혀서 대부분의 산업과 직능 분야에서 구인 자리가 일할 수 있는 근로자보다 많은 것으로 나타났다.

중대한 경제위기가 나타날 때마다 실업률이 급등하지만 특이값을 제하고 보면 뚜렷한 패턴이 나타난다. 2020년 팬데믹, 2008년 경기 침체, 2001년 닷컴 붕괴로 인한 실업률 급등 시점을 제외하면 미국에서는 대체로 실업률이 서서히 하락하는 걸 알 수 있다.[3] 1970년대, 1980년대, 1990년대 대부분의 기간 동안 미국 실업률은 5~10퍼센트 사이였지만 2000년에는 1969년 닉슨 행정부 시작 이후 처음으로 4퍼센트 밑으로 떨어졌다.[4] 실업률은 2001년 닷컴 붕괴 당시 솟구쳤다가 2006년에 다시 4.4퍼센트로 떨어지고, 2008년 경기 침체 당시 다시 올라갔다가 2019년에는 3.5퍼센트까지 떨어졌다.[5] 팬데믹 당시 또 한 번 정점을 찍고는 2022년에 최저 기록에 가까운 3.5퍼센트로 다시 내려갔다.

가장 최근의 실업률 하락은 특히 기업에 힘들었다. 활발한 경제, 증가하는 비용, 팬데믹 이후 쌓여 온 직업적 불만은 곧 악명 높은 대량 퇴사 사태로 이어졌다. 2021년 미국에서는 사상 최대인 4,780만 명이 사직서를 냈다.[6] 일반적으로 한 해 사직자는 약 3,000만 명이다. 2009년처럼 경기가 침체된 시절에는 2,000만 명 초반까지 줄어들고, 2006년이나 2016년처럼 경기가 좋을 때는 3,500만 명 수준까지 늘어난다. 그런데 2021년 세워진 기록은 오래 지속되지 않았다. 바로 이듬해에 사직자가 5,050만 명을 찍은 것이다.[7]

그 시기에 아이다호 보이시에서 보건 부문의 교육 콘텐츠를 개발하는 비영리 단체 헬스와이즈Healthwise 같은 회사들은 직원 이직률이 10퍼센트에서 18퍼센트로 훌쩍 뛰었다. 그건 곧 그 몇 년 동안 직원 5명 중 한 명을 새로 구해야 했다는 뜻이다. 이 같은 출혈을 막기 위해

     Part 2 주 4일제로 더 많은 것을 이룬 기업들

CEO 애덤 허스니Adam Husney는 조를 찾아 주 4일 근무제를 도입할 방법을 의논했다. "우리의 이직률이 18퍼센트에서 서너 분기 동안 0퍼센트로 내려갔다가 2퍼센트 정도에서 안정화되었어요. 직원 만족도는 매우 높아서 90퍼센트 넘는 직원이 회사에 대해 5점 만점 중 4점 혹은 5점을 주었죠. 공석도 더 쉽게 채울 수 있었어요. 그 덕분에 채용을 훨씬 더 까다롭게 할 수 있었죠."[8]

2023년 워싱턴 주 샌후안 카운티의 지자체 직원들이 거의 100만 달러에 가까운 급여 인상을 요구하여 그것을 감당하기 힘든 지경에 이르자 카운티 정부는 급여에 변동 없이 근무 시간을 주 4일로 줄였다.[9] 이듬해 카운티 정부에 입사 지원률은 85퍼센트 높아졌고, 퇴사율이 43퍼센트 줄었으며, 병가도 23퍼센트 감소했다.

대량 퇴사 사태는 지나갔시만 이것이 노동 시장의 공급 측면에 가해지는 마지막 충격은 아닐 것이다. 앞서 이야기했듯 미국 인구 성장률은 대부분의 서양 국가와 마찬가지로 감소세에 있다. 노동통계국 또한 베이비붐 세대가 은퇴하고 이 자리를 젊은이들이 그대로 채우지 않게 되면서 앞으로 10년간 노동 시장 참여율이 계속해서 하락할 것으로 내다보고 있다. 2030년까지 미국 역사상 가장 규모가 큰 세대로서 그 수가 약 7,300만 명, 전체 인구의 5분의 1 이상을 차지하는 베이비붐 세대 모두가 65세를 넘게 되는데, 이 같은 현상에는 '실버 쓰나미'라는 이름이 붙었다.[10] 노동통계국에서 앞으로 10년간 가장 빠르게 성장하는 직업군으로 돌봄 분야를 꼽은 것도 놀랄 일이 아니다. 나이 들어가는 인구를 돌보기 위해 더 많은 근로자가 필요해지기 때문이다. 그 산업은 향후 10년간 15.2퍼센트로 그 어떤 다른 산업보다 더 성장할 것으로 예상되며, 보건 의료 종사자는 8.6퍼센트로 3위에 해당한다.

노동통계국에 따르면 두 번째로 고용 성장폭이 클 것으로 예상되는 분야는 컴퓨터 및 수학, 즉 기술tech 분야다. 글로벌 부동산 서비스 회사 CBRE에 따르면 2024년은 IT 산업에 속하지 않은 기업들이 IT 기업보다 기술 인력을 더 많이 채용한 첫해였다.[11] 그건 곧 IT 기업이든 아니든 모든 주요 기업은 2021년에 제이 골드먼이 직면했던 것과 비슷한 어려움에 처해 있다는 뜻이다. 즉, 세계에서 규모가 가장 크고 돈이 가장 많은 기업들과 같은 인재를 두고 경쟁하고 있다는 뜻이다.

인구 고령화, 인재 풀 축소, 그리고 점점 더 많은 산업에 깊숙이 자리 잡은 기술 산업의 급변하는 수요 사이에서 고용주는 더 이상 고용 계약 조건을 일방적으로 결정할 수 없게 되었다. 최소한 특정 고부가 가치 기술과 관련해서는 더욱 그렇다. 대량 퇴사 사태 때 보았듯 요즘 직원들은 과거의 세대들보다 더 쉽게 일을 그만둔다. 예전보다 더 많은 기회가 열려 있기 때문이다. 2022년 18세부터 34세까지 미국 근로자들의 평균 근속 연수는 겨우 2.8년이었다.[12] 게다가, 젊은 층이 한 일자리에 오래 머무르지 않고 다른 곳으로 옮길수록 커리어는 더 발전되고 소득도 더 빠르게 늘어난다는 보고도 많아지고 있다.[13]

이것은 고용주들에게 값비싼 부담이다. 가장 보수적인 예측치조차 직원 한 명을 새로운 사람으로 대체하는 데 드는 비용이 그 사람 연봉

                    Part 2 주 4일제로 더 많은 것을 이룬 기업들

의 1.5배에서 2배 사이라고 한다. 갤럽에 의하면 팬데믹과 그로 인한 대량 퇴사 사태가 있기 전인 2019년 미국 경제에 가해진 이직 비용은 1조 달러가 넘었다. 그리고 이 같은 문제가 앞으로 더욱 심해질 것이라고 믿을 만한 근거가 있다.[14] 고용주들이 차세대를 유치하기 위해 경쟁하면서 주 4일 근무제는 더욱 더 매력적인 요인이 될 것이다. 이 세대는 보상보다 개인 시간과 유연성을 더 중시하고, 승진과 더 나은 워라밸을 위해 쉽게 직장을 옮기며, 자신과 가치관이 같은 조직에서 일하기를 원하기 때문이다.

직원을 유치하기 위해 모든 기업이 주 4일제에 나서라는 말은 아니다. 실제로 모든 기업이 그렇게 한다면 이 같은 접근법이 채용 도구로서 갖는 경쟁 우위는 사실상 사라지게 될 것이다. 경쟁사보다 급여에 더 많은 돈을 쓸 수 없는 조직이라면 이것을 우위로 이용할 수 있을 것이라는 의미다. 달리 말해, 당신이 제이 골드먼처럼 재정적으로 경쟁사에 밀린다면 승리할 수 있는 유일한 길은 게임을 바꾸는 것이다. 최고 수준의 연봉, 더 짧은 근무 시간, 원격 및 하이브리드 근무, 이 모두를 제시할 필요는 없다. 그러나 점점 더 치열해지는 채용 경쟁에서 인재를 유치하고 싶다면 그중 최소한 하나는 제시해야 할 것이다.

Chapter 12

그런데 고객 대응은 어떡하죠?

디지털 마케팅이 본격적으로 론칭되면 광고는 24시간 돌아가게 된다. 그러면 보이지 않는 곳에서 그 광고를 관리하는 사람들 역시 24시간 돌아가야 하는 경우가 많다.

그런 광고 캠페인을 운영하는 회사는 상시 감독을 요구하진 않더라도 가격 정보, 비주얼, 메시지, 전략, 혹은 다른 요소들에 즉각적인 변경을 요청할 목적으로 언제든 광고 에이전시에 연락을 취할 수 있다. 미국 버지니아주 리치먼드에 본사를 둔 디지털 마케팅 에이전시 기어 Geear(본래 웹스트레터지 주식회사WebStrategies, Inc.였으나 2025년 기어로 리브랜딩)의 CEO 크리스 리온Chris Leone은 이렇게 말한다. "마케팅이란 본디 365일 24시간 돌아가는 일이니까요. 하루 중 언제든 무슨 일이든 벌어질 수 있기 때문에 항상 그에 대비하고 대응할 준비를 갖춰야 합니다."[1]

2021년 중반 주 4일제에 대해 처음 들었을 때 크리스는 이 이야기를 처음 접한 다른 많은 기업주와 마찬가지로 콧방귀를 뀌었다. "회사를 개선하기 위해 무엇이 필요한가를 묻는 직원 설문조사를 했었는데 누군가가 '주 4일제'라고 답했습니다. 그리고 저는 웃어넘겼더랬죠." 하지만 이듬해인 2022년, 코로나 팬데믹 이후 만연한 대량 사직 사태와 함께 직원 채용 및 유지와 관련한 어려움에 직면하면서 크리스의 생각도 바뀌기 시작했다. 앞 장에서 센세이 랩스의 제이 골드먼도 언급한 바로 그 문제 말이다.

4일만 일하고 고객 유지하기

2004년 설립한 45명 규모의 이 회사는 완전 원격 근무 환경을 제공함으로써 치열한 채용 시장에서 남들보다 앞서갈 수 있었다. 그런데 2022년이 되자 재택근무라는 것이 대단히 매력적인 차별점이 되지 못했다. "2022년엔 훌륭한 인재를 채용하고 이탈을 막기가 그 어느 때보다 더 힘들어졌습니다. 그래서 인재를 모으기에 경쟁력 있는 회사를 만들려면 어떻게 해야 하는지 고심하기에 이르렀죠. 작은 회사라 턱없이 높은 연봉을 제시하는 건 불가능하거든요." 크리스의 설명이다.

시간이 흐르고 주요 언론에서 조의 주 4일제 실험을 계속 접하면서 크리스는 생각을 전환해 보기로 했다. 그 같은 생각이 터무니없다며 일축하는 대신 자신부터 망설임을 내려두고 주 4일만 일하고도 주 5일 근무할 때와 똑같은 생산성을 올릴 수 있다는 가능성을 받아들인 것이다. "그 정신적 장애물을 넘고 나니까 다른 많은 가능한 일이 떠오르더군요. 우리 회사가 정말 일하기 좋은 곳이 될 테고, 직원들에게 많은 걸 돌려줄 수 있을 뿐만 아니라, 우리의 사명을 위해서도 더 많은 일을 해낼 수 있을 것이라고 생각했어요."

하지만 정작 크리스의 마음을 돌려놓은 건 따로 있었다. 업계 최고의 인재들을 채용하고 지킬 수 있다면 회사의 미래가 얼마나 달라질지 생각해 보니 자연스레 결론이 내려졌다. "금요일을 쉬고도 업무량을 채우려면 생산성을 20퍼센트만 높이면 됩니다. 하지만 A급 직원이라면 세 배, 네 배, 아니 열 배는 더 효율적으로 움직일 수 있으니 그 정도는 순식간에 메울 수 있죠. 그리고 하루 더 쉴 수 있는 인센티브가 주어진다면 사람들은 일과 중 게으름을 피우거나 불필요한 휴식을 취하지도 않을 거예요. 휴일을 원하니까 일을 제때 마치게 될 거예요."

주 4일제의 실현 가능성을 스스로 납득하는 것은 이 모든 과정의 첫걸음에 불과했다. 한번 시도해 보겠다는 결단을 내리자 곧바로 다음 장벽에 부딪혔다. 실시간 의사소통을 중시하는 업계에서 고객의 요구에 즉각적으로 대응하는 문제였다. 주 4일제 시범 운영의 첫 시작은 2023년 6월, 한 달간 금요일 반일 근무였다. 우선, 직원들에게 회의를 거부하거나 짧게 줄일 권한을 주고 근무 시간을 20퍼센트 단축할 방법을 찾도록 독려했다. 그리고 주 4일제 시범 운영이 본격적으로 시작된

     Part 2 주 4일제로 더 많은 것을 이룬 기업들

다음 달에는 시급한 고객 연락을 놓치지 않도록 금요일에 하루 세 번 이메일을 확인할 것을 요청했다.

그런 다음 크리스는 새로이 쉬게 된 금요일에 이메일이 온 경우 어떻게 처리할지 기준과 절차를 만들어 제시했다. 참고로 금요일에 연락이 절대 불가한 상황이라면 그날은 휴가를 사용해야 한다고 덧붙였다. "직원들에게 '이런 상황에서는 금요일이라도 다른 팀원에게 연락해야 한다'고 알렸습니다. 예를 들어 고객이 '대출 상품의 이율이 방금 바뀌어서 광고에 나온 이율을 당장 수정해야 해요'라고 연락해 오면 당장 대응해야 합니다. 혹은 '이달 예산을 줄여야 해서요. 비용이 더 이상 나가지 않게 광고를 바로 내려 주시겠어요?' 같은 연락이 와도 바로 처리해야 합니다. 하지만 고객이 '새 시장에 진출하고 싶은데 비용이 얼마나 들지 궁금합니다. 알려 주시겠어요?' 같은 문의를 한다면 절차에 따라 다음 주에 출근한 후 알려 드리겠다고 답장할 수 있는 거죠."

물론 정해진 업무 시간 외에 온 시급한 이메일과 관련해서는 비공식적으로나마 이미 의사결정 절차가 마련되어 있었다. 오늘날 다른 많은 업계처럼 디지털 마케팅도 전형적인 업무 시간 안에 끝나는 경우가 드물다. 지금도 일부 고객 요청에 응대하기 위해 가끔 금요일에 몇 시간 일하기도 하지만 크리스는 일반적인 업계 행태에 비하면 극적인 변화라고 말한다. "주당 60시간씩 일하기로 악명 높은 마케팅 세상에서는 꽤 괜찮은 편입니다." 실제로 일부 팀원은 금요일에 몇 시간쯤 근무하는 경우가 있으나 그건 주로 목요일까지 마치지 못한 일을 하기 위한 것이다. "금요일에 일하는 사람이 있다면 그건 못다 한 서류 업무를 해치우는 정도입니다. 그 주에 회의가 많았다든가, 메모해 놓은 것을 정리해야 한다든가, 올라온 서류를 결재해 치우고 싶다든가, 쌓인 이메일을 읽고 이런저런 일을 마무리하기 위해서죠. 그렇게 해서 오전 10시 반쯤 일을 마치면 남은 시간에는 온전히 휴식을 취할 수 있습니다. 예약된 회의가 없고 슬랙으로 연락해 오는 사람이 없는 상태를 즐기는 거죠."

크리스는 고객들을 상대로 블라인드 테스트를 해보기로 하고 일부러 이 같은 변화를 그들에게 미리 알리지 않았다. 그리고 6개월 후 다양한 기준으로 시범 운영의 결과를 측정하여 그것을 완전히 정착시킬지를 판단할 것이라고 직원들에게 알렸다. "회사의 재정 목표를 계속 달성하고 고객 만족도를 유지하는 건 필수 조건이었습니다."

실험이 계속되면서 크리스가 기대했던 효과가 궁극적으로 나타났고, 그가 예상치 못했던 결과도 함께였다. "가장 눈에 띄는 결과는 같은 일을 끝내는 데 걸리는 시간이 20퍼센트 정도 줄었다는 점이었어요. 우리가 희망한 대로였습니다. 똑같은 일을 더 짧은 시간에 해낼 방법을 찾은 거예요." 그 데이터는 회사의 내부 업무 관리 소프트웨어로도 쉽게 확인할 수 있었다. 그리고 그에 못지않은 변화는 eNPS 조사에서도 나타났다. 이는 직원이 자사를 다른 사람에게 추천할 의향이 있는지 측정하는 지표다. 기어에서 주 4일제를 도입하기 이전 5분기 동안 eNPS 점수는 평균 52점이었다. 하지만 실시 후 5분기 동안의 평균은 82점으로 월등히 높아졌다. "그것이 훌륭한 인재의 이탈을 막아 주었고, 인재를 유치하는 데도 도움이 되었으며, 다시 고객들을 위해 더 좋은 결과물을 낼 수 있게 해준 셈이죠."

주 4일제 실험이 시작되고 1년 후, 업계가 전체적으로 힘든 시기여서 다른 회사는 대부분 매출이 하락하거나 성장 부진에 시달렸지만 이 회사는 22퍼센트 성장을 이루었다. "우리의 고객사 유지율은 업계 최고 수준입니다. 업계의 연간 평균 이탈률이 18퍼센트 정도인데 우리는 9퍼센트 수준이거든요. 우리는 회사로서 성장할 수 있었고, 재무 수치를 개선했으며, eNPS가 올라갔고, 한 해 동안 훌륭한 성장을 이루었어요." 한때 회사를 주 4일 근무제로 바꾼다는 생각에 콧방귀를 뀌었지만 크리스는 이제 되돌아갈 계획이 없다고 말했다. "우리의 핵심 성과 지표KPI를 계속 달성한다면 밈출 이유가 없죠."

현실의 장벽보다 높은 머릿속 장벽

주 5일제 세상에서 주 4일 근무하는 회사가 피할 수 없는 몇 가지 어려움이 있긴 하다.

해당 조직은 근무 시간을 줄이는 데서 오는 이점을 느낄 수 있겠지만 고객은 어떻게 하나? 하청업체는? 공급업체는? 우리가 경쟁사와 비교해 덜 열심히 일한다는 이미지를 준다면? 남들보다 앞서가려면 다른 방식으로 일해야 한다. 하지만 다른 방식이라는 건 기존의 상태를 유지하는 사람들과 어긋날 수 있다는 뜻이기도 하다. 최소한 일시적으로는 말이다. 아마 그런 이유로 사람들에게 주 4일 근무제에 대해 이야기하면 가장 흔하게 나오는 말이 "이론상으로는 좋죠. 하지만 고객, 협력업체, 기타 이해당사자들과 주 5일 내내 함께 일하고 있어서 아마 우린 안 될 거예요" 같은 반응이다. 마케팅 업계에서 우리의 실험을 언급하면 실시간으로 상대의 머릿속에서 어떤 생각이 오가는지 읽을 수 있다. 처음에는 관심, 희망, 기쁨이 번지는 표정을 짓다가 자기네 업무 현실을 떠올리며 미소가 서서히 가신다. 그런데 이 같은 장애물은 실제보다 우리의 머릿속에 더 어두운 모습으로 존재한다. 그리고 우리는 창의적인 해결책을 찾아낸 리더들을 많이 만나 보았다. 단기적으로 예상된 몇 가지 차질에도 불구하고 이 리더들은 하나 같이 외부 이해당사자들에게 부정적인 영향을 미치지 않으면서도 주 4일제로 운영할 수 있는 길을 찾았다. 실제로 대부분은 고객들이 부정적으로 나오기보다 호기심을 보이거나 심지어 깊은 인상을 받는 경우도 많았다고 보고했다.

앞에서 여러 장에 걸쳐 이와 관련하여 나름의 방식으로 주 4일제 전환에 성공한 기업들을 살펴봤다. 직원들이 각자의 업무 요건에 맞게 휴일을 선택하거나, 팀별로 당직자를 두거나, 32시간을 5일에 걸쳐 일하게 하는 식이다. 그리고 급한 상황에 대비해 추가 휴무일에도 회사의 연락을 받도록 요청하되 진정으로 회사의 연락을 원치 않는 날엔

　　　　　　　　　　Part 2 주 4일제로 더 많은 것을 이룬 기업들

휴가를 신청하도록 하는 곳들도 있었다. 기업들은 처음엔 고객 관리에 대한 우려가 있었으나 결과적으로 그런 문제는 생각했던 것보다 훨씬 적었고 필요 이상의 불안이었다고 말했다.

또한 과거와 달리 디지털 시대의 일은 더 이상 정해진 근무일에만 국한되지 않음을 새삼 깨닫게 되었다. 일반적인 9시 출근 6시 퇴근, 월요일부터 금요일까지 업무 체제에서도 우리는 상시 연락을 받고 있다. 저녁과 주말에 이메일에 답하거나 중요하거나 시급한 일을 처리해야 하는 경우도 흔하다. 그래서 우리는 고객이나 외부 이해당사자들 응대 문제로 주 4일제에 대한 우려를 표하는 사람이 있으면 이렇게 반문한다. "퇴근 후나 주말에 고객이나 이해당사자가 연락을 해 오면 현재는 어떻게 하고 계십니까?" 그러면 보통 스마트폰으로 이메일에 답장을 하거나, 짧게 전화를 하거나, 컴퓨터로 달려가 문서 등에 약간의 수정을 해주며, 심지어 휴가를 떠난 와중에도 그렇게 한다는 답이 돌아온다. 요즘에는 근무 시간 외에 고객이 기본적인 요구 사항을 스스로 관리할 수 있도록 자동화된 셀프서비스 도구를 제공하기도 한다. 그 답변은 곧, 주 4일제로 전환한 뒤 새로운 휴무일에 고객 요구가 생겼을 때 어떻게 대응할지에 대한 해답이기도 하다. 지금과 별반 다르지 않다는 뜻이다.

특별히 요구 사항이 많은 고객을 둔 조직이나 새로운 휴무일에 긴급한 요청을 받을 가능성이 높은 조직의 경우 조는 센세이 랩스의 접근법을 추천한다. 팀별로 한 명의 당직을 두어 쉬는 날에 대기하게 하는 것이다. 그렇게 하면 선제적으로 주 5일을 커버할 수 있을 뿐만 아니라 나머지 팀원들은 마음 놓고 휴일을 편하게 즐길 수 있다.

낚시를 즐기기엔 너무 짧았던 시간

이번에는 '에스엠에이 아키텍처 플러스 디자인SMA Architecture + Design'의 사례를 보자. 2022년 이 회사의 프로젝트 포트폴리오는 빠르게 성장하고 있었으나 수익은 함께 자라지 못했다.

임직원 40명 규모의 이 건설 및 설계 회사가 더 많은 고객을 얻게 되면서 직원들의 야근이 늘어 갔지만 이 모든 추가적인 노력도 회사의 최종 수익에 의미 있는 영향을 주는 데는 실패했다. "적어도 1년 반 동안 우리 회사에서 저희와 전체 직원들 사이에 오가는 말은 항상 이것이었어요. '조금 더 효율성을 높여야 해.'" 몬태나주에서 서쪽으로는 로키산맥, 동쪽으로는 대평원 사이에 자리 잡은 헬레나 소재 본사에서 회사의 대표이자 파트너인 제이슨 데이비스Jason Davis가 설명했다.[2] "프로젝트 단계별 체크리스트 등을 비롯해 새 시스템을 많이 만들었습니다. 계획 설계 단계에 있을 때는 이 체크리스트를 쓰세요. 이런 일은 해야 하고, 저런 일은 해서는 안 됩니다. 이런 식으로요." 이 기간 동안 그의 동료 파트너 클린트 피셔Klint Fisher는 생산성 개선을 위해 몇 달에 걸쳐 새 도구와 시스템, 리소스를 개발했다. "다양한 것을 계속

   Part 2 주 4일제로 더 많은 것을 이룬 기업들

시도했는데 나중에는 이런 생각이 들더군요. '변화를 끌어내려면 훨씬 중대한 무언가를 도입해야 하는 것 아닐까?'"

제이슨이 조의 주 4일제 프로젝트에 대해 들었을 때가 바로 그즈음이었다. 처음에는 엄두가 나지 않았다. 생산성 문제를 해결하기 위한 방안으로 근무 시간을 줄이자고 제안하면 다들 비웃으며 회의실에서 그를 쫓아낼 것만 같았다. 그런데 시간이 흐르고 다른 선택지가 하나둘 사라지자 임원들은 무언가 대담한 것을 시도해 보는 데 흥미를 보이기 시작했다. "그래도 여전히 불안했어요. 아마 3, 4개월쯤 혼자 앓기만 하다가 마침내 용기를 내 경영진 회의에 들어가서 말했죠. '좀 과감한 아이디어가 하나 있습니다.' 그러고는 그 아이디어를 소개했어요." 놀랍게도 그들의 반응은 그의 예상과 완전히 달랐다. "그들 모두 금세 '음, 굉장히 흥미롭군요' 하고 나오더군요. '그렇게 과감한 게 바로 지금 우리에게 필요한 겁니다' 이런 반응을 보였어요. 경영진은 제 생각보다 그걸 더 빠르고 쉽게 받아들인 셈이죠. 차라리 몇 달 빨리 제안할 걸 그랬어요. 돌이켜 보면 직원들에게 세상의 온갖 도구와 프로세스, 교육을 제공해도 이를 채택할 실질적인 동기가 없다면 아무 소용 없는 거죠."

에스엠에이는 처음에는 하루를 온전히 빼는 것을 망설였다. 고객사들과의 관계를 망치지는 않을까 걱정했기 때문이었다. "필요할 때 우리가 즉각 반응해 주기를 기대하는 고객들이 있습니다. 공사 프로젝트를 진행 중일 때 필요할 때마다 연락해 오는 하청업체들도 있고요. 컨설턴트들도 빼놓을 수 없죠. 우리가 프로젝트의 리더이고, 우리가 채용하는 엔지니어들도 있는데 우리를 자주 찾죠."

아이러니하게도 제이슨이 처음 금요일에 쉬자는 아이디어를 제시했을 때, 가장 망설인 사람들은 생산성이 높은 직원들이었다. "이미 40시간 넘게 일하고 있잖아요. 시간을 더 줄이는데 어떻게 같은 일을 해냅니까?" 제이슨은 그들의 반응을 이렇게 기억했다.

대표 겸 스튜디오 디렉터 마크 오퍼스Mark Ophus는 주 4일 시범 운영을 본격 시작하기 전, 직원들에게 이 정책은 선택적인 것이며 원치 않는 사람은 억지로 하루를 더 쉴 필요는 없다고 알렸다. "직원들이 주 4일제가 잘 돌아갈 수 있는 방법을 찾기 시작했어요. 업무 마감을 당기는 게 스트레스가 될까 봐 처음부터 추가 휴무일을 강요하진 않았어요. 이 같은 정책에 어떤 이름을 붙일까 장시간 논의한 끝에 그것을 유연한 선물로 규정하기로 했습니다. 우리의 근로 계약은 여전히 주 5일이에요. 그러니까 추가 휴무일을 당근으로 쓰는 셈이죠."

직원들에게 진정으로 쉬는 시간을 더 만들어 주기 위해 제이슨과 마크가 제공해야 했던 두 번째 요소는, 휴무 중에는 고객이 직원들의 응대를 기대하지 않도록 하는 것이었다. 업계 문화 때문에 직원들은 이미 밤이나 주말이라도 고객의 전화가 음성사서함으로 넘어가게 두어서는 안 된다는 강박에 시달리고 있었다고 제이슨은 설명했다. "직원들에게 그런 전화는 그냥 받지 말라고 가르쳤습니다. 고객을 재교육시켜야 한다고나 할까요? '우리도 사람이다. 사생활이 있다. 항상 연락을 받을 수 있는 건 아니다' 이런 식으로요. 건설 업계에 진짜 응급 상황이라 단 하루도 기다릴 수 없는 일은 정말 거의 없습니다." 그가 말했다. 또한 혹시 금요일 쉬는 중에 필요한 것이 있을지, 알아 두어야 할 것이 있는지 주중에 미리 고객과 확인하는 습관을 들였다. "급하게 우리를 찾지 않도록 미리 소통했습니다. 하청업체와도 마찬가지고요." 제이슨의 말이다.

마크도 이에 덧붙였다. "금요일에 연락이 닿지 않을 수도 있다고 하니 다음 주 월요일이 오기 전에 그들 스스로 문제를 해결하는 장점도 있더군요. 고객이 정말로 무언가가 꼭 필요하다면 우리가 해결합니다. 지금 우리 리더팀에 열 명 정도 있는데, 그런 일은 우리가 직원을 위해 누구든 기꺼이 할 수 있는 일이죠."

스스로 일중독자라 일컫는 마크는 주중에는 하기 힘든, 집중이 필요한 일들을 금요일에 빈 사무실에서 처리하기 좋아한다고 말했다. 이전에는 주말에 했던 일이다. "이제는 금요일에 하는 일이 정해져 있습니다. 바쁜 주중에는 고객들이 전화를 하거나, 사람들이 생산이나 코드 문제, 그 밖에 여러 문제로 저를 찾기 때문에 힘들거든요. 금요일에는 훨씬 조용해서 집중이 아주 잘 됩니다." 반면 제이슨은 사무실을 벗어나 금요일을 즐기기를 좋아한다. 물론 다른 리더들과 마찬가지로 그도 팀원들이 걱정 없이 휴일을 즐길 수 있도록 이메일에 주의를 기울이고 있긴 하지만 말이다. "팀원들을 위해 무언가를 더 할 수 있는 기회가 되었어요. 리더로서 이 체제가 잘 돌아가도록 약간씩 희생을 감수하고 있는 거죠.” 그가 말했다.

2023년 10월, 이 회사는 3개월간 금요일 반일 근무 프로그램을 운영
했고, 2024년 1월에는 주 4일 근무제 시범 운영으로 전환했다. “고객
대부분은 우리가 금요일에 쉬기 시작했다는 걸 몰랐습니다.” 제이슨
이 말했다. 또한 이전에는 비교적 제한된 인재 풀 속에서 다른 회사와
경쟁하기 힘들었는데, 이제는 이 지역 최고의 인재들을 채용할 수 있
게 되었다고 덧붙였다.

2024년 말, 주 4일 근무제로 전환한 지 6개월이 지난 시점에서 에스
엠에이는 평가를 실시하고 직원들과 논의한 끝에, 보다 유연한 주 4.5
일 근무제로 돌아가기로 했다. 다만 가까운 시일 내에 다시 주 4일 근
무제로 복귀하는 것을 목표로 삼았다. 그 과정에서 마크는 회사가 스
스로에 대해 많은 것을 배웠으며, 이 실험이 “회사의 건강을 개선하기
위한 변화의 촉매제” 역할을 했다고 설명했다. 에스엠에이의 이 같은
여정은 모든 조직이 완전한 주 4일 근무제를 시작할 준비가 된 건 아니
지만 그것을 살펴보고 실험해 보는 과정은 직원의 안녕과 워라밸에 진
정한 진전을 가져다줄 수 있다는 사실을 잘 보여 준다. 또한 주 4일제
를 시범 운영, 시도, 또는 실험으로 삼으면 시간이 흐르면서 각 회사만
의 독특한 니즈에 맞도록 이 정책을 수정하거나 조정할 수 있다는 점
도 알 수 있다. 주 4일 근무제가 지금 당장 최고의 선택지가 아니더라
도 이 과정에 참여하는 것만으로도 조직의 효율을 찾고, 직원들에게
에너지를 불어 넣고, 함께 노력할 장기적인 목표를 확립하는 데 도움

　　　　　Part 2 주 4일제로 더 많은 것을 이룬 기업들

이 될 수 있다.

그런데 에스엠에이의 주 4일제 시범 운영의 진정한 이점이 더욱 뚜렷이 확인된 건 시작하고 2개월 뒤의 일이었다. 이 프로그램을 주도한 임원 중 하나였던 클린트가 췌장암 진단을 받고 단 8개월 만에 세상을 떠난 것이다. 2024년 2월 24일 세상을 떠났을 때 그는 49세에 불과했다. "클린트의 갑작스러운 사망은 사무실 밖에 중요한 것들이 너무나도 많다는 사실을 일깨워 주었습니다. 사업주로서 우리가 직원들에게 사무실을 벗어나 가족과 보낼 시간을 더 선물할 수 있다면, 그 어떤 금액의 돈보다도 더 가치 있다고 생각합니다." 제이슨은 클린트가 살아 있었다면 낚시를 하며 금요일을 보낼 거라고 말했다. 그는 시간이 날 때마다 거의 매일 낚시를 즐겼으니 말이다. "정말 소중한 친구였습니다. 우리 모두 그가 그리울 거예요." 마크의 말이다.

주 4일제 실천 매뉴얼

13. 목소리 내기

14. 주 4일제 조직으로의 전환

15. 4일간 더 많은 성과를 내는 방법

16. 미치며: 우리의 미래

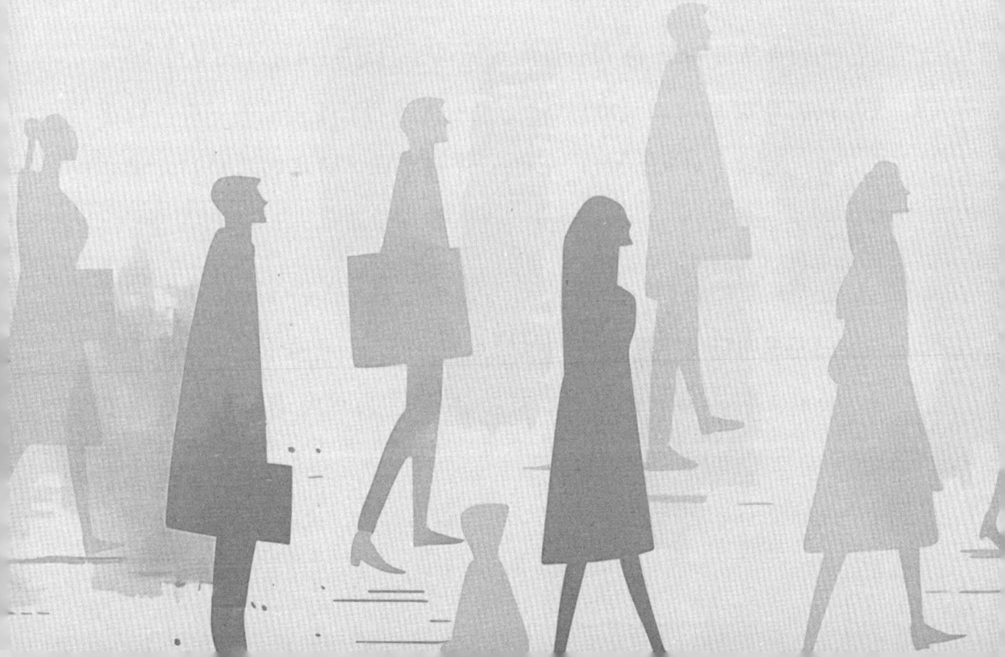

Chapter 13

목소리 내기

지금까지 우리는 왜 근무 시간을 줄여야 하는지 살펴보고, 각 조직에서 그 변화를 현실로 만든 내부 추진자들을 소개했다. 이제 그 흐름에 당신이 합류해 주실 것을 청하고자 한다.

책 초반에 이야기했듯 근무일 변화는 일정 수준의 공감대가 형성되기 전까지는 정치권이 움직이기 힘들다. 과거의 큰 변화들은 대부분 조직적으로 나서 준 직원들과 선도적인 기업 리더들이 이끌어 왔다. 이번 변화 역시 다르지 않다. 조 오코너의 경험에 따르면 변화는 대개 한 사람에게서 시작된다. 우리는 이 책을 여기까지 읽은 당신이 바로 그 사람이 되어 주길 희망한다.

주 4일 근무제를 실행하려면 종종 어느 정도의 조사와 협력, 인내심이 필요하다. 관리자나 상사에게 직원들이 이전과 똑같은 보수를 받는 동시에 일을 하루 덜 하게 하자고 설득하기는 아마 힘든 일이 될 것이

다. 주 40시간 근무제를 도입하겠다는 헨리 포드의 결정이 그랬듯, 당신의 리더들도 성과와 생산성에 기반을 둔 호소에 조금 더 반응할 것이다. 설득력 있는 주장을 펼치려면 반드시 상대의 관점을 고려하고, 설득의 3요소인 에토스(신뢰성), 페이소스(감정), 로고스(논리와 근거)를 기반으로 삼아야 한다. 수백 명의 내부 추진자 및 기업 리더들과 함께 주 4일 근무제를 도입해 온 경험을 토대로, 조는 고용주에게 더 짧은 근무 시간의 장점을 효과적으로 설명하는 6단계 공식을 정리했다.

1단계. 고용주의 관점에서 바라보라

상사의 마음을 얻으려면 그들이 이해할 수 있는 언어로 주 4일제를 설명해야 한다. 조의 경험상, 조직이 주 4일제를 채택하도록 만들 수 있는 동기 부여 요소는 크게 세 가지가 있다. 그중 어느 것이 고용주에게 가장 매력적으로 느껴질지 알아내는 것이 첫걸음이다.

첫 번째는 '고용주로서의 매력'을 차별화하고 경쟁에서 두각을 드러낼 수 있다는 점이다. 앞서 살펴봤듯, 주 4일 근무제를 도입하면 인재 유치와 유지 측면에서 큰 이점을 얻을 수 있다. 특히 이 논리는, 확보하기 어려운 전문 인재를 두고 경쟁해야 하는 산업의 리더들에게 더욱 효과적이다. 전문 인력이 부족한 경우든, 자본력이 우월한 거대 기업과 경쟁해야 하는 경우든 그 효과는 명확하다.

두 번째는 직원의 웰빙을 개선하고 번아웃을 줄일 수 있다는 점이다. 이는 특히 고강도 산업이나 압박이 큰 업무 환경에서 일하는 리더들에게 더 큰 설득력을 지닌다. 법무법인 와이로의 사례에서 보았듯 번아웃을 직접 경험한 적 있는 리더들에게 특히 효과적인데, 안타깝게도 이런 경험을 가진 리더는 결코 적지 않다. 일례로 2023년《하버드 비즈니스 리뷰*Harvard Business Review*》연구에 따르면 53퍼센트의 관리자가 거의 항상 번아웃을 느끼고 있다고 답했다.[1] 어려운 이들을 도우며 힘든 감정을 느낄 수밖에 없는 비영리 단체 그랜드 챌린지에서도 이는 중요한 동기 부여 요소였다. 당신의 고용주가 번아웃 문제를 해결하거나 사기 진작 방법을 찾고 있다면, 주 4일 근무제는 이미 효과가 입증된 방법이다.

세 번째는 생산성 향상이다. 특히 AI 도입과 같은 기술 혁신이나 조직 개편을 시도했지만 기대만큼의 성과를 내지 못한 조직에서, 주 4일 근무제는 생산성을 끌어올리기 위한 대안으로 주목받고 있다.

생산성 향상은 앞서 만나 본 유니레버 뉴질랜드, 마케팅 회사 기어, 건축회사 에스엠에이, 환경 컨설팅 회사 타일러 그레인지 모두에게 핵심 동기 부여 요소였다. 이 리더들은 모두 거대한 조직적 개선을 시도했다가 별다른 성공을 거두지 못하던 중 주 4일 근무제를 인센티브로 사용했을 때 효과를 거두었다고 입을 모아 말했다. 그들은 직원들에게 회사를 위해 새로운 공정이나 기술을 도입하기 위한 추가 근무를 요구하는 대신, 단축 근무라는 이득을 부여함으로써 혁신 과정에 열정적 참여를 유도했다. 4장에서는 빠르게 다가오는 AI 시대에 새로운 도구와 공정을 도입해야 할 필요성이 더욱 커지고 있음을 설명했다. 그리고 주 4일 근무제를 채택한 조직들이 그런 도입 노력에서 더 성공을 거두고 있음을 보여 주는 연구 자료를 공유했다.

스스로를 선도적이고, 혁신적이며, 대담한 사람이라 여기는 리더는 새로운 트렌드의 얼리 어답터가 될 기회를 보고 자연스레 추진력을 얻기도 한다. 재러드가 취재한 바를 통해 증언하듯 이렇게 비교적 이른 시기에 주 4일 근무제를 채택한 리더들은 언론의 관심을 많이 받고, 연사로 무대에 설 기회도 많아지며, 업계 동료들 사이에서 입소문을 타기도 한다. 많은 경우 얼리 어답터가 됨으로써 얻는 홍보 혜택이 퍼스트 무버가 되겠다는 동기가 되기도 한다.

주 4일 근무제 도입을 어떻게 설득할지 고민할 때는 당신이 이떤 유형의 의사결정권자에게 호소하는지, 이런 주요 혜택 중 어느 것이 그들에게 가장 공감이 될지 시간을 들여 고민해 보길 바란다.

2단계. 데이터를 제시하라

시간을 들여 관리자나 고용주와 공감해 보았다면(페이소스) 이제는 사업상의 주된 어려움을 해결하기 위해 주 4일 근무제를 도입하기 위한 사실 기반 주장을 구축할 때다(로고스). 이때 최신 연구 자료를 사용하면 신뢰도를 높이는 데 도움이 된다(에토스).

이 책 곳곳에서 살펴보았듯, 주 4일 근무제는 보통 처음에 사람들로부터 의심의 눈초리를 받기 마련이다. 심지어 나중에 가서 적극적으로 도입하고 추천하게 된 사람들마저도 처음엔 대부분이 그랬다. 지금쯤 그 이점을 우리 모두 알고 있지만(앞부분을 건너뛰지 않고 여기까지 읽었다고 가정할 때) 근무 시간을 줄이지 않고서도 결과물을 개선한다는 말이 완전히 직관에 반한다는 사실을 잊지 않는 것이 중요하다. 필연적인 초기 회의와 의심에 맞서는 가장 좋은 방법은 데이터와 조사 자료, 사례 연구 등을 준비해 이 프로그램의 역설적이고 놀라운 현실을 제대로 보여 주는 것이다. 다행히 사람들의 합리적 의심을 잠재우는 데 도움이 될 데이터가 세상에 많으며 날이 갈수록 늘어나고 있다. 관리자나 고용주, 핵심 의사결정권자들이 이 책을 전부 읽어 보게 만들 수 없다고 가정하면(이해한다. 꽤 긴 내용이니까) 더 폭넓은 대화의 문을 열어 줄 몇 가지 핵심 수치를 알려 주겠다.

설득 과정에 어떤 데이터를 집어넣을지 생각할 때는 1단계에서 찾아낸 동기 부여 요소들과 정보를 연결 짓는 것이 중요하다. 3장에서 언급했듯 조가 이끌었던 북미 시범 운영 프로그램에 참여했던 41개 기업은 12개월 동안 매출이 평균 15퍼센트 늘어났으며, 직원들은 이 경험에 10점 만점에 9.1점을 매겼다. 고용주가 직원 유치 및 보유 사안에 상당한 시간과 에너지, 자원을 들이고 있거나 경쟁이 치열한 분야에서 인재를 유치하는 데 어려움을 겪고 있다면, 참여한 직원들이 시범 운영이 끝난 뒤 그 정책을 유지하기 위해 어느 정도의 희생을 감내할 용의가 있는지 확인한 데이터를 보여 주는 것이 좋다. 시범 운영이 끝날 무렵 다시 5일제로 돌아가려면 무엇이 필요하겠는가 물었을 때 45퍼센트는 최소 26퍼센트의 연봉 인상을 요구하겠다고 답했으며, 14퍼센트는 돈을 아무리 많이 받아도 절대로 주 5일제로 돌아가지 않겠다고 응답했다.

당신의 고용주가 열정적인 직원들의 참여로 상당한 조직 효율성을 올릴 수 있다는 점에 매력을 느낄 가능성이 크다면, 4장에서 언급한 데이터가 적절하다. 거기에서 AI 도입 프로젝트의 약 80퍼센트가 실패로 돌아갔는데, AI 도입을 기대한다고 밝힌 직원이 겨우 10퍼센트에 불과했기 때문이었다고 이야기했다. 또한 주 4일 근무를 하고 있는 조직의 29퍼센트가 운영 전반에서 AI를 폭넓게 사용하고 있다는 연구 결과도 공유했다. 주 5일 일하는 회사들의 경우 8퍼센트에 불과했다.

이번에는 당신의 조직이 특히 스트레스가 많은 부문에 속해 있어서 번아웃과 관련된 사기 저하로 생산성이 떨어지는 문제를 겪고 있다면 주목할 만한 데이터가 몇 가지 있다.

예를 들어 첫 북미 프로그램에서는 참가자들의 스트레스와 피로, 일과 삶의 충돌이 모두 줄어든 반면, 신체 건강과 정신 건강, 수면 시간, 워라밸, 그리고 "전반적인 삶의 만족도"가 모두 유의미하게 올랐다. 참여 조직의 직원들은 번아웃이 69퍼센트 떨어졌다고 답했으며, 32퍼센트는 회사를 그만둘 가능성이 줄어들었다고 말했다. 그 이후 61개

기업이 참여한 영국 시범 운영 프로그램에서는 직원의 71퍼센트가 번아웃 정도가 줄었다고 답했으며, 39퍼센트는 업무 관련 스트레스가 줄었다고 응답했다.[2] 2024년에 이루어진 어느 연구에 따르면 일반적인 직장인의 번아웃 비율은 42퍼센트였으나 근무 시간 단축을 시작한 회사에서는 9퍼센트까지 떨어졌다.[3]

당신의 고용주, 관리자 또는 상사가 주 4일 근무제의 사회적 이점을 듣고 설득될 것 같다면 북미 프로그램에서 남성 직원이 자녀와 보내는 시간이 27퍼센트 늘어났으며, 참가자 중 60퍼센트가 돌봄 책임과 회사 일을 함께 잘 처리할 수 있게 되었다고 답한 사례를 보여 주어라. 아직 조금 이르긴 하지만 이 데이터는 주 4일 근무제가 직장 내 성평등으로 향해 가는 중대한 단계가 될 수 있음을 보여 준다. 남자들이 집안일에 더 참여하게 되고, 직장이 일하는 여성에게 조금 더 평등한 무대가 될 수 있기 때문이다.

7장에서 이야기했듯 주 4일 근무제는 또한 환경적으로도 상당한 이점이 있어서 회사가 탄소 배출량 절감 목표를 달성하는 데 도움이 된다. 또한 시범 운영 연구와 다른 출처에서 비롯된 연구 결과를 보면 여가 시간이 늘어나면 사람들은 자연을 더 자주 찾고, 탄소 발자국이 줄며, 봉사활동에 더 많은 시간을 투자한다는 걸 알 수 있다.

얼리 어답터가 얻는 언론 노출과 강연, 홍보 기회에 관해서라면 이걸 생각해 보자. 와이로, 에스엠에이, 그랜드 챌린지, 타일러 그레인지, 또는 이 책에 등장한 다른 회사에 대해 이전에 들어본 적 있는가?

그런데 이제는 얼마나 많이 알게 되었는가? 그리고 주 4일 근무제에 대해 인터넷 검색을 조금만 해봐도 이 같은 전환을 이룬 회사를 다룬 기사가 얼마나 많은지 알 수 있을 것이다.

마지막으로, 내부 의사결정권자들이 주 4일 근무제를 고려하도록 설득하는 데 이용할 연구 자료를 수집할 때는 우리가 제일 많이 접하는 첫 반응을 명심하고 그것에 대응할 준비를 하는 것을 유념해라. 앞서도 언급했듯이 그 첫 반응은 대체로 "이론상으로는 좋죠. 하지만 고객, 협력업체, 기타 이해당사자들과 주 5일 내내 함께 일하고 있어서 아마 우린 안 될 거예요" 정도다. 이 같은 반응에 맞서려면 같거나 비슷한 산업에 속하거나 회사의 상황 또는 사업 모델과 유사한 회사의 사례 연구를 공유하는 것도 좋다.

당신의 조직과 비교할 만한 사례를 찾기를 바라는 마음에서 지금까지 다양한 산업, 규모, 지역 전반에 걸쳐 여러 조직의 이야기를 공유했다. 회사의 핵심 의사결정권자들이 동질감을 느낄 수 있는 상황이나 조직을 찾을 수 있도록 우리의 웹사이트 www.DoMoreInFour.com/Resources에 이런 사례 연구 말고도 주요 산업의 다양한 사례들을 모아 놓았다. 중요한 사업상의 어려움에 도움이 되리라 입증된 해결책을 제시한다면 그들이 최소한 신중하게 고려하거나 "우리는 안 될 것이다"에서 "상황이 맞는다면 어쩌면 가능할지도 모른다"로 옮겨 가는 데 유용한 도움이 될 것이다. 이에 대해서는 6단계에서 더 자세히 다루도록 하겠다.

3단계. 동료들과 이야기하라

"빨리 가고 싶으면 혼자 가고, 멀리 가고 싶으면 함께 가라"라는 격언은 삶의 많은 부분에 적용된다. 주 4일제 도입의 경우도 이와 다르지 않다.

홀로 빠르게 주 4일제 도입 노력에 앞장섰던 창업자들도 있었지만, 절대다수는 느리고 꾸준한 노력이 성공 비결이라는 데 뜻을 모았다. 그리고 집단으로서의 대화는 한 사람의 요구보다 훨씬 더 큰 결과를 낼 수 있다. 내부에 지지자 그룹을 구축하는 것은 주 4일 근무제를 단순히 근무하는 시간을 줄이자는 시도가 아닌, 진지한 운영 효율화 계획으로 포지셔닝하기 위한 신뢰성(에토스) 구축의 효과적인 방법이 될 수 있다. 고용주와 대화를 시작하기 전에 동료들과 먼저 이야기를 나누고, 우리 회사에 왜 주 4일제가 효과적일지 당신의 생각과 관점을 공유하며, 그들의 피드백을 얻기를 권장한다. 앞선 1, 2단계는 이런 대화의 기반을 마련하는 데 도움이 된다.

이 아이디어를 상부에 제안하기 전에 먼저 조직도상 아래쪽의 분위기를 가늠하고 의견의 합일을 도모해라. 단순히 하루를 더 쉰다는 개념이 아니라 "4일 동안 더 많은 일을 해내기" 위한 조직적인 노력 차원에서 동료들의 관심을 평가하자. 고용주들과 달리 직원들은 개인의 시간을 더 얻을 수 있을지 모른다는 생각에 대부분 반색할 것이다. 근무 시간을 줄이면서 동일하거나 더 나은 결과물을 성취하기 위해 어떠한 변화가 필요할지 동료들과 허심탄회하게 이야기를 나누는 것이 그것의 성공을 보장하는 데 필수적이다(이때 필요한 변화들에 대해서는 뒤에서 자세히 다루겠다).

동료들과 대화를 시작할 때는 당신이 속한 팀의 가까운 친구 몇 명뿐만이 아니라 조직 전반의 다양한 사람들을 만나라. 서로 다른 부서 간, 근속 기간도 다르고 다양한 경험을 지닌 사람들과 대화의 문을 열면 맹점으로 남을 수 있는 일부 어려움과 기회를 예측하는 데 도움이 될 것이다. 더 다양하고, 균형 잡히고, 더 폭 넓은 조직이 대표될수록 잠재적인 우려를 해결하고 현실적인 해결책을 제시할 수 있는 더 나은 위치에 서게 될 것이다.

4단계. 해결책으로 무장하라

이제 더 현실적인 부분을 진지하게 고찰할 단계가 되었다. 앞서 설명한 것처럼 오늘날 주 4일제를 열렬히 지지하는 기업가들도 처음엔 회의론자로 시작한 경우가 많다. 그러니 처음의 제안이 그렇게 효과적이지 못했더라도 너무 놀라거나 실망할 필요는 없다. 아마 그들은 고객들이 어떻게 반응할지(대부분은 알아채지도 못한다), 그로 인해 휴가 체계가 어떻게 달라질지(많은 회사가 '주 수'는 그대로 유지하나 일수를 줄인다) 걱정한다. 법정 공휴일은 어떻게 되는 건지(대부분은 휴일에 더 쉬지 않고 주 4일 근무를 유지한다), 고객이 쉬는 금요일에 전화를 하면 어떡할지(12장에 창의적인 해결책들이 제시되어 있다) 걱정하기도 한다.

비공식적인 내부 지지자 집단과 협력하면 고용주가 제기할 발생 가능성 높은 문제점들을 미리 예측할 수 있고, 그에 대응하여 제시할 해결책을 브레인스토밍할 수 있다. 함께 머리를 모아 장애물이 될 만한 과제를 고민하고, 여러 해결책을 테스트해 보자. 예를 들어, 조직 전체에 일관적으로 적용되는 4일제, 팀별로 휴무일을 달리하는 순환형 4일제, 직원이 각자의 근무 일정을 직접 설계하는 완전한 자율형 4일제의 장단점을 서로 비교하는 것이다.

주 4일 근무제를 도입했을 때 일어날 수 있는 온갖 조직적 위험을 정리해 '위험 등록부'를 만들어도 좋다. 그렇게 하면 잠재적인 영향의 정도, 현실화될 가능성, 현실화될 경우 원상태로 되돌릴 수 있는 정도 등에 따라 각 항목에 점수를 매겨 위험도의 순위를 정할 수 있다. 그런 다음, 가장 심각한 것들을 완화시키거나 피하기 위한 전략에 대해 집단으로서 생각해 보는 것이다. 명확한 해결책이 없거나 해결하는 데 더 큰 노력이 필요한 어려움에 대해서는 긍정적인 영향을 보여 주는 데이터로 단점에 맞서는 것도 좋다. 이를테면 단기적인 혼란과 조정 기간은 채용과 유지, 결근 관리에 들어가는 장기적 비용 절감으로 상쇄될 수 있다. 팀원들과 협력하여 평상시 사업 주기를 고려할 때 주 4일 근무제를 제시하고 설득하기 좋은 때가 언제일지, 그것을 도입하기에 적당한 때는 언제일지 생각해 보는 것도 좋다.

주 4일 근무제의 일부 요소는 표준화 규격화가 가능하지만 그보다 많은 부분이 조직 각각에 따라 달라질 수 있다. 따라서 다양한 실무자들의 참여가 반드시 필요하다. 해결책을 미리 준비해 가면 당신이 이미 올바른 마음가짐으로 무장해 있으며, 그 같은 변화를 조직과 직원 모두에게 진정한 윈윈으로 만들 결의가 있음을 증명할 것이다.

5단계. 특전이 아닌 인센티브로 접근하라

사람들이 주 4일 근무제를 어떻게 받아들이느냐는 상당 부분 그것의 포장 방식에 따라 달라진다.

표면적으로 주 4일 근무제는 대단히 관대한 직원 특전처럼 보이며, 여러 측면에서 실제로 그렇기도 하지만, 그게 전부가 아니다. 고용주의 시각에서 보면(페이소스) 그들은 아마 직원들이 행복하기를 바랄 것이다. 하지만 그렇다고 해서 회사의 성공이나 생존 가능성을 희생하면서까지 직원들의 삶의 질을 높이는 정책을 도입하려 하진 않을 것이다.

아이들과 시간을 더 많이 보낼 수 있게 되었다는 부모들이나 연로한 부모님을 더 자주 찾아뵐 수 있게 되었다는 사람들의 감동적인 이야기도 강력한 효과를 발휘하지만, 이때는 이 같은 이야기가 필요한 시점이 아니다. 내부 의사결정권자들과 초기 대화를 나눌 때는 조직의 결과물과 기회에 초점을 맞추는 편이 좋다. 주 4일 근무제를 고용주가 직원들에게 줄 수 있는 선물처럼 다루기보다, 조직의 가장 야심 찬 생산성 및 혁신 목표를 이루기 위해 다 함께 노력할 수 있는 기회로 여기도록 하자. 이것은 법적으로 제공되는 추가적인 휴가가 아니다. 이것은 상호 합의 하에 측정 가능한 목표를 달성했을 때 주어지는 인센티브와 같은 것이다.

이 같은 접근법은 단순히 이론적인 것도 아니고, 고용주들을 속이기 위해 교묘히 꾸며진 일종의 트릭도 아니다. 예를 들어 앞서 에스엠에이가 주 5일 근무제에서 주 4.5일로, 그런 다음 주 4일로 서서히 줄였다가 다시 주 4.5일로 돌아갔던 이야기를 살펴보았다. 그것이 현재 사업 모델에 더 잘 맞는다고 판단했기 때문이다. 또한 증가하는 이직률을 낮추기 위해 주 4일 근무제를 도입한 헬스와이즈의 애덤 허스니에 대해서도 간략히 설명했다. 그 정책이 결국 자리를 잡긴 했지만 애덤은 한때 일시적으로 철회되었었다고 말했다. "3개월의 시범 기간 동안 신제품 출시가 지연되어서 업무를 마치기 위해 주 4일 근무제를 중단했었죠." 애덤이 설명했다. 하지만 해당 목표를 달성한 다음에는 정책이 다시 시행되었다고 덧붙였다.[4]

주 4일 근무제를 상부에 제안할 때는 사업적 관점에서 그 성공과 지속 가능성을 보장할 수 있도록 명확한 수치를 제시해야 한다. 그들이 어떠한 종류의 개선에 힘쓰고 있는지 직접적으로 물어보고, 주 4일 근무제가 그들이 추구하는 변화에 가속도를 붙여 줄 수 있음을 보여 주는 것도 좋다. 합의된 성과 측정 기준에 대한 책임감을 기꺼이 수용하

　　　　　　　　　　　　Part 3 주 4일제 실천 매뉴얼

고, 이 정책의 실행은 그러한 목표 달성 여하에 따라 달라질 수 있음을 처음부터 인정하며, 이에 수반되는 강화된 성과 책임을 집단으로서 기꺼이 받아들일 준비가 필요하다. 이 대화에 어떻게 접근하느냐가 당신의 효과성을 좌우할 것이다. 그리고 유연하게 대처하겠다는 태도는 분명 그들의 동의를 확보하는 열쇠가 될 것이다.

6단계. 작은 발걸음부터 내딛어라

대부분의 고용주는 사업 방식에 그렇게 극적이고 영구적인 변화를 주는 것을 달가워하지 않는다.

다시 한번 그들의 입장이 되어 보고(로고스), 기존의 주 5일 근무제에서 20퍼센트 짧아진 근무 시간으로 가는 것이 그들에게는 얼마나 버거운 일일지 생각해 보자. 한 번의 힘찬 도약을 요구하기보다 작은 발걸음으로 조금씩 나아가자. 실제로 이 책에 등장한 조직은 모두 금요일 반일 근무라든가 회사의 특정 부문에서 주 4일 시범 운영 등, 조그만 변화로 시작하여 궁극적으로 광범위한 주 4일 시범 운영이나 보다 영구적인 정책 변화로 나아갔다(그리고 미리 정해 둔 기대치가 충족되지 못할 경우 이 정책을 철회할 권리는 끝까지 지켰다).

주 4일 근무제를 곧바로 전면 도입하는 것이 '사다리의 맨 위 단계'라면, 그다음 단계는 일정한 기간을 정해 조건부 실험으로 진행하는

전사적 파일럿이다. 그보다 한 단계 아래는 조직 전체가 아니라 특정 팀이나 사무소, 부서에 한정해 시행하는 소규모·기간 한정 파일럿이다. 그다음 단계는 보다 점진적인 접근으로, 금요일 반일 혹은 격주 휴무를 먼저 시도해 주 4일 근무로 서서히 이행하는 방식이다. 여기에서 한 단계 더 내려가면, 실제 시행에 앞서 주 4일 근무제가 가져올 기회와 과제를 검토하는 타당성 조사 단계가 있다. 이는 인사팀과 경영진이 내부적으로 수행할 수도 있고, 외부 전문기관에 맡길 수도 있다.

근무 시간 단축으로 나아가는 또 다른 방법은, 향후 주 4일 근무 도입의 기반이 될 수 있도록 업무 방식을 점진적으로 바꾸는 것이다. 예컨대 직원에게 근무 일정에 대한 자율성을 더 부여하고, 근무 시간 대비 산출량이 아니라 성과 중심 지표로 생산성을 평가하며, 집중 근무 시간을 도입하고, 불필요한 회의는 거절할 수 있도록 권한을 주는 방식이다(이러한 전략은 다음 장에서 더 자세히 다룬다).

그리고 사다리의 가장 아래 단계는, 관련 주제로 외부 강연자를 초청하거나 워크숍을 열고, 리더와 동료들에게 전문가의 견해나 선도적 사례를 소개하는 것이다. 근로 시간을 20퍼센트 줄이자는 제안은 받아들이기 힘들지라도 워크숍을 한 번 열자는 제안은 훨씬 거절하기 어려운 법이다.

주 4일제는 지난 100년간 이어져 온 방식을 근본적으로 바꾸는 큰 변화다. 이 책의 논지가 충분히 설득력 있게 느껴지더라도, 이 문제를 다른 이들과 논의할 때는 인내와 이해가 필요하다. 주 5일 근무제가 자

리 잡기까지도 여러 세대에 걸친 시간이 필요했으며, 이를 바꾸려는
시도들 역시 아직은 뚜렷한 성과를 내지 못한 경우가 많다. 물론 인재
유치와 유지에서 경쟁 우위를 확보하려는 조직에게는 선제적 도입이
분명한 이점을 제공하지만, 이러한 변화는 결코 하루아침에 이루어지
지 않는다.

Chapter 14

주 4일제 조직으로의 전환

축하한다! 구성원들이 주 4일 근무제에 동의하는 지점에 이르렀다. 그렇다면 이제부터는 어떻게 해야 할까?

앞서 강조했듯, 주 4일 근무제를 가능하게 하는 생산성 향상은 결코 저절로 이루어지지 않는다. 충분한 계획과 준비 없이 오랜 관행을 단번에 바꾸려 한다면, 십중팔구는 납덩이를 매단 풍선처럼 금세 바닥에 떨어져 버릴 가능성이 높다. 팬데믹 초기에 어쩔 수 없이 급하게 재택근무를 도입했다가, 이후 다시 사무실 복귀를 의무화한 많은 조직들이 바로 그런 경우였을 것이다. 그 전환이 순탄했을 리 없다. 새로운 환경에 맞게 업무 방식이 전혀 조정되지 않았는데, 어떻게 순조로울 수 있었겠는가.

재택근무와 마찬가지로, 주 4일 근무제를 성공적으로 도입하려면 조직은 새로운 도구와 기술, 프로세스를 받아들여야 한다. 또한 구성원들이 변화를 이해하고 받아들이도록 돕고, 이를 더 높은 성과로 이어지는 기반으로 활용할 수 있도록 권한을 부여해야 한다. 조가 수백 개 조직과 함께 일하며 축적한 경험을 바탕으로, 성공적으로 주 4일 근무제를 운영하는 조직들의 공통된 습관을 짚어 보고, 시행착오에서 얻은 교훈과 실질적인 조언, 그리고 당신의 조직이 주 4일 근무제로 전환하는 데 도움이 될 핵심 단계들을 함께 제시할 것이다.

주 4일제 전환에 성공하는 조직들의 특성

주 4일 근무제가 망가진 조직문화를 단번에 바로잡아 줄 수는 없다. 적어도 그것만으로는 충분하지 않다. 대신, 근무 시간이 짧아질수록, 조직이 이미 지니고 있던 문화적 강점과 약점이 더 또렷하게 드러난다. 전환 과정에서 건강한 조직문화는 더욱 강화되는 반면, 그렇지 않은 조직은… 음, 굳이 설명하지 않아도 알 것이다.

조는 다양한 조직과의 협업 경험을 바탕으로, 단축 근무의 효과를 극대화할 수 있는 조직문화의 기준을 정리했다. 조직의 문화적 특성, 운영 방식, 리더십 스타일, 생산성에 대한 접근을 이 기준에 비추어 점검해 보는 것이다. 다음의 항목에서 당신의 조직이 높은 수준인지, 낮은 수준인지, 혹은 평균적인지 스스로 평가해 보라.

- 협업: 갈등을 해결하고 문제를 풀기 위해 팀이 얼마나 효과적으로 협력하는가
- 의도 기반 리더십: 리더가 직원의 의도를 이해하고 의사결정의 권한과 책임을 부여하는가
- 신뢰: 직원들이 스스로 업무를 관리할 수 있도록 신뢰하는가
- 자율성: 직원이 업무 방식과 패턴을 스스로 조직하고 통제할 수 있는가
- 방향 일치성: 직원들의 활동이 조직의 목표와 얼마나 일치하는가
- 개인 생산성: 목표 달성을 위해 직원이 자신의 시간을 얼마나 효과적으로 관리하는가
- 책임성: 성과에 대해 집단적으로 얼마나 책임지는가
- 성과 중심성: 성과를 결과outcome 중심으로 인식하고 측정하는가
- 의사결정: 의사결정이 얼마나 포용적이고 데이터에 기반하며 팀 목표와 일치하는가
- 혁신성: 팀이 새로운 아이디어를 실험하고 검증하도록 얼마나 장려되는가
- 성장 마인드셋: 개인이 새로운 아이디어에 얼마나 열려 있으며, 학습과 성장을 적극적으로 추구하는가
- 목적 지향성: 팀 전반에 공통된 목적의식이 얼마나 형성되어 있는가

위에 제시된 항목들이 당신이 속한 조직의 강점이라고 자신 있게 체

크할 수 있다면, 축하할 일이다. 당신의 회사는 주 4일 근무제로 나아
갈 준비가 잘 되어 있다.

반대로, 일부 개념이 아직 낯설게 느껴지거나 개선의 여지가 있다고
판단된다면, 본격적인 도입에 앞서 이를 보완하는 데 시간을 들이는
것이 좋다. 이는 주 4일 근무제로의 전환 가능성을 높일 뿐 아니라, 연
구에 따르면 이러한 기준들은 전반적으로 더 긍정적이고 생산적인 근
무 환경과도 밀접하게 관련되어 있다.

복지? 인센티브? 의미 부여가 성패를 가른다

주 4일 근무제를 도입할 때 성공 여부는 이 제도를 어떻게 설계하고,
어떤 방식으로 의미를 부여하며, 어떻게 전달하느냐에 달려 있는 경우
가 많다.

그랜드 챌린지, 에스엠에이, 기어 등 앞서 설명한 조직 중에는 새로
추가된 휴무일을 일반적인 휴일과 구분하기 위해 방식의 전환을 꾀해
야 했던 곳들이 있었다. 많은 기업이 나중에 뼈아픈 깨달음을 얻었듯
이, 그것을 단순한 웰빙 특전이나 휴가, 채용 전략 등으로만 취급하면
그 효과는 금세 허무하게 사라질 것이다. 시간이 지나면 사람들은 새
로운 근무 패턴에 익숙해지고, 늘어난 휴식을 당연하게 여기며, 변화
를 지속하려는 책임감은 점차 약해진다. 그래서 '어떻게 규정하느냐'

가 무엇보다 중요하다.

　주 4일 근무제는 사전에 설정된 성과 목표의 달성 여부에 따라 인센티브가 주어지는, 운영 성과 개선을 위한 프로젝트로서 제시할 때 가장 효과가 좋다. 이는 같은 일을 더 강도 높게 수행하자는 이야기가 아니라, 일하는 방식을 근본적으로 재설계하는 작업이다. 이어지는 내용에서는 실제로 4일 안에 더 많은 성과를 내기 위해 조직과 개인이 실행할 수 있는 구체적인 전략들을 살펴볼 것이다.

　리더들이 자주 고민하는 또 하나의 문제는, 언제 어떻게 직원들을 이 과정에 참여시킬 것인가이다. 조의 경험에 따르면, 일상적인 점검과 평가 외에도 특히 깊이 있는 참여가 필요한 세 가지 시점이 있다. 첫 번째는 경영진이 이 제도를 본격적으로 검토하기로 결정한 직후, 즉 탐색 단계다. 이때는 가능한 이른 시점에 팀에 이를 알리고, 구성원들이 변화 과정에 참여할 수 있도록 하는 것이 바람직하다. 프로젝트의 큰 방향과 기본 조건을 공유하는 팀 브리핑이나 킥오프 세션으로 시작하고, 이어서 1:1 인터뷰, 전사 설문, 그룹 토의를 통해 세부 사항을 구체화하고 주요 우려와 기회를 도출해야 한다.

　두 번째 중요한 시점은 파일럿 설계와 준비 단계다. 개인과 팀 단위로 핵심 과제와 조직의 격차를 파악한 뒤, 이러한 과제를 해결할 수 있도록 워크숍, 전문가 자문 등의 기회를 제공해야 한다. 이때가 시범 운영이 어떻게 진행되며 그것을 통해 무엇을 성취하고자 하는지 명확히 소통할 수 있는 시점이기도 하다. 또한 부서 간 TFT를 구성해 탐색 단계에서 발견된 구체적인 어려움과 우려를 해결하는 것도 고려할 만하다.

마지막으로 파일럿 실행 단계에서는 지속적인 의사소통과 코칭을 유지하는 것이 무엇보다 중요하다. 익명 피드백, 펄스 설문, 1:1 미팅, 소규모 회의, 데일리 스탠드업, 그리고 모범 사례와 성과, 과제를 공유하는 열린 플랫폼 등 다양한 방식을 활용할 수 있다. 근무 시간 단축이라는 큰 보상이 걸린 상황이므로 새로운 아이디어와 가능성이 활발하게 도출된다. 이 과정에서 만들어지는 혁신과 열의는, 줄어든 근무 시간 이상의 가치를 조직에 가져다준다.

주 5일 근무제가 그랬듯 주 4일 근무제도 당연한 날이 올 것이다. 하지만 그날은 아직 오지 않았다. 이런 이유로 오늘날의 얼리 어답터들은 그것을 성공으로 만들려면 직원들의 에너지와 독창성을 잘 활용할 필요가 있다. 주 4일제가 매주 성과로 입증해야 하는, 큰 보상이 달린 도전 과제로서 제시될 때, 모두가 공동의 목표를 향해 함께 움직이게 된다.

이미 우리는 알고 있다

조직의 비효율적인 면을 찾기란 그리 어렵지 않다. 대부분 멀리 찾아 헤맬 필요가 없는 경우들이다.

사실 비효율적인 업무 관행과 그보다 더 효과적인 대안에 대해서는 이미 널리 알려져 있다. 다만 실천이 쉽지 않을 뿐이다. 회의 과다를 줄이자는 말은 누구나 동의하지만, 그렇게 쉬운 일이었다면 이미 모두가 실행했을 것이다. 방해 요소를 줄이고, 반복적이거나 부가가치가 낮은 일을 자동화하고, 불필요한 행정 절차를 걷어내는 일도 마찬가지다. 이는 복잡한 문제가 아니라, 이미 문제로 인식된 부분을 고칠 수 있도록 사람들에게 권한을 주는 문제다.

하지만 대부분의 조직, 특히 비효율이 깊이 뿌리내린 조직일수록 기존 방식을 바꾸는 일은 벅차게 느껴지기 마련이다. 앞서 살펴본 준비 단계를 거치고, 주 4일 근무제를 '성과와 연계된 운영 혁신 프로그램'으로 적절히 제시했다면, 이제 구성원들은 생산성 개선 작업에 본격적으로 착수할 수 있는 상태에 놓이게 된다. 다음은 직원들이 4일 안에 더 많은 성과를 낼 수 있도록 지원하는 몇 가지 방법이다.

협업은 반드시 '동시에' 해야 할까

인류 역사 대부분의 기간 동안 협업은 대면 상호작용을 전제로 했다. 이후 전화와 같은 통신 기술이 등장하면서 협업은 공간의 제약에서 벗어났지만 여전히 같은 시간에 참여할 수 있어야 했다.

오늘날 우리는 한 걸음 더 나아가, 반드시 같은 장소에 있거나 같은 시간에 맞춰야만 의미 있는 협업이 이루어지는 것은 아닌 시대에 살고 있다. 물론 실시간 대화나 대면 소통이 필요한 순간은 여전히 존재한다. 그러나 이제는 굳이 실시간으로 처리할 필요가 없는 일까지도 오랫동안 '동시에' 소통해야 한다는 관행을 유지해 온 측면이 있다.

시간을 맞추지 않는 소통 방식은 우편 제도가 생긴 이래 이미 오래전부터 존재해 왔다. 사람들은 편지를 통해 시간과 공간을 넘어 협업해 왔기 때문이다. 오늘날에는 같은 장소에 있지 않거나 같은 시간에 맞추지 않아도 함께 일할 수 있는 다양한 도구와 기술이 마련되어 있지만, 여전히 이를 활용하는 데에는 문화적인 저항이 남아 있다. 일이 점점 더 글로벌하고 분산되는 환경으로 바뀔수록, 이런 방식으로 협업할 수 있는 역량은 더욱 중요해진다. 동료나 고객과 필요할 때마다 한 공간에 모일 수 있다면 이상적이겠지만, 일정과 업무 흐름이 맞춰지기를 기다리지 않고도 디지털 소통을 통해 점검하고 질문을 주고받으며 독립적으로 일할 수 있다면, 더 짧은 시간 안에 동일한 성과를 낼 수 있다.

이메일이나 음성 메시지, 영상 발표는 다소 덜 인간적으로 느껴질 수 있지만, 실시간 만남을 잡기 위해 일을 멈추는 것보다 훨씬 효율적이다. 직원들이 이러한 방식을 적극 활용하도록 장려하고, 이를 뒷받침할 도구와 문화적 허용을 함께 제공한다면, 병목과 불필요한 생산성 저해 요소를 크게 줄일 수 있다.

승인과 의사결정 과정을 간소화하라

사공이 많으면 배가 산으로 가는 법이다. 관여하는 사람이 많으면 일은 지연되기 마련이다.

대부분의 직장에서는 개인이 아무리 애를 써도 단계마다 다른 누군가의 확인이나 승인을 받아야 한다면 업무 진행은 느려질 수밖에 없다. 물론 이런 절차가 필요한 경우도 있지만, 많은 경우 시간이 지나며 쌓인 관료적 구조가 본래의 목적을 이미 잃은 채 그대로 유지되고 있는 경우가 많다. 이는 계층 구조가 많은 대규모 조직에서 특히 두드러지지만, 지나치게 세세하게 간섭하는 리더가 있는 소규모 팀에서도 마찬가지다. 이런 방식은 일의 진행을 방해할 뿐만 아니라, 이미 과도한 업무에 시달리는 중간 관리자들의 어깨에 불필요한 책임을 더 많이 지우기 일쑤다. 의사결정 과정을 간소화하고, 과도한 피드백을 줄이고, 불필요한 확인과 승인 단계를 없애는 것은 팀원들과 관리자들이 적은 시간에 더 많은 일을 할 수 있게 하는 효과적인 방법이다.

승인 과정을 간소화하려면 먼저 리더가 시간을 들여 각 프로젝트나 업무 흐름마다 역할과 책임, 의사결정 구조를 명확히 정의해야 한다. 그런 다음, 팀원들이 업무를 완료하기 위해 가장 많이 내려야 하는 의사결정 중 몇 가지를 적어 보게 한다. 그리고 나서는 그들 스스로가 그 의사결정을 내릴 수 있다고 믿는지, 그것을 관리자에게 보고해야 한다고 생각하는지 묻는다. 그것이 관리자의 의견이나 서명을 필요로 하는

지, 아니면 그저 참고로 알려야 하는 것인지 알아내는 것이다. 이는 의사결정의 중요성, 결정하는 사람의 기술과 경험, 그리고 일이 잘못되었을 때 생겨날 수 있는 여파에 기반해야 한다. 관리자는 자신의 의견이 가치를 더하는지 아니면 불필요한 병목 현상을 일으키는 것은 아닌지 솔직한 평가를 내려야 한다. 만약 후자에 해당한다면 어떤 조건에서 관리자의 점검이 필요한지 명확히 하고, 나머지는 직원들이 독립적으로 의사결정을 내리도록 할 때다.

또한 이는 한 번으로 끝나는 작업이 아니라는 점도 유의해야 한다. 개인의 역할과 역량, 경험은 물론 조직을 둘러싼 환경 역시 계속 변화하기 때문이다. 이상적으로는 직원이 역량과 경험을 쌓아 갈수록 자신의 업무에 대한 통제권과, 감독 없이도 일을 추진할 수 있는 자율성을 점차 확대해 나가야 한다.

이 간단한 조치만으로도 사소한 문제를 상위로 보고하느라 낭비되는 시간을 크게 줄일 수 있다. 동시에 현장 직원들이 어떤 사안은 보고가 필요하고, 어떤 사안은 그렇지 않은지를 명확히 이해하게 되는 부수적인 효과도 있다. 이런 구분이 없으면 직원들은 대체로 안전한 쪽을 택해, 비교적 사소한 결정에도 불필요한 승인을 구하느라 자신의 업무는 물론 관리자 업무까지 지연시키는 경향이 있다.

회의에 드는 시간과 비용

그리고 세상에서 가장 명백한 시간 낭비 요소, 회의가 있다. 회의는 언제나 직장의 필요악이었는데, 팬데믹으로 인해 직원들이 중앙 집중화된 일터를 떠나 집에 머무르면서 회사는 온라인 회의를 과도하게 운영함으로써 물리적 거리에 과잉 보상을 하려는 지경에 이르렀다. 마이크로소프트에 따르면 2020년 이후 팀즈에 예약된 주별 회의는 192퍼센트나 늘었다.[1] 2024년 아사나에서 실시한 설문조사에 의하면 임원들이 불필요하다고 여기는 회의에 쓰는 시간은 2019년 이후 51퍼센트나 늘어나 매주 5.3시간에 달하며, 관리자는 비생산적인 회의에 매주 거의 6시간을 할애하고 있다. 팬데믹 이전보다 87퍼센트나 늘어난 수치다.[2] 아틀라시안에서 4대륙의 지식 노동자 5천 명을 대상으로 실시한 설문조사에서는 72퍼센트가 회의가 효과가 없다고 답했으며, 78퍼센트는 과도한 회의로 인해 일을 제대로 하기 힘들다고 답했고, 51퍼센트는 회의로 인해 낭비된 시간을 메우느라 추가 근무를 해야 한다고 응답했다(그중 67퍼센트는 이사 이상의 직급에 해당했다).[3] 많은 회의를 이메일로 대체할 수 있다는 걸 모두가 알고 있는데 대체 왜 아직도 해결책을 찾아내지 못한 걸까?

캐나다의 전자상거래 기업 쇼피파이Shopify가 그 해답을 찾아낸 건지도 모른다. 2023년, 회사 경영진은 구성원들이 일정표에 시간을 배정하는 방식을 보다 신중하게 바꾸길 원했다. 이에 COO이자 제품 담당 부사장인 카즈 네자티안Kaz Nejatian은 '회의 비용 계산기'를 개발했다.[4] 이 도구는 참석자의 시간당 급여, 대면·비대면 회의에 필요한 자원, 회의 시간 등을 바탕으로 회의에 금전적 가치를 부여한다. 예를 들어, 이 도구를 주제로 재러드가 카즈와 사내 홍보팀 관계자와 진행한 20분짜리 줌 인터뷰는 약 770달러의 비용이 들었다. 카즈에 따르면, 세 명이 참여하는 30분 회의만으로도 약 1,600달러의 비용이 발생하며, 직원 한 명당 주 3회의 회의를 줄이면 회사 전체 회의 비용을 15퍼센트 절감할 수 있다.

회의의 시간, 빈도, 참가자 수를 줄이기만 해도 상당한 시간을 절약할 수 있으며, 쇼피파이의 사례에서 알 수 있듯 실제 비용 절감으로도 이어진다. 1시간 회의를 50분으로, 30분 회의를 25분으로 줄이면 회의 사이에 전환 시간과 짧은 휴식, 준비 시간을 확보할 수 있다. 파킨슨의 법칙에 따르면 사람은 주어진 시간을 다 쓰게 되어 있으며, 대부분은 회의 시간을 줄이면서도 목표를 달성할 방법을 찾아낸다.

하는 김에, 돌아가며 각자의 업무 진행 현황을 발표하는 관행에서 벗어나 팀즈나 슬랙 같은, 동시에 시간을 맞추지 않아도 되는 소통 방식으로 전환하라. 모이는 목적이 무엇인지 명확히 밝히고, 자신이 꼭 필요하지 않은 회의라고 판단되면 손을 들어 의견을 밝힐 수 있게 하자. 회의가 함께 문제를 해결하거나, 결정을 내리거나, 무언가를 배우거나, 팀 유대를 강화하기 위한 목적이 아니라면, 그 회의는 과감히 취소하고 이메일로 대체하라.

이메일, 문자 메시지, 팀즈, DM…

주 4일 근무제를 도입하려는 리더들에게 조가 가장 먼저 던지는 질문이 하나 있다. "직원들은 의사소통을 위해 어떤 플랫폼을 사용합니까?" 꽤 단순한 질문이지만 그들의 답변은 상당히 복잡하다.

일반적인 조직, 또는 소통 도구에 대해 별다른 생각을 해보지 않은 조직은 다양한 경로와 플랫폼을 이용해 불규칙적으로 소통한다. 영업팀은 슬랙만 쓰고, 법무팀은 이메일만 쓰며, 엔지니어들은 팀즈만 사용하고, 무슨 이유에선지 모르겠지만 인사팀에서는 문자 메시지를 선호한다. 그런가 하면 슬랙 메시지를 보내고 5분간 기다렸다가 다시 팀즈 메시지를 보내고, 그러고 나서는 링크드인 DM을 보냈다가 그래도 답이 없으면 문자 메시지를 또 보내고 이메일까지 보냈다가 그제야 상대가 휴가 중임을 깨닫는 사람들도 있다. 이처럼 일관성 없는 의사소통 방식은 상대를 피곤하게 만들 뿐만 아니라 집중을 흩트리고 낭비가 심하다.

조가 조직에서 활용하는 협업 도구와 플랫폼을 분석해 보니, 서로 비슷한 용도임에도 팀마다 다른 플랫폼을 쓰거나, 같은 플랫폼을 제각각의 방식으로 활용하는 경우를 흔히 발견할 수 있었다. 특히 규모가 작은 조직에서는 하나의 통합된 기준 대신, 다양한 플랫폼의 무료 체험이나 제한된 계정을 이리저리 사용하는 이른바 '기술 찍먹' 현상이 나타나기도 한다. 예를 들어 화상 회의는 기본적으로 줌을 사용하지만, 무료 계정의 40분 제한을 넘길 것 같으면 구글미트로 옮긴다. 그러다가 고객과의 미팅이라면 다시 팀즈를 사용하는 식이다.

반면 대규모 조직은 종종 정반대의 문제에 직면한다. 이런 플랫폼들은 특정 기능에 최적화되어 있는데, 예산이 풍부한 덕분에 각각의 플랫폼을 언제 어떻게 사용해야 하는지 확실히 정의 내리지 않은 채 모든 걸 도입하는 경우가 너무 많다. 이러한 상황에서 개인은 거의 사용하지 않는 플랫폼에 유료 계정을 가지고 있거나, 들어 보지도 못한 플랫폼에 프리미엄 사용권을 갖기도 한다. 이런 조직은 의사소통 소프트웨어에 과도한 돈을 쓰고 있을 뿐만 아니라 통일성이 부족하여 부서 간 협력을 오히려 어렵게 만들고 있다.

대화가 서로 다른 플랫폼에 퍼져 있으면 중요한 정보를 제때 찾는 것이 거의 불가능해진다. 예를 들어 다섯 개 플랫폼에서 팀원들과 대화를 나눈다면 그들이 몇 주 전에 당신에게 보낸 것은 확실한데 이메일인지 슬랙인지, 팀즈, 아사나, 페이스북 메신저, 왓츠앱, 링크드인 메시지인지 기억이 안 날 테고, 그러면 자료 하나를 찾기 위해 그 모두를 뒤져야 할 것이다. 지식 관리에 단일한 도구만을 사용한다면 디지털 파일을 뒤지며 낭비되는 시간이 줄어들 뿐만 아니라 중요한 정보를 잘 정돈되고 접근하기 쉽게 보관할 수 있다.

너무 많은 플랫폼을 사용하면 또한 불필요한 방해를 받기도 쉽다. 예를 들어 누군가가 슬랙이나 팀즈에 "방해하지 마시오" 표시를 걸어 두었다면 같은 플랫폼을 쓰는 사람들은 업무에 집중하고자 하는 그의 욕구를 존중할 가능성이 더 높다.

그렇다면 모두가 같은 채널에 있게 하려면 어떻게 하면 좋을까? 승인과 의사결정, 문화의 경우와 마찬가지로 첫 단계는 시작점을 이해하는 것이다. 조직 전반에서 사용하는 기술 도구를 낱낱이 조사하면 통일하여 사용할 하나의 플랫폼을 정하거나 특정 도구가 필요한 구체적인 상황과 사례를 파악하는 데 도움이 된다. 예를 들어 어떤 팀은 내부 소통과 프로젝트 관리에 지라Jira를 쓰고, 외부 소통은 이메일로 하고, 중요한 문서와 프로젝트 관련 서류는 셰어포인트SharePoint에 저장하고 싶어 할 수 있다. 설사 여러 플랫폼을 사용해야 할지라도 언제 어떻게 각 플랫폼을 사용할지 기준을 확립하면 방해 요소와 중복되는 업무가 줄어들고, 정보를 찾아 헤매는 시간이 절약되며, 팀과 부서 간 인공적인 장애물이 적어지고, 잘 쓰지 않는 의사소통 플랫폼에 들이는 돈이 절약되는 형태로 결국 효과가 나타날 것이다.

준비가 끝났다면 이륙하라

주 4일 근무제 시범 운영을 설계할 때 조직은 많은 의사결정을 내려야 한다. 그리고 성공하는 조직은 직원들을 그 과정에 참여시킨다.

리더는 먼저 방향과 목표를 설정하고 전략을 신중하게 설계해야 한다. 그러나 아무리 모든 직무에 밝은 CEO라 해도 매일의 세부적인 업

　　　　　　　　　　　　　　　　　　Part 3 주 4일제 실천 매뉴얼

무까지 완전히 이해하고, 일일이 지시하기는 어렵다. 결국 구성원의 참여를 이끌어 내야 한다. 다양한 부서를 대표하는 TFT를 먼저 구성하는 것이 도움이 될 수 있다. 이들과 함께 팀별 목표와 조직 효율화 기회를 구체화하고, 예상되는 과제를 점검할 수 있다. 또한 이 그룹은 조직의 전반적인 준비 상태를 평가하고, 파일럿의 기간과 운영 방식 같은 핵심 의사결정에도 기여할 수 있다.

큰 방향이 정해졌다면, 이제는 세부 실행 단계로 들어갈 차례다. 업무 재설계, 효과적인 회의 방식, 새로운 생산성 도구 도입(혹은 기존 도구의 활용 방식 개선), 권한 위임, 집중력 관리, 우선순위 설정 등이 주요 영역이다. 구체적인 실행 방식은 조직마다 다르지만, 바로 이 단계에서 개인과 팀은 4일 안에 더 많은 성과를 내기 위한 실질적인 전략을 만들어 낸다.

한편 '생산성'이라는 말은 조직 내에서 어느새 불편함과 방어적 반응을 불러일으키는 단어가 되기도 했다. 그 결과 많은 팀이 생산성에 대해 거의 논의하지 않거나, 어떻게 개선할지 함께 고민하는 경우도 드물다. 주 4일 근무제를 추진할 때의 중요한 부수 효과 중 하나는 바로 이 대화를 열어 준다는 점이다. 구성원 모두가 생산성을 측정하고 개선하는 문제에 대해 논의할 수 있는 권한과 동기를 동시에 얻게 된다.

이런 식으로 활주로를 깔았다면 이제는 이륙할 시간이다. 앞에서 보여 준 것처럼 일부 조직은 주 4.5일제에서 시작해서 점진적으로 주 4일제로 움직였고, 그 같은 구조는 많은 회사에서 효과가 입증되었다. 시범 운영 기간 동안 조직 전반에 걸쳐 긴밀한 소통을 유지하는 것이 중요하다. 이 과정에서 코칭과 멘토링, 협업이 핵심 역할을 한다. 초기 피드백을 충분히 수집하면, 리더는 문제를 신속히 파악하고 방향을 조정하거나 필요에 따라 전략을 전환할 수 있으며, 효과적인 방법들을 조직 전반의 표준으로 자리 잡게 할 수 있다.

4일간 더 많은 성과를 내는 방법

조직은 팀이 성과를 낼 수 있도록 중요한 역할을 한다. 하지만 결국 더 적은 시간에 더 많은 성과를 내려면, 개인 역시 제 몫을 해야 한다.

아무리 프로세스를 간소화하고 새로운 업무 기준을 도입하더라도, 사람들이 그에 맞는 새로운 습관을 만들지 않으면 효과는 제한적일 수밖에 없다. 이 책에서 계속 강조해 왔듯, 주 4일 근무제의 가장 큰 장점 가운데 하나는 구성원들이 이러한 생산성 향상 노력에 자발적으로 참여하도록 만든다는 점이다. 그러한 인센티브가 없다면 오래된 습관을 버리고 새로운 방식으로 일하는 것은 너무나 부담스러운 과제가 될 수 있다.

개인의 생산성을 높이는 방법 가운데 일부는 새로운 도구와 기술의 도입에서 나오지만, 더 많은 부분은 '업데이트가 불가능한 장비', 즉 우리의 뇌를 어떻게 활용하느냐에 달려 있다. 가내 수공업 시대에 노동자는 모든 조립을 스스로 했기에 그 결과는 일관성이 부족할 수밖에 없었다. 누군가는 다른 사람보다 더 빠르게 일하며 더 나은 제품을 만들어 냈고, 누군가는 그러지 못했다. 세월이 흘러 산업혁명 시대에는 생산 과정이 더 단순하고 반복적인 작업으로 잘게 쪼개졌고, 조립라인에서 모든 개인의 움직임은 세심히 연구되고 단순성과 일관성을 위해 최적화되었다.

그런데 현대의 지식경제에서는 우리의 능력을 충분히 활용하도록 일의 방식이 최적화되지 못하고 있다. 인간의 뇌는 우리가 모르는 부분이 아직도 많지만, 최근 몇 년간 어떤 행동이 우리의 인지적 생산성을 극대화하는지, 또 어떤 것이 속도를 늦추는지 많은 것을 알게 되었다. 나의 친구이자 경영학 교수 존 트로거코스가 앞서 설명했듯이 스트레스, 수면, 영양 섭취, 휴식 등은 우리의 업무 능력에 직접적이고 때로는 중대한 영향을 미친다. 그리고 법무법인의 대표 리나 유세피도 앞에서 보여 준 것처럼 우리 뇌는 한계까지 밀어붙이면 문제가 생기기 시작한다. 그녀의 경우 극심한 편두통의 형태로 드러났다.

더 적은 시간에 더 나은 성과를 내려면, 능력을 끌어올리는 동시에 업무 습관을 개선해야 한다. 연구 결과로 뒷받침된 전략과 행동이 그러한 노력에 힘을 보탤 수 있다.

시간 다이어트

제대로 다이어트를 해본 사람이라면, 하루 동안 무엇을 얼마나 먹는지 기록해 보기 전까지는 그 양을 제대로 인식하기 힘들다는 사실을 알 것이다.

보통 우리는 하루 식사를 떠올릴 때 식사 칼로리와 간단한 간식 정도만 계산한다. 하지만 실제로 꼼꼼히 기록해 보면 목록에 넣지 않았던 사소한 것들이 눈에 띈다. 저녁에 마신 탄산음료, 마트에서 집어 먹은 시식, 커피 위의 휘핑크림, 아이가 남긴 디저트를 아깝다고 한두 입 먹은 것까지. 업무 시간도 이와 비슷하다. 일정표에 잡힌 큰 일들을 관리하는 것만으로도 효율을 높일 수 있지만, 진짜 개선은 눈에 잘 띄지 않는 작은 시간 낭비에서 나오는 경우가 많다.

2025년 레주메 나우Resume Now에서 실시한 조사에 따르면 직장인의 58퍼센트는 하루에 30분에서 1시간 정도를 소셜 미디어, 개인적 이메일, 온라인 쇼핑 등에 낭비하고, 거의 다섯 명 중 한 명이 매일 최소 90분을 업무와 관련이 없는 일을 하며 보낸다.[1] 실제로 53퍼센트는 업무 중에 정기적으로 셀카나 소셜 미디어 게시물을 올린다고 털어놓았으며, 41퍼센트는 가끔 그렇게 한다고 답했다.

업무를 간소화하려면 먼저 시간을 어떻게 쓰고 있는지 이해할 필요가 있으며, 거기에는 동료들과의 대화와 그들로 인해 방해받는 시간, 사소한 개인 용무, 오후에 잠깐 커피 마시는 시간 또는 소셜 미디어에 빠져 보내는 몇 분처럼 일정표에 명확히 표시되지 않는 일들도 포함된다. 이런 활동을 반드시 없애야 한다고 말하는 것이 아니다. 빠짐없이 계산에 넣어야 근무 시간 속에 숨어 있는 '시간 군것질'이 드러나기 때문이다. 순간에는 사소해 보이지만, 장기적으로는 적지 않은 비중을 차지하는 요소들이다. 주 4일 근무제로의 전환은 결국 '시간 다이어트'를 얼마나 엄격하게 유지하느냐에 달려 있다. 하루의 대부분을 차지하는 일뿐 아니라, 사이사이에 흩어져 있는 자투리 시간까지 함께 점검할 때, 비로소 시간을 더 효율적으로 쓸 수 있다.

매시간 임무를 부여하자

연구에 따르면 우리의 신체적, 정신적, 행동적 상태는 하루 중 일정하게 유지되는 것이 아니라 24시간 주기 리듬이라고 불리는 꽤 일관된 패턴을 따른다.[2]

2018년 출간된 책《언제 할 것인가*When*》에서 지은이 다니엘 핑크 Daniel Pink는 대부분의 사람들이 아침에는 기분과 에너지가 상승하고, 오후 중반에는 저점을 찍은 뒤, 이른 저녁에 다시 회복되는 흐름을 보인다고 설명한다.[3] 물론 아침형 인간이나 야행성 인간도 존재하지만 인구의 80퍼센트 정도 되는 일반적인 사람들을 위해 핑크는 분석적인 일은 오전에, 창의적인 일은 늦은 오후에 하고, 중요한 결정은 이른 아침에서 오전 중반에 처리하는 것이 효과적이라고 제안한다.

그런데 안타깝게도 대다수의 직장인에게는 그 같은 선택권이 없다. 마이크로소프트의 2025년 업무 동향 지표에 따르면 모든 회의의 절반은 오전 9시에서 11시 사이, 오후 1시부터 3시 사이에 이루어진다. 직장인들의 생산성이 좋은 시간대에 상당 부분 걸쳐 있는 것이다.[4]

업무 계획을 세울 때는(처음에는 번거롭지만 효과가 크다), 먼저 휴식 시간을 정하고, 에너지가 높은 시간대에 핵심 업무를 배치해 확보해야 한다. 이후 회의나 이메일 같은 행정 업무를 배치하면 된다. 다니엘 핑크의 제안처럼, 이러한 업무는 대체로 이른 오후의 에너지 저점 구간에 두는 것이 적절하다.

시간별 계획을 세워 두면 다른 업무를 놓칠지 모른다는 불안 없이도 가장 효율이 높은 시간대에 핵심 업무에 집중할 수 있다. 다만 이를 위해서는 일정표에 중요한 업무 시간을 따로 확보하고, 그것을 CEO와의 1대1 미팅 약속만큼이나 엄격히 지켜야 한다. 조는 늘 이렇게 말하곤 한다. "쉬는 시간을 지키려면 일하는 시간을 지켜야 합니다."

다시 쓰는 To-Do 리스트

우선순위라는 뜻의 priorities라는 단어를 복수로 쓰는 것은 그 자체로 모순적이다.

이 단어는 1400년대에 라틴어 prioritas에서 영어로 차용되었으며 대략 '순위에서 첫 번째'라는 뜻으로 해석할 수 있다. 첫 번째는 두 개 이상이 될 수 없는데도 이 단어는 500년간 복수 형태로 쓰이는 중이다.[5] 그런데 바로 지난 세기에 이 복수 형태의 단어가 직장에서 해야 할 일들을 가리키는 데 널리 쓰이기 시작했다. 정의상 그 의미를 스스로 무너뜨리는 셈이다. 막막한 큰 과제 옆에 작고 쉬운 일 몇 개가 함께 놓여 있으면, 우리는 대개 쉬운 일부터 처리하려 든다. 할 일 목록에서 하나씩 지워 나가는 기분을 싫어할 사람이 어디 있겠는가.

그런 이유로 주 4일 근무로 전환한 많은 사람들이 할 일 목록에 대한 생각이 완전히 바뀌었다고 말한다. 중요한 일에 긴급성을 부여하고, 나머지를 과감히 격하시키자 많은 이들이 정말로 중요한 일에 집중할 수 있게 되었다.

할 일 목록을 다시 쓸 때는 큰 프로젝트를 보다 합리적인 단위로 조각내는 것이 좋다(이는 종이에 적는 것보다 프로젝트 관리 소프트웨어를 활용하는 게 효율적이다). 소화하기 좋게 잘라 두면 할 일 목록이 늘어날 수는 있지만 각 단계가 훨씬 성취 가능하게 느껴진다. 또한 목록의 각 항목에 중요도를 표시하거나 중요도 순으로 작성하면, 가장 가치 있는 일이 항상 눈에 들어오게 된다. 만약 할 일이 많다면, 하루에 꼭 달성해야 하는 세 가지 핵심 과제만 담은 일일 계획을 세우고 나머지는 완료 후 처리하는 것도 방법이다.

물론, 가장 가치 있는 일에 집중할 시간을 확보하는 것은 단순히 과잉된 목록을 재정렬하는 것만을 의미하지 않는다. 진짜 중요한 일을 위한 공간을 만들려면, 필요 없는 일은 의도적으로 제거하고, 조직의 허락을 받아 더 이상 중요하지 않거나 실제로 가치를 제공하지 않는 일은 우선순위에서 내려야 한다. 그래서 주 4일 근무는 조직 전체의 불필요한 업무를 정리하고 재배치하는 좋은 계기가 되는 경우가 많다.

하루 275회의 방해 요소 차단하기

어떤 일이나 프로젝트에 완전히 빠져들어, 세상은 희미하게 멀어지고 오직 나 혼자 전속력으로 나아가는 순간을 경험해 본 적 있는가?

직장에서 이런 순간을 경험하는 일은 드물시반, 많은 사람들이 이 황홀한 상태를 자신이 열정을 느끼는 활동에서 맛보곤 한다. 그림을 그리거나, 악기를 연주하거나, 케이크를 굽거나, 스키를 타거나, 게임을 할 때처럼 말이다. 이러한 경험을 '몰입flow'이라고 부르는데, 최근의 연구에 따르면 그런 상태에서는 성과가 올라가고, 창의성이 높아지며, 심지어 정서적인 건강도 개선된다고 한다.[6] 긍정심리학의 창시자 중 한 명이자 '몰입' 개념을 처음 제시한 헝가리의 심리학자 고(故) 미하이 칙센트미하이Mihaly Csikszentmihalyi는 2004년 테드TED 강연에서 그것을 "행복의 비결"이라고 설명했다.[7]

칙센트미하이의 말에 따르면 몰입은 어느 정도 노력과 집중이 필요하지만 과도하게 힘들거나 버겁지 않은 무언가를 하고 있을 때 가장 잘 도달할 수 있다고 한다. 지루하거나 스트레스를 받는 상태로 넘어가지 않으면서 딱 적당한 정도로 참여해야 하는 것이다. 성취하고자 하는 명확한 목표나 목적이 있는 것 또한 몰입 상태를 영속화하는 데 도움이 되며, 또한 방해 요소 없이 그 목표를 추구할 수 있어야 한다. 몰입 상태에 도달하기는 좀처럼 쉽지 않지만, 전화벨이 울리거나 메시지 도착 알림음이 울리는 것만으로도 몰입은 쉽게 무너진다. 캘리포니아 대학교 어바인 캠퍼스의 연구에 따르면 가벼운 방해 요소에 봉착한 뒤 우리 두뇌가 원래의 몰입 상태로 돌아가는 데는 평균 23분 15초가 걸리며 그것을 "전환 비용 효과"라고 한다.[8] 직장인이 일반적으로 하루에 275회, 즉 2분에 한 번씩 회의, 이메일, 알림음 같은 것들의 방해를 받는 걸 고려하면 그 비용은 빠르게 늘어나는 셈이다.[9]

우리는 종종 한 번에 두 가지 이상의 일을 동시에 처리할 수 있다고 믿지만 연구 결과를 보면 실상은 그와 정반대임을 알 수 있다. 2010년 유타 대학교 심리학과에서 실시한 연구에 따르면 전체 인구의 단 2.5퍼센트만이 '슈퍼 태스커', 즉 한 번에 여러 가지 일을 효과적으로 할 수 있는 사람이라고 한다.[10] 그리고 나머지 97.5퍼센트의 경우 하던 일을 너무 자주 바꾸면 효과성이 떨어지는 것은 물론, 정신적·신체적 피로도 쉽게 누적된다고 한다. 그러니 한 번에 여러 가지를 하려고 애쓰기보다는 한 번에 한 가지 일에 집중하고, 집중력을 방해할 수 있는 것은 피하는 것이 실제로 더 많은 일을 해낼 수 있는 방법이다. 이러한 요소들을 의도적으로 관리해야 몰입 상태에 진입할 수 있다.

방해 요소를 줄이는 가장 좋은 방법은 다른 사람들에게 우리가 바쁘다는 신호를 보내는 것이다. 단, 하던 일을 멈추고 직접적으로 말하지 않고도 알릴 수 있어야 한다. 원격 근무를 하는 사람의 경우 가장 좋은 방법은 팀원들이 가장 많이 사용하는 의사소통 플랫폼에서 온라인 상태를 '바쁨'으로 바꾸고, 상태 변화를 본인이 잘 지키는 것이다. 아무리 유혹이 강하더라도 자신이 정한 집중 근무 시간에는 정신을 산만하게 할 수 있는 링크를 클릭하거나 휴대전화 확인을 피해야 한다. 실제로 조는 방해 요소를 피하고 집중해야 할 때마다 휴대전화를 록박스에 넣고 잠근다. 대면 근무하는 경우라면 방해받고 싶지 않다는 표시를 책상에 설치하는 것이 불필요한 방해 요소를 줄이는 효과적인 방법이될 수 있다. 개방형 사무실에서 일하는 사람이라면 노이즈 캔슬링 헤드폰을 사용하는 것도 도움이 된다.

헤밍웨이, 글이 잘 풀릴 때마다 멈추다

어니스트 헤밍웨이Ernest Hemingway도 한때 아침마다 글이 막히는 슬럼프를 겪었다. 이 사실은 1934년, 아널드 새뮤얼슨Arnold Samuelson이라는 젊은 작가 지망생이 자신의 영웅 헤밍웨이를 만나기 위해 미네소타에서 키웨스트까지 히치하이킹을 하며 찾아온 일화로 알려지게 되었다.[11] 새뮤얼슨은 훗날, 단지 잠깐의 시간을 얻고자 했던 여정이었지만 결국 헤밍웨이와 1년을 함께 살며 그의 문하생이 되었다고 회고했다. 이 경험은 1984년 새뮤얼슨이 발표한 책 《헤밍웨이의 작가 수업With Hemingway》에 담겼다. 함께 지내던 어느 날, 새뮤얼슨은 헤밍웨이에게 겉보기에는 단순한 질문을 던졌다. "하루에 얼마나 써야 하나요?"

의외로 헤밍웨이는 이 질문을 매우 중요하게 여겼고, 《에스콰이어Esquire》와의 인터뷰 "거장의 독백"에서 이에 대해 상세히 답했다.[12] 그의 조언은 결국 한 가지 핵심으로 귀결된다.

"가장 좋은 방법은 글이 잘 풀리고 있을 때, 그리고 다음에 무엇을 써야 할지 선명하게 떠오를 때 멈추는 것입니다." 그는 이렇게 말했다. "소설을 쓸 때 매일 그렇게 한다면, 절대 막힐 일이 없어요. 내가 해줄 수 있는 가장 중요한 조언이니 반드시 기억하십시오."

헤밍웨이는 이 방법을 발견하기 전에는 하루 일과를 마치기 전에 한 챕터나 한 꼭지를 끝내려고 부단히 애썼다고 설명했다. 그런데 다음 날 아침, 그다음 내용을 새로 시작하기가 너무도 힘들었다고 한다. 어떻게든 몰아붙여 무언가를 일단락시키고 다음날 막막함을 느끼기보다는 중간에 멈추는 것이 더 효과적임을 깨달은 것이다. "잘 풀릴 때 멈춰 두면 무의식이 이어서 일을 합니다. 하지만 그걸 의식적으로 계속 붙잡고 고민하면 오히려 흐름을 망치고, 시작도 전에 지치게 되죠." 이 전략은 이후 "헤밍웨이 효과"라고 불리게 되었다. 실제로 최근의 연구에 의하면 헤밍웨이 효과는 사실이며, 우리는 어떤 과업을 끝내는 데 가까워졌다고 느낄 때 그 일을 이어 갈 의욕이 더 생긴다고 한다.[13] 헤밍웨이와 새뮤얼슨이 만나기 수년 전에 이 같은 심리적 현상을 파고든 연구가 일부 시작되기도 했다.

헤밍웨이가 파리에서 일의 리듬을 찾기 위해 고군분투하는 동안 리투아니아계 소련인 심리학자 블루마 자이가르닉Bluma Zeigarnik도 비슷한 심리학 현상을 연구하고 있었다.[14] 그로부터 몇 년 전, 자이가르닉의 교수인 심리학자 쿠르트 레빈Kurt Lewin은 웨이터들이 아직 계산이 끝나지 않은 테이블의 주문을 더 잘 기억하고, 계산이 완료된 테이블의 주문은 빠르게 잊어 버린다는 사실을 발견했다. 1927년, 자이가르닉은 레빈 교수가 발견해 낸 현상이 식당 밖에서도 적용되는지 확인할 실험을 몇 차례 진행했다. 먼저 통제된 환경에서 참가자들이 몇 가지 과업을 수행하게 했다. 일부 참가자는 중간에 멈췄고, 나머지는 멈추지 않고 끝까지 진행하게 했다. 몇 시간이 흐른 뒤 참가자들에게 그 과업에 대해 상세한 질문을 하자 그것을 끝내지 못한 사람들이 완전히 끝낸 사람들보다 훨씬 더 상세히 기억할 수 있었다.

가장 중요한 일을 가장 생산적인 시간에 배정하는 것이 중요하듯이, 만족스럽게 완료하기 전에 일을 내려놓을 자유도 스스로에게 허용하는 것이 똑같이 중요하다. 이제 "자이가르닉 효과"라고 이름 붙여진 현상에 따르면 스스로 결승선까지 밀어붙이지 않을 때 오히려 성과가 개선될 수 있다. 우리 두뇌가 미완의 일에 자연스럽게 더 많은 자원을 할애하기 때문이다. 또한 완전히 새로운 일을 시작하는 것보다, 이미 일부 진행된 일을 다시 시작하는 편이 훨씬 쉽다는 사실도 드러났다. 이는 헤밍웨이가 깨달은 바와도 맞닿아 있다.

적절히 쉬고, 완벽하게 끝내기 전에 멈추며, 끝까지 마칠 시간이 없다는 것을 알면서도 일단 시작하는 태도는 더 적은 시간으로 더 많은 일을 해내는 데 핵심이다. 금요일 오후 4시가 되었다고 해서(금요일에 쉬는 사람의 경우라면 목요일 오후) 일을 중단할 필요는 없다. 자이가르닉과 헤밍웨이에 따르면 그때야말로 무언가 새로운 일을 시작하기에 가장 좋은 때이니 말이다.

완전히 방전되기 전에 충전하기

휴대전화와 노트북에 들어있는 리튬이온 배터리처럼 우리의 두뇌도 완전히 방전되기 전에 자주 충전하는 것이 더 오래 지속되는 비결이다.[15]

여러 연구에 따르면 전자 기기의 배터리를 가장 잘 활용하려면 배터리 용량의 20~30퍼센트 수준까지 사용하고, 가능할 때마다 충전하며, 50퍼센트 이하로 떨어지지 않게 관리하는 편이 좋다고 한다.[16] 앞에서 번아웃, 동기 부여, 휴식의 과학에 대해 논의한 바 있는 존 트로거코스의 말에 의하면 우리 두뇌도 거의 같은 방식으로 작용한다. 에너지가 완전히 방전될 때까지 기다렸다가 휴식을 취하는 방식을 피해야 더 빨리 최고 성과 수준에 도달하고 그런 기간을 더 오래 지속시킬 수 있다. 물론 전자기기처럼 항상 원하는 순간에 바로 '충전'할 수는 없지만, 완전히 방전된 뒤에야 쉬게 되면 회복에도 더 오랜 시간이 걸린다. 또한 이런 큰 소모가 반복되면 전체적인 에너지 용량 자체도 점점 줄어들 수 있다. "최고 수준의 성과를 살펴보면 한 가지 공통점이 있습니다. 사람들은 오랜 시간 내내 최고 퍼포먼스를 유지하지 못한다는 겁니다."[17] 존의 설명이다. "대신 짧고 분명한 생산성의 '폭발 구간'에서 매우 높은 효율을 보이고, 이후에는 한 걸음 물러나 덜 강도 높은 활동으로 재충전합니다. 그리고 다시 높은 생산성 상태에 도전하죠." 데이터를 보면 우리는 두뇌를 속일 수 없으며 적절한 휴식 시간 없이 한계까지 밀어붙이면 오히려 성과가 떨어짐을 알 수 있다. 그렇다면 의문이 하나 생긴다. 성과 향상을 위한 최적의 휴식 일정은 어때야 할까?

휴식을 설계하라

적절한 간격으로 적절한 양의 휴식을 취할 수 있다면 긴 업무 시간 동안 최고의 상태를 유지하는 데 큰 도움이 된다.

최신 연구에 따르면 최고 성과를 올리는 사람들은 '포모도로 기법'이라는 것을 자주 쓰는 것으로 나타났다.[18] 1980년대에 프란체스코 시릴로Francesco Cirillo가 개발한 이 기법은 휴식 시간과 업무 시간을 정확히 지키도록 하는데, 이 전략은 그 이후 효과적인 것으로 입증되었다.[19] 포모도로 기법에서 추천하는 최적의 일정은 하나의 업무에 약 25분을 집중한 뒤 5분 휴식을 취하는 것이다. 이것을 네 번 반복한 뒤에는(즉 2시간마다) 15분에서 30분 정도의 휴식을 권장한다. 이런 식으로 반복하면 된다.

포모도로 기법은 그 효과가 입증된 여러 방식 중 하나에 불과하다. 데스크타임DeskTime이라는 생산성 관리 앱의 개발자들이 2020년에 발표한 연구 자료에 따르면 생산성이 높은 직원들은 52분간 일하고 17분간 쉰다고 한다.[20] 존의 연구에서는 대부분의 사람은 약 90분의 집중 구간에서 최고의 성과를 낼 수 있다고 한다. 그 90분은 50분 집중, 10분 휴식, 25분 집중, 5분 휴식으로 구성해야 하며, 이러한 사이클을 하루 세 번 반복하고 나머지 시간은 비교적 중요도가 낮은 업무에 할애하는 것이 좋다. 어떤 전략을 따르든 중요한 건 대충 짐작으로 하지 않는 것이다. 이 전략을 효과적으로 사용하려면 타이머 같은 것을 준비하고 이 일정을 엄격히 따라야 한다.

포모도로 기법은 단순히 휴식과 업무 사이에 최적의 균형만 제시하는 것이 아니다. 실제로 이 기법의 원칙은 지금까지 우리가 상세히 다뤘던 파킨슨의 법칙과도 긴밀하게 연관되어 있다. 앞서 이야기한 대로 파킨슨의 법칙이란 '일은 완료하는 데 주어진 시간을 모두 채울 만큼 늘어진다'는 이론이다. 포모도로 기법은 할 일을 25분으로 쪼개도록 하여 제한된 시간에 최대한의 노력을 들이도록 강제함으로써 이 원칙을 따른다. "업무를 포모도로(이탈리아어로 토마토) 조각으로 쪼개는 식으로 시간 분배에 보다 의식적인 노력을 기울이게 합니다. 여러 업무를 하는 데 시간을 어떻게 쓰고 있는지 정밀하게 추적할 수 있어서 매일 하는 업무와 장기적인 프로젝트 모두를 더 잘 계획하고 효율성을 높이게 해주죠."[21] 시릴로의 설명이다.

주 4일 근무제는 업무 강도를 억지로 높이거나, 무리한 마감 기한을 맞추기 위한 제도가 아니다. 그런 방식은 제도의 취지와 어긋난다. 오히려 이 제도는 업무 시간을 어떻게 사용할 것인지 더 신중하게 고민하라는 요구이며, 여기에는 과학적으로 검증된, 건강하고 의도적인 휴식 설계를 포함한다.

연습이 발전을 가져온다

조의 인생 파트너이자 사업 파트너로 7장에서 소개했던 그레이스 텔런은 다양한 재능을 지닌 사람인데 그중 하나가 바로 바이올린 연주다.

그레이스는 더블린의 뉴파크 음악 아카데미의 전 원장이며, 토론토로 거주지를 옮긴 지금도 바이올린 연주자로 활동 중이다. 그녀는 바이올린 연습과 주 4일제 전환을 위한 노력 사이에 많은 유사점이 있다고 말했다. "세상에서 가장 비싼 악기를 사고 큰돈을 들여 최고의 스승님을 모셔 올 수도 있죠. 하지만 매일 연습하지 않는다면 잘하지 못할 거예요. 조직의 변화도 마찬가지입니다. 아무리 뛰어난 생산성 도구를 사들이고, 워크숍에 참석하고, 최고의 전문가들과 협력하더라도 이런 습관이 몸에 배지 않으면 성공할 수 없어요."[22]

그레이스는 기존의 습관을 바꾸는 일이 생각보다 훨씬 어렵다고 설명한다. 더 나은 방법을 찾아도 그것을 꾸준히 실천하지 않으면 결국 익숙한 예전 방식으로 되돌아가기 쉽다. 실제로 연구에 따르면 새로운 습관이 기존 습관을 대체하기까지는 평균 약 66일이 걸린다.[23] "처음에는 정말 마음대로 풀리지 않는 경우가 많아요. 오랜 시간 특정한 방식으로 일해 온 아주 바쁜 사람들이잖아요. 대부분의 사람들이 그저 출근하고, 최선을 다해 일하고, 일이 끝나면 집에 가요. 자신이 무슨 일을, 왜 하는지에 대해서는 생각하지 못할 때가 많죠."

대부분의 사람들이 자신의 생산성에 대해 별다른 생각을 하지 않고 매주 바쁜 일상을 보낸다. 그러나 앞서 언급했듯이, 생산성에 대해 함께 논의하는 것이 긍정적인 효과를 낳는 것처럼, 개인이 자신의 생산성에 대한 인식과 집중도를 높이는 것만으로도 큰 성과를 얻을 수 있다. 다시 말해, 생산성에 대해 능동적으로 이야기하는 팀과, 스스로의 생산성을 의식적으로 고민하는 개인일수록 더 높은 생산성을 보일 가능성이 크다.

앞서 이야기한 것처럼 주 4일 근무제에 대해 우리가 가장 많이 듣는 우려는 고객이 어떻게 생각할지 두렵다는 점이다. 그다음으로 많이 듣는 걱정은 근무 시간의 영구적인 축소가 일시적인 효율성 증대 효과만 가져오면 어쩌느냐는 것이다. 하지만 우리는 조직이 지속적인 개선을 촉진하는 방식으로 주 4일 근무제를 설계해야 한다고 거듭 강조해 왔다. 개인 역시 그에 맞춰 노력하고, 이 제도를 현실적으로 가능하게 만들 효율성을 스스로 찾아야 한다. 여기에서 제시한 방법들을 실천하는 것만으로도 좋은 출발이지만, 거기서 멈추지 않고 끊임없이 더 나은 방식을 모색해야 한다.

그레이스가 바이올린을 연주하며 깨달은 것처럼 실력을 진심으로 갈고닦는 사람에게 종착역이라는 것은 없다. 더 이상 배울 것도, 연습할 것도 없는 완벽한 상태란 존재하지 않는다. 바이올린 연주가 그렇듯, 연습은 완벽을 만드는 것이 아니라 지속적인 발전을 만들어 낼 뿐이다. 도달해야 할 '완벽함'의 경지란 존재하지 않고, 훈련과 학습이 더 이상 불필요해지는 지점도 없다. 바이올린 연주와 마찬가지로 연습은 오직 발전을 가져올 뿐이다.

Chapter 16

마치며: 우리의 미래

100년 뒤, 우리의 증손자들은 이 시대를 어떻게 돌아볼까?

아마도 그들은 이 시기를 경제적·정치적·사회적 격변의 시대로 기억할 것이다. 다음 세기의 새로운 기준을 만들어 낸 급격한 변화의 시기이자, 기술 발전과 경제 환경의 변화, 그리고 '일'과의 관계가 새롭게 정의된 시대였다고 말할 가능성이 크다.

운이 따른다면, 이 시대는 산업화 시대가 남긴 일부 상처를 되돌려 놓은 시기로 기억될지도 모른다. 급격한 전환의 과정에서 불가피했던 환경적·사회적·노동의 희생을 되짚고, 인간과 지구, 그리고 일터 모두를 위해 더 지속 가능한 삶의 방식을 마련한 시대로 평가받을 수도 있다. 그리고 어쩌면 기존의 통념을 거부하고, 역사가 자신들의 편에 설 것임을 믿으며 현상에 도전했던 선구자들과 대담한 리더들의 이야기를 전하게 될지도 모른다.

100년 넘게 이어져 온 산업화 시대의 '표준화된 방식'은 팬데믹을 계기로 흔들리기 시작했다. 우리는 어쩔 수 없이 다르게 일해야 했고, 그 과정에서 깨닫게 됐다. 우리가 그동안 따르던 기준이 꼭 필요해서가 아니라, 단지 '그래야 한다고 믿어 왔기 때문'일 수도 있다는 사실을 말이다. 기술이 다시 한번 일하는 방식을 바꾸며 또 다른 거대한 전환이 진행되는 이 시점은, 새로운 기준을 세울 수 있는 드문 기회다. 이제는 자동화 도구가 반복적이고 단조로운 업무를 대신하는 현실에 맞게, 인간 고유의 역량이 더 큰 가치를 갖는 방향으로 규칙을 다시 써야 할 때다.

계산기는 몇 년, 며칠, 몇 시간을 작동했든 계속해서 정확한 답을 내놓는다. 건전지만 제대로 들어있다면 말이다. 하지만 인간의 두뇌는 이보다 복잡하다. 우리는 기계처럼 오랜 시간 같은 수준의 집중력과 성과를 유지할 수 없다. 오히려 최고의 성과를 내려면 휴식과 균형, 그리고 스스로의 동기가 필요하다. 노동 시간을 늘리는 것이 아니라 줄이는 것이 더 나은 결과로 이어질 수 있다는 뜻이다. 특히 AI가 발전할수록, 인간만이 가진 능력은 더욱 중요해질 것이다. 그리고 그런 시대일수록, 더 적게 일하면서 더 잘 일하는 방식이 필요해진다.

이전의 큰 변화들이 그랬듯, 일하는 방식의 변화 역시 처음부터 정치권에서 시작되지는 않을 가능성이 크다. 변화는 늘 현장에서 시작되고, 충분히 확산된 뒤에야 제도로 자리 잡는다. 8시간 근무제가 그랬다. 이 개념은 1817년에 처음 제안됐지만, 당시에는 받아들여지지 못했다. 그리고 100년이 훨씬 지난 뒤, 사회가 크게 흔들리는 시기를 거치며 비로소 널리 퍼지게 됐다. 오늘날 8시간 근무는 너무나 당연한 기준이 되어, 다른 방식을 상상하기조차 어려울 정도다.

로버트 오언의 시대와 달리, 우리는 지금 변화와 격변이 한꺼번에 밀려오는 시기를 살고 있다. 빠른 기술 혁신과 파괴적 변화, 가치관과 선호의 변화, 그리고 '일과의 관계'를 다시 정의하려는 요구가 동시에 커지고 있다. 주 5일 근무제가 자리 잡은 과정을 돌아보면, 변화는 논문과 거리의 시위, 회사 탕비실에서의 대화와 메신저 채널 같은 일상의 공간에서 시작될 가능성이 크다. 근무 시간의 새로운 기준을 정하는 데 있어, 역사는 정치인보다 개별 노동자와 선도적인 기업 리더들이 더 큰 영향을 발휘해 왔음을 보여 준다.

우리는 주 4일 근무제가 결국 현실이 될 거라고 믿는다. 당장은 아닐지라도 머지않은 미래에는 분명 그렇게 될 것이다. 그리고 지금이야말로 오랫동안 당연하게 여겨 온 일의 방식을 바꿀 수 있는 가장 좋은 타이밍이다. 이 기회를 놓친다면, 다음 기회는 언제 올지 알 수 없다.

조가 처음, 우리가 이미 갖추고 있는 생산성과 기술적 기반을 활용하면 주 4일 근무제로 전환할 수 있다고 말했을 때, 대부분은 이를 급진적인 주장으로 여겼다. 그러나 8년이 지난 지금, 점점 더 많은 사람들이 이를 현실에 대한 가장 실용적인 해법으로 받아들이기 시작했다.

지난 100년 동안 생산성은 크게 높아졌지만, 우리의 근무 시간은 거의 바뀌지 않았다. 오히려 상황은 더 복잡해졌다. 여성의 경제 활동 참여가 늘면서 한 가구에서 일하는 사람 수는 증가했고, 일은 더 이상 '회사 안'에만 머물지 않는다. 오늘날 많은 지식 노동자들은 퇴근 후에도 계속 일과 연결된 상태로 지낸다. 그리고 이로 인해 정신적 피로와 스트레스가 눈에 띄게 늘어나고 있다. 어떤 의미에서는 우리는 100년 전과 같은 방식으로 일하고 있지만, 또 다른 의미에서는 그때보다 훨씬 더 오래 일하고 있는 셈이다. 적어도 과거의 노동자들은 퇴근 후에 업무 연락을 받지는 않았으니 말이다.

이제 AI 시대가 도래했다. 우리는 이 새로운 세계로 진입하고 있으며 그 과정에서 다양한 주체들이 우리의 미래를 규정하려 할 것이다. 앞으로 몇 년간 세상은 빠르게 변화할 것이 분명하다. 우리는 이러한 변화된 현실에 일터를 정렬시키는 가장 명확하고 효과적인 방법이 주 5일 근무를 4일로 줄이는 것이라고 믿는다. 이는 변화의 혜택을 보다 공정하게 분배하고, 개인, 조직, 사회가 직면한 다양한 문제를 해결하는 데 기여할 수 있다. 주 4일 근무제가 모든 문제를 해결하는 만능 해법은 아니지만, 의미 있는 진전을 만들어 낼 수 있는 현실적인 기회임은 분명하다.

기업 입장에서 보면, 주 4일 근무제는 단순한 복지가 아니다. 새로운 도구와 일하는 방식을 도입해야 할 때, 직원들이 변화를 받아들이게 만드는 강력한 동기가 될 수 있다. 번아웃이 심한 직종에서는 직원들에게 꼭 필요한 휴식을 제공하고, 그 결과 이직과 결근이 줄어드는 효과로 돌아온다. 인재 확보 경쟁이 치열한 시장에서는 더 많은 돈을 쓰지 않아도 충분히 매력적인 선택지가 될 수 있다. 창의성이 중요한 분야라면 오히려 일에서 한 발 떨어져 있는 시간이 새로운 아이디어를 만들어 낸다. 더 좋은 회사로 인정받고 직원들의 만족도와 몰입도를 높이고 싶다면 이미 검증된 방법이기도 하다. 그리고 무엇보다, 누군가의 희생이 아니라 모두에게 이익이 되는 방식으로 더 균형 잡힌 세상을 만들고 싶다면, 주 4일 근무제는 충분히 도전해 볼 만한 선택이다.

변화는 늘 힘들다. 이번 역시 예외는 아니다. 그러나 변화하는 환경에 적응하지 못하고 낡은 질서를 고수하는 것은 결국 적응하는 것보다 더 큰 어려움을 초래할 것이다. 우리는 그 전환점이 임박했다고 믿는다.

장시간 노동이 더 나은 성과로 이어지지 않으며 장기적으로 해로울 수 있다는 연구는 이미 충분히 축적되어 있다. 야근과 잔업을 헌신의 척도로 보는 문화가 실질적인 성과가 아니라 '보여주기식 바쁨'만을 양산한다는 증거도 넘쳐난다. 또한 적절한 방식으로 접근할 경우, 근무일을 줄이는 것이 조직의 다양한 성과 지표를 개선한다는 실험 결과도 다수 존재한다. 워라밸의 필요성을 소리 높여 외치는 젊은 세대가 오고 있다. 기술은 하루가 다르게 우리의 효율성과 생산성을 높이고 있다. 이제 필요한 것은 단 하나, 지난 100년간 그랬다는 이유만으로 주 5일 근무가 타당하다는 믿음을 내려놓는 일이다. 우리가 다르게 일할 수 있다고 상상하는 순간, 더 나은 결과를 만들어 내는 새로운 세계로 나아갈 수 있다. 왜 아직도 꾸물대는가.

　　　　　　　　　　　

미주

Chapter 2

1. Jared Suzman, "The 300,000-Year Case for the 15-Hour Week," *Financial Times*, February 18, 2024, https://www.ft.com/content/8dd71dc3-4566-48e0-a1d9-3e8bd2b3f60f.

2. Mark Cartwright, "Agriculture in the British Industrial Revolution," *World History Encyclopedia*, March 18, 2024, https://www.worldhistory.org/article/2191/agriculture-in-the-british-industrial-revolution/.

3. Mark Cartwright and Scott Swigart, "Agriculture in the British Industrial Revolution," *World History Encyclopedia*, March 2024, https://www.worldhistory.org/article/2191/agriculture-in-the-british-industrial-revolution/.

4. Marguerite Ward, "A Brief History of the 8-Hour Workday, Which Changed How Americans Work," CNBC, May 5, 2017, https://www.cnbc.com/2017/05/03/how-the-8-hour-workday-changed-how-americans-work.html.

5. Ward, "Brief History of the 8-Hour Workday."

6. Ward, "Brief History of the 8-Hour Workday."

7. Erin Blakemore, "How America Settled on a 5-Day Workweek," *History*, March 24, 2023, https://www.nationalgeographic.com/history/article/american-workweek-history-explained.

8. Philip Sopher, "Where the Five-Day Workweek Came From," *Atlantic*, April 30, 2018, https://www.theatlantic.com/business/archive/2014/08/where-the-five-day-workweek-came-from/378870/.

9. "Which Countries Have a Friday-Saturday Weekend?," *National*, December 8, 2021, https://www.thenationalnews.com/mena/2021/12/07/when-is-the-weekend-in-the-arab-world/.

10. *New York Herald* editorial, quoted in Erin Blakemore, "How America Settled on a 5-Day Workweek," *National Geographic*, March 24, 2023, https://www.nationalgeographic.com/history/article/american-workweek-history-explained.

11. Henry Ford, "Henry Ford Quotes," *The Henry Ford*, n.d., https://www.thehenryford.org/collections-and-research/digital-resources/popular-topics/henry-ford-quotes.

12. Hasia Diner, "Ford's Anti-Semitism," interview by *American Experience*, *American Experience* (PBS), November 7, 2017, https://www.pbs.org/wgbh/americanexperience/features/henryford-antisemitism/.

13. William M. Blair, "Nixon Foresees 4-Day Work Week; Says G.O.P. Policies Assure Fuller Life for Family," *New York Times*, September 23, 1956, https://www.nytimes.com/1956/09/23/archives/nixon-foresees-4day-work-week-says-gop-policies-assure-fuller-life.html.

14. María Luisa Paúl, "Before Sanders, Nixon Pitched Four-Day Workweek," *Washington Post*, March 18, 2024, https://www.washingtonpost.com/history/2024/03/18/four-day-workweek-nixon-bernie-sanders/.

Chapter 3

1. C. Northcote Parkinson, "Parkinson's Law," *Economist*, November 19, 1955, https://www.economist.com/news/1955/11/19/parkinsons-law.

2. Greg Daniels, dir., *The Office*, season 3, episode 3, "The Coup," featuring Steve Carell, Rainn Wilson, Jenna Fischer, John Krasinski, and Melora Hardin, aired October 5, 2006, on NBC Universal Television.

3. Órla Ryan, "'It's Like Having a Bank Holiday Every Week': Trade Union Calls for Four-Day Work Week," *Journal*, September 26, 2019, https://www.thejournal.ie/four-day-work-week-ireland-3-4825941-Sep2019/.

4. Juliet Schor, *The Overworked American: The Unexpected Decline of Leisure* (New York: Basic Books, 1991).

5. Alex Ledsom, "Four-Day Workweek Going Well in U.K., Study Says," *Forbes*, September 26, 2022, https://www.forbes.com/sites/alexledsom/2022/09/26/four-day-work-week-going-well-in-uk-study-says/.

6. Anna Cooban, "Men Did a Lot More Childcare While Trialing a Four-Day Work Week," *CNN*, February 21, 2023, https://edition.cnn.com/2023/02/20/business/4-day-work-week-childcare/index.html.

7. Giulio Piovaccari and Giulia Segreti, "Lamborghini Introduces Four-Day Week for Production Workers," Reuters, December 5, 2023, https://www.reuters.com/business/autos-transportation/lamborghini-introduces-four-day-week-production-workers-2023-12-05/.

8. Sant'Agata Bolognese, "Automobili Lamborghini Signs Draft Agreement for Renewal of Corporate Supplementary Contract," *The NewsMarket*, December 5, 2023, https://www.thenewsmarket.com/news/automobili-lamborghini-signs-draft-agreement-for-renewal-of-corporate-supplementary-contract/s/9d52b105-efd6-41b3-b7cd-fa7d4e60588a.

9. Kari Paul, "Microsoft Japan Tested a Four-Day Work Week and Productivity Jumped by 40%," *Guardian*, November 8, 2019, https://www.theguardian.com/technology/2019/nov/04/microsoft-japan-four-day-work-week-productivity.

10. Thea Watson, "Is the Four-Day Work Week Here to Stay?," *theHRDirector*, May 5, 2024, https://www.thehrdirector.com/business-news/future-of-work/is-the-four-day-work-week-here-to-stay/.

11. Gus Mallett, "Study: Four-Day Workweek Momentum Rises Year on Year," Tech.co, March 19, 2025, https://tech.co/news/four-day-workweek-momentum-rises-yoy.

12. Bernie Sanders, "Thirty-Two Hour Workweek Act," n.d., https://www.sanders.senate.gov/wp-content/uploads/32-Hour-Workweek-Act_Fact-Sheet_FINAL.pdf, endorsed by AFL-CIO, UAW, SEIU, AFA-CWA, UFCW, International Federation of Professional and Technical Engineers (IFPTE), 4 Day Week Global, WorkFour, and National Employment Law Project (NELP).

13. AP News, "Spanish Bill to Cut Workweek to 37.5 Hours Heads to Parliament after Receiving Government Approval | AP News," May 6, 2025, https://apnews.com/article/spain-workweek-reduction-sanchez-unemployment-2abbbc4354304932d58ef416ef1f411e.

14. "Utah Saves Millions on Four-Day Week," *CBC*, October 27, 2009, https://www.cbc.ca/news/utah-saves-millions-on-four-day-week-1.782455.

Chapter 4

1. Daniel Taub and Hannah Levitt, "Jamie Dimon Sees AI Improving Workers' Lives Even As It Eliminates Some Jobs," *Bloomberg*, October 2, 2023, https://www .bloomberg.com/news/articles/2023-10-02/dimon-sees-ai-giving-a-3-1-2-day -workweek-to-the-next-generation.

2. Matthew Fox, "Billionaire Hedge-Fund Boss Steve Cohen Says a 4-Day Workweek Is Coming—and It's Part of Why He Made a Big Investment in Golf," *Business Insider*, September 6, 2024, https://www.businessinsider.com/steve-cohen-4 -day-workweek-artificial-intelligence-ai-golf-investment-2024-4.

3. Alexandra Tremayne-Pengelly, "Zoom CEO Eric Yuan Says A.I. Will Make 4-Day Work Weeks a Norm," *Observer*, September 25, 2024, https://observer.com /2024/09/zoom-eric-yuan-ai-shorter-work-weeks/.

4. Jordan Hart, "Bill Gates Says a 3-Day Work Week Where 'Machines Can Make All the Food and Stuff' Isn't a Bad Idea," *Yahoo Tech*, November 22, 2023, https://tech .yahoo.com/business/articles/bill-gates-says-3-day-183643614.html.

5. Bill Gates, video interview with Jared Lindzon, January 6, 2025.

6. Andrew Yang, email to authors, May 2, 2024.

7. Conor Cawley, "The Impact of Technology on the Workplace: 2024 Report," Tech.co, January 4, 2024, https://tech.co/news/impact-technology-workplace-report -2024.

8. "British Workers Could Claw Back 390 Hours of Working Time per Year with Artificial Intelligence," *Visier*, July 10, 2023, https://www.visier.com/company/news /british-workers-could claw-back-390-hours-of-working-time-per-year/.

9. Luiz Garcia, Lukas Kikuchi, and Will Stronge, "GPT-4 (Day Week): US Edition," Autonomy Institute, November 20, 2023, https://autonomy.work/portfolio /gpt-4 day-week-us/.

10. John MacFarlane, "AI Could Enable a 4-Day Work Week for a Quarter of Canadians: Report," *Yahoo Finance*, April 29, 2024, https://ca.finance.yahoo.com/news /ai-could-enable-a-4-day-work-week-for-a-quarter-of-canadians-report-133141054 .html.

11. James Ryseff, Brandon F. De Bruhl, and Sydne J. Newberry, "The Root Causes of Failure for Artificial Intelligence Projects and How They Can Succeed: Avoiding the Anti-Patterns of AI," RAND, August 13, 2024, https://www.rand.org/pubs/research _reports/RRA2680-1.html.

12. The Adecco Group, *Leading in the Age of AI: Expectations versus Reality*," Adecco Group, 2025 https://www.adeccogroup.com/business-leaders-research-2025.

13. Abendroth Dias Kulani, et al., "Generative AI Outlook Report," JRC Publications Repository, June 13, 2025, https://doi.org/10.2760/1109679.

14. "Generative AI Adoption in the Enterprise: The 2025 Writer AI Survey," writer.com, 2025, https://go.writer.com/enterprise-ai-adoption-survey.

15. Kim Basile, Michael Bradshaw, and Maryjo Charbonnier, "People Readiness Report 2025," Kyndryl People Readiness Report, Kyndryl and Edelman DXI, 2025, https://www.kyndryl.com/content/dam/kyndrylprogram/doc/en/2025/people -readiness-report.pdf.

16. Leadership IQ, "AI Readiness and the Road Ahead: Understanding Company

Preparedness for an AI-Driven Future," Leadership IQ, July 1, 2023, https://www
.leadershipiq.com/blogs/leadershipiq/ai-readiness-and-the-road-ahead.

17. Jared Lindzon, "31% of Employees Are Actively 'Sabotaging' AI Efforts. Here's
Why," *Fast Company*, March 20, 2025, https://www.fastcompany.com/91302120
/employees-are-actively-sabotaging-ai-efforts-heres-why.

18. Lindzon, "31% of Employees Are Actively 'Sabotaging' AI Efforts. Here's Why."

19. John Maynard Keynes, "Economic Possibilities for Our Grandchildren," in
Essays in Persuasion (New York: Harcourt Brace, 1932), 358–373, https://www
.aspeninstitute.org/wp-content/uploads/files/content/upload/Intro_and_Section_I.pdf.

20. Lawrence Mishel, Elise Gould, and Josh Bivens, "Wage Stagnation in Nine
Charts," Economic Policy Institute, January 6, 2015, https://www.epi.org/publication
/charting-wage-stagnation/.

21. Tom Rees / Bloomberg, "AI Could Enable Humans to Work 4 Days a Week,
Says Nobel Prize–Winning Economist," *Time*, April 5, 2023, https://time.com
/6268804/artificial-intelligence-pissarides-productivity; Prarthana Prakash, "Nobel
Prize–Winning Economist Weighs in on How ChatGPT-Like Tools Are Transforming
the Future of Work—1 Year Since Its Launch," *Fortune Europe*, December 2, 2023,
https://fortune.com/europe/2023/12/02/nobel-prize-economist-christopher-pissarides
-chatgpt-workplace-automation-one-year-launch/.

22. Christopher Pissarides, Google Meet video call with Jared Lindzon on July 15,
2024.

23. Nick Valentine, "The History of the Calculator," *The Calculator Site* (Hazell
Industries Ltd.), November 10, 2024, https://www.thecalculatorsite.com/articles/units
/history-of-the-calculator.php.

24. Ian Webster, "$1,000 in 1961 to 2025," Inflation Calculator, Official Inflation
Data, Alioth Finance, May 15, 2025, https://www.in2013dollars.com/us/inflation
/1961?amount=1000.

25. Leslie Wayne, "The Year of the Accountant," *New York Times*, January 3, 1982,
https://www.nytimes.com/1982/01/03/business/the-year-of-the-accountant.html.

26. US Bureau of Labor Statistics, "Accountants and Auditors," Employment Data,
Occupational Outlook Handbook, US Bureau of Labor Statistics, August 29, 2024,
https://www.bls.gov/ooh/business-and-financial/accountants-and-auditors.htm.

27. Kimberly A. Whitler, "New Study on CEOs: Is Marketing, Finance,
Operations, or Engineering the Best Path to CEO?," *Forbes*, October 14, 2019, https://
www.forbes.com/sites/kimberlywhitler/2019/10/12/new-study-on-ceos-is-marketing
-finance-operations-or-engineering-the-best-path-to-the-c-suite/.

Chapter 5

1. Niki Jorgensen, "Performance Punishments: What They Are and How
to Avoid Them," *Forbes*, June 16, 2023, https://www.forbes.com/councils
/forbeshumanresourcescouncil/2023/06/16/performance-punishments-what-they-are
-and-how-to-avoid-them/.

2. Andy Ackerman, dir., *Seinfeld*, season 7, episode 12, "The Caddy," written by
Gregg Kavet and Andy Robin, aired January 25, 1996, on NBC.

3. Sue Cantrell et al., "2024 Global Human Capital Trends," *Deloitte Insights*, 2024, https://www2.deloitte.com/us/en/insights/focus/human-capital-trends/2024.html.

4. Atlassian, "The State of Teams 2024," *Work Life* (Atlassian), February 23, 2025, https://www.atlassian.com/blog/state-of-teams-2024.

5. Julian Birkinshaw and Jordan Cohen, "Make Time for the Work That Matters," *Harvard Business Review*, September 1, 2013, https://hbr.org/2013/09/make-time-for-the-work-that-matters; Team at Slack, "New Slack Research Shows Accelerating AI Use and Quantifies the 'Work of Work,'" Slack from Salesforce, February 27, 2024, https://slack.com/blog/news/new-slack-research-shows-accelerating-ai-use-at-work.

6. Asana, "How Work about Work Hurts Productivity," Asana.com, https://asana.com/resources/why-work-about-work-is-bad

7. Cal Newport, "Why Can't We Tame AI?" Cal Newport's Blog, June 6, 2025, https://www.goodreads.com/author/show/147891.Cal_Newport/blog.

8. Microsoft, "Breaking Down the Infinite Workday," June 17, 2025, https://www.microsoft.com/en-us/worklab/work-trend-index/breaking-down-infinite-workday.

9. BambooHR, "The New Surveillance Era: Visibility Beats Productivity for RTO & Remote," BambooHR, June 6, 2024, https://www.bamboohr.com/resources/data-at-work/data-stories/2024-return-to-office.

10. John Trougakos, phone interview with Jared Lindzon, September 19, 2024.

11. Organisation for Economic Co-operation and Development (OECD), "Hours Worked," OECD, n.d., https://www.oecd.org/en/data/indicators/hours-worked.html.

12. John F. Helliwell et al., "Executive Summary," Ch. 1 of *World Happiness Report*, ed. John F. Helliwell et al. (Oxford: Wellbeing Research Centre, 2025), https://worldhappiness.report/ed/2025/executive-summary/.

13. Garrigues, "Reduction of Working Hours: A Global Trend Reaching Latin America," Garrigues, June 21, 2024, https://www.garrigues.com/en_GB/new/reduction-working-hours-global-trend-reaching-latin-america.

14. MND Staff, "Sheinbaum Administration Promises a 40-Hour Workweek by 2030," Mexico News Daily, May 6, 2025, https://mexiconewsdaily.com/news/40-hour-workweek-mexico-2030/.

15. Christopher Pissarides, video interview with Jared Lindzon on July 15, 2024.

16. OECD, "Income Inequality," OECD, n.d., https://www.oecd.org/en/data/indicators/income-inequality.html.

17. Tay Hong Yi, "Shorter Working Hours, Better Upward Income Mobility: 5 Trends among S'pore Resident Workers in 2024," *Straits Times* (Singapore), November 28, 2024, https://www.straitstimes.com/business/economy/shorter-working-hours-better-upward-income-mobility-5-trends-among-spore-resident-workers-in-2024.

18. "Chile: Law Introducing 40 Hours Working Week Entered into Force," *Industrial Relations News*, July 1, 2024, https://industrialrelationsnews.ioe-emp.org/industrial-relations-and-labour-law-july-2024/news/article/chile-law-introducing-40-hours-working-week-entered-into-force.

19. Garrigues, "Reduction of Working Hours."

20. Heather Chen, Yoonjung Seo, and Andrew Raine, "This Country Wanted a 69-Hour Workweek; Millennials and Generation Z Had Other Ideas," *CNN*,

March 20, 2023, https://www.cnn.com/2023/03/18/asia/south-korea-longer-work-week-debate-intl-hnk/index.html.

21. Lin Qiqing and Raymond Zhong, "'996' Is China's Version of Hustle Culture; Tech Workers Are Sick of It," *New York Times*, April 29, 2019, https://www.nytimes.com/2019/04/29/technology/china-996-jack-ma.html.

22. Kim Tan, "E-Commerce Company in China Implements 4.5-Day Work Week, Promised No Salary Cuts & Lay-Offs," *MustShareNews (MS News)* (Singapore), January 14, 2025, https://mustsharenews.com/company-china-work-week/.

23. Singapore Ministry of Manpower (MOM), Manpower Research & Statistics Department, "Summary Table: Hours Worked," MOM, released May 21, 2025, https://stats.mom.gov.sg/pages/hours-worked-summary-table.aspx.

24. John P. Trougakos and Ivona Hideg, "Momentary Work Recovery: The Role of Within-Day Work Breaks," in *Current Perspectives on Job-Stress Recovery*, vol. 7, *Research in Occupational Stress and Well Being*, ed. S. Sonnentag, P. L. Perrewé, and D. C. Ganster (Leeds: Emerald Group Publishing, 2009), 37–84, https://doi.org/10.1108/s1479-3555(2009)0000007005.

25. Trougakos and Hideg, "Momentary Work Recovery."

26. Wonpil Jang, et al., "Overwork and Changes in Brain Structure: A Pilot Study," *Occupational and Environmental Medicine*, May 13, 2025, https://oem.bmj.com/content/82/3/105.

27. Jared Lindzon, "Working Long Hours Can Change Our Brain—and Not in a Good Way, Study Shows," the *Globe and Mail*, June 17, 2025, https://www.theglobeandmail.com/business/careers/article-working-long-hours-can-change-our-brain-and-not-in-a-good-way-study/.

28. John P. Trougakos, "A Manager's Guide to Emotional Exhaustion," *Insights Hub* (Rotman), July 2024, https://www-2.rotman.utoronto.ca/insightshub/talent-management-inclusion/managers-emotional-exhaustion.

29. Jeff Wilser, "Why Using All Your PTO Is Good for You (and Your Career)," *Expedia*, June 2024, https://www.expedia.com/magazine/vacation-deprivation/.

30. Shradha Dinesh and Kim Parker, "More Than 4 in 10 U.S. Workers Don't Take All Their Paid Time Off," Pew Research Center, April 14, 2024, https://www.pewresearch.org/short-reads/2023/08/10/more-than-4-in-10-u-s-workers-dont-take-all-their-paid-time-off/.

31. Eva C. Buechel and Elisa Solinas, "The Detachment Paradox: Employers Recognize the Benefits of Detachment for Employee Well-Being and Performance, Yet Penalize It in Employee Evaluations," *Organizational Behavior and Human Decision Processes* 188 (May 1, 2025): 104403, https://doi.org/10.1016/j.obhdp.2025.104403.

32. Marie Martinez et al., "The Health and Economic Burden of Employee Burnout to U.S. Employers," *American Journal of Preventive Medicine*, February 1, 2025, https://doi.org/10.1016/j.amepre.2025.01.011.

33. William J. Fleming, "Employee Well-Being Outcomes from Individual-Level Mental Health Interventions: Cross-Sectional Evidence from the United Kingdom," *Industrial Relations Journal* 55, no. 2 (January 10, 2024): 162–182, https://doi.org/10.1111/irj.12418.

34. John Chan, Sally Clarke, and Amanda Cebrian, "The State of Workplace Burnout 2024," Infinite Potential, 2024, https://infinite-potential.com.au/the-state-of

-burnout-2024.

35. PR Newswire, "Corporate Wellness Solutions Market Worth $94.6 Billion by 2026: Exclusive Report by MarketsandMarkets," PR Newswire, June 21, 2021, https://www.prnewswire.com/news-releases/corporate-wellness-solutions-market-worth-94-6-billion-by-2026--exclusive-report-by-marketsandmarkets-301316218.html.

Chapter 6

1. "The 4 Day Week Long-Term Pilot Report," 4 Day Week Global, https://4dayweek.com/long-term-2023-pilot-results.

2. Anisah Hooda-Tarbhai, video interview with Jared Lindzon, July 11, 2024.

3. The Nobel Prize, "The Sveriges Riksbank Prize in Economic Sciences in Memory of Alfred Nobel 2010," n.d., https://www.nobelprize.org/prizes/economic-sciences/2010/summary/.

4. American Psychological Association, "Workers Appreciate and Seek Mental Health Support in the Workplace," American Psychological Association, 2022, https://www.apa.org/pubs/reports/work-well-being/2022-mental-health-support.

5. Frank Weishaupt, "Pulse Survey Data—The New Rules of Work: Why Flexibility, Boundaries, and Technology Define the Hybrid Workplace in 2025," Owl Labs, May 7, 2025, https://owllabs.co.uk/blog/pulse-survey-2025.

6. Hannah Erin Lang, "This Tech Exec Got Backlash for Saying She Was Once 'Willing to Work for Free.' Is It Ever a Good Idea?," *MarketWatch*, July 25, 2024, https://www.marketwatch.com/story/squarespace-exec-got-backlash-for-saying-she-was-willing-to-work-for-free-in-her-early-career-is-it-a-good-idea-for-gen-z-35032dc3.

7. Spriha Srivastava and Sawdah Bhaimiya, "Gen Z Is Prioritizing Living over Working Because They've Seen 'the Legacy of Broken Promises' in Corporate America, a Future-of-Work Expert Says," *Business Insider*, January 19, 2024, https://www.businessinsider.com/gen-z-working-to-live-rather-than-living-to-work-2024-1.

8. Jessica B. Rodell, Braydon C. Shanklin, and Emma L. Frank, "'I'm So Stressed!': The Relational Consequences of Stress Bragging," *Personnel Psychology* 77, no. 4 (March 5, 2024): 1441–1465, https://doi.org/10.1111/peps.12645.

9. Intuit, "Prosperity Index Study," Intuit, January 2023, https://www.intuit.com/blog/wp-content/uploads/2023/01/Intuit-Prosperity-Index-Report_US_Jan-2023-1.pdf.

10. Deloitte, "The Deloitte Global 2024 Gen Z and Millennial Survey," Deloitte, May 14, 2024, https://www.deloitte.com/global/en/about/press-room/deloitte-2024-gen-z-and-millennial-survey.htm.

11. May Goldhacker, "Generation GPT: What Gen Z Really Wants from Work," ATeams, May 6, 2024, https://www.a.team/mission/gen-z-ai-research.

12. Lane Gillespie, "Survey: 89% of American Workforce Prefer 4-Day Workweeks, Remote Work or Hybrid Work," *Bankrate*, August 18, 2023, https://www.bankrate.com/personal-finance/hybrid-remote-and-4-day-workweek-survey/.

13. Hays, "Are We Getting Closer to a Four-Day Working Week?," Hays, London, 2023, https://www.hays.co.uk/documents/d/global/four-day-working-week-report-2023-uk.

14. Randstad, "Work-Life Balance Tops Pay: Randstad's Workmonitor Reveals

New Workplace Baseline," Randstad, Diemen, the Netherlands, January 21, 2025, https://www.randstad.com/press/2025/work-life-balance-tops-pay-randstads-workmonitor-reveals/.

15. Raheeb Rahman, video interview with Jared Lindzon, July 8, 2024.

Chapter 7

1. Jon Leland, video interview with Jared Lindzon, April 12, 2024.

2. M. Reuter et al., "Decreasing Emissions of NOx Relative to CO2 in East Asia Inferred from Satellite Observations," *Nature Geoscience* 7, no. 11 (September 28, 2014): 792–795, https://doi.org/10.1038/ngeo2257.

3. US Energy Information Administration (EIA), "Net Generation for All Sectors," Electricity Data Browser, EIA, n.d., https://www.eia.gov/electricity/data/browser/.

4. US Environmental Protection Agency (EPA), "Sources of Greenhouse Gas Emissions," EPA, March 31, 2025, https://www.epa.gov/ghgemissions/sources-greenhouse-gas-emissions.

5. Kyle Knight, Eugene A. Rosa, and Juliet B. Schor, "Reducing Growth to Achieve Environmental Sustainability: The Role of Work Hours," in *Capitalism on Trial*, ed. Jeannette Wicks-Lim and Robert Pollin (Cheltenham, UK: Edward Elgar Publishing, 2013), https://econpapers.repec.org/bookchap/elgeechap/14843_5f12.htm.

6. Jonas Nässén and Jörgen Larsson, "Would Shorter Working Time Reduce Greenhouse Gas Emissions? An Analysis of Time Use and Consumption in Swedish Households," *Environment and Planning C: Government and Policy* 33, no. 4 (January 1, 2015): 726–745, https://doi.org/10.1068/c12239.

7. Douglas Broom, "Four-Day Work Week Trial in Spain Leads to Healthier Workers, Less Pollution," *European Business Review*, October 26, 2023, https://www.europeanbusinessreview.eu/page.asp?pid=6985.

8. Megan Brenan, "Covid-19 and Remote Work: An Update," Gallup, October 16, 2024, https://news.gallup.com/poll/321800/covid-remote-work-update.aspx.

9. Katherine Haan, "Top Remote Work Statistics and Trends," *Forbes Advisor*, June 12, 2023, https://www.forbes.com/advisor/business/remote-work-statistics/.

10. US Census Bureau, "United States Commuting at a Glance: American Community Survey 1-Year Estimates," Census.gov, September 9, 2024, https://www.census.gov/topics/employment/commuting/guidance/acs-1yr.html.

11. Jose Maria Barrero et al., "SWAA February2025 Updates," WFH Research, February 7, 2025, https://wfhresearch.com/wp-content/uploads/2025/02/WFHResearch_updates_February2025.pdf. This paper is an update of Jose Maria Barrero, Nicholas Bloom, and Steven J. Davis, "Why Working from Home Will Stick," working paper 28731, National Bureau of Economic Research, 2021.

12. "Kickstarter Stats—Kickstarter," June 3, 2025, https://www.kickstarter.com/help/stats.

13. Erica Sweeney, "Study: Brands with a Purpose Grow 2x Faster Than Others," *Marketing Dive*, April 19, 2018, https://www.marketingdive.com/news/study-brands-with-a-purpose-grow-2x-faster-than-others/521693/.

14. George Anders, "Why 8 in 10 U.S. Workers Want Employers' Values to Match Theirs," *Workforce Insights* (LinkedIn), April 19, 2023, https://www.linkedin.com /pulse/why-8-10-us-workers-want-employers-values-match-theirs-george-anders/.

15. B Lab Europe, "What Does the B Corp Certification Mean?," B Lab Europe, February 27, 2025, https://bcorporation.eu/what-is-a-b-corp/what-does-b-corp -certification-mean/.

16. Grace Tallon, phone interview with Jared Lindzon, October 25, 2024.

17. Heejung Chung, *The Flexibility Paradox: Why Flexible Working Leads to (Self-) Exploitation* (Bristol, UK: Policy Press, 2022), https://doi.org/10.51952/9781447354796.

18. Child Care Aware of America, "Child Care at a Standstill: Price and Landscape Analysis (2023)," Child Care Aware of America, May 15, 2024, https://www .childcareaware.org/thechildcarestandstill/#LandscapeAnalysis.

19. Daron Acemoglu, David H. Autor, and David Lyle, "Women and Post-WWII Wages" (summary of "Women, War and Wages: The Effect of Female Labor Supply on the Wage Structure at Mid-Century," working paper 9013, National Bureau of Economic Research, June 2022), *Digest* (National Bureau of Economic Research), November 1, 2002, https://www.nber.org/digest/nov02/women-and-post-wwii -wages; Linda A. Jacobsen, Mark Mather, and Genevieve Dupuis, "Household Change in the United States," Population Reference Bureau Resource Library, September 25, 2012, https://www.prb.org/resources/household-change-in-the-united-states/.

20. Janell Fetterolf, "In Many Countries, at Least Four-in-Ten in the Labor Force Are Women," Pew Research Center, April 14, 2024, https://www.pewresearch.org /short-reads/2017/03/07/in-many-countries-at-least-four-in-ten-in-the-labor -force-are-women; David Kent, "U.S. Has World's Highest Rate of Children Living in Single-Parent Households," Pew Research Center, April 14, 2024, https://www .pewresearch.org/short-reads/2019/12/12/u-s-children-more-likely-than-children-in -other-countries-to-live-with-just-one-parent/.

21. Carrie Blazina, "For American Couples, Gender Gaps in Sharing Household Responsibilities Persist amid Pandemic," Pew Research Center, April 14, 2024, https:// www.pewresearch.org/short-reads/2021/01/25/for-american-couples-gender-gaps-in -sharing-household-responsibilities-persist-amid-pandemic/.

22. Isabel Jackson, "'On the Cusp of Burnout': Flexible Working Leads Mothers to Take on Greater Share of Childcare Tasks, Study Finds," People Management, May 3, 2025, https://www.peoplemanagement.co.uk/article/1919979/on-cusp-burnout -flexible-working-leads-mothers-greater-share-childcare-tasks-study-finds.

23. Alexandra Olson and Claire Savage, "What's behind the Widening Gender Wage Gap in the US?," AP News, October 16, 2024, https://apnews.com/article /gender-wage-gap-women-pay-latina-work-dce2d7cf2c004dfe5322fffaf5fdbbcf.

24. US Department of Labor, "Full-Time / Part-Time Employment," Women's Bureau, US Department of Labor, n.d., https://www.dol.gov/agencies/wb/data/latest -annual-data/full-and-part-time-employment.

25. Vivian Hunt, Dennis Layton, and Sara Prince, "Why Diversity Matters," McKinsey & Company, January 1, 2015, https://www.mckinsey.com/capabilities /people-and-organizational-performance/our-insights/why-diversity-matters.

26. Sundiatu Dixon-Fyle et al., "Diversity Matters Even More: The Case for Holistic Impact," McKinsey & Company, December 5, 2023, https://www.mckinsey

.com/featured-insights/diversity-and-inclusion/diversity-matters-even-more-the-case
-for-holistic-impact.

27. Mike Stobbe, "US Births Fell in 2023 to the Lowest Count in More Than
40 Years," AP News, April 25, 2024, https://apnews.com/article/how-many-babies
-are-born-us-25d99f438645908e5ed6ae29d3914b89; National Center for Health
Statistics (NCHS), "U.S. Fertility Rate Drops to Another Historic Low," NCHS, US
Centers for Disease Control, April 25, 2024, https://www.cdc.gov/nchs/pressroom
/nchs_press_releases/2024/20240525.htm.

28. Karen Gilchrist, "Falling Fertility Rates Pose Major Challenges for the
Global Economy, Report Finds," *CNBC*, March 22, 2024, https://www.cnbc
.com/2024/03/22/falling-fertility-rates-pose-major-challenges-for-the-global
-economy.html.

29. OECD, "Declining Fertility Rates Put Prosperity of Future Generations at Risk,"
OECD, June 20, 2024, https://www.oecd.org/en/about/news/press-releases/2024/06
/declining-fertility-rates-put-prosperity-of-future-generations-at-risk.html.

30. Associated Press, "Births in Japan Hit Record Low as Government Warns Crisis
at 'Critical State,'" *Guardian*, February 28, 2024, https://www.theguardian.com
/world/2024/feb/28/birth-rate-japan-record-low-2023-data-details.

31. Max Kim, "One Nation's Plan for Success: Work Less and Make More
Babies," *Los Angeles Times*, September 26, 2024, https://www.latimes.com/world
-nation/story/2024-09-26/burnout-and-baby-shortages-behind-south-koreas
-growing-4-day-workweek-movement; Max Kim, "South Korea's President Urges
Citizens to Have More Babies," *Los Angeles Times*, May 11, 2024, https://www
.latimes.com/world-nation/story/2024-05-10/facing-a-national-emergency
-a-president-implores-his-citizens-to-make-more-babies.

32. Ahn Sung-mi, "Work-Life Balance or Economic Risk? Korea Debates 4.5-Day
Workweek Ahead of Election," *The Korea Herald*, May 13, 2025, https://www
.koreaherald.com/article/10486387.

Chapter 8

1. Cameron Heath, video interview with Jared Lindzon, April 30, 2024.

2. Kenneth Rapoza, "One in Five Americans Work from Home, Numbers Seen
Rising over 60%," *Forbes*, February 20, 2013, https://www.forbes.com/sites
/kenrapoza/2013/02/18/one-in-five-americans-work-from-home-numbers-seen
-rising-over-60/.

3. "State of Remote Work 2023," Buffer, n.d., https://buffer.com/state-of-remote
-work/2023.

4. Simon Ursell, video interview with Jared Lindzon, April 4, 2024.

Chapter 9

1. Leena Yousefi, video interview with Jared Lindzon, April 8, 2024.

2. Patrick R. Krill et al., "Stressed, Lonely, and Overcommitted: Predictors of
Lawyer Suicide Risk," *Healthcare* 11, no. 4 (February 11, 2023): 536, https://doi
.org/10.3390/healthcare11040536.

3. Nathalie Cadieux et al., "Targeted Recommendations: Towards a Healthy and Sustainable Practice of Law in Canada," ResearchGate, February 9, 2023, https://www.researchgate.net/publication/368390016_Targeted_Recommendations_Towards_a_Healthy_and_Sustainable_Practice_of_Law_in_Canada.

4. Kate Bravery, Joana Silva, and Jens Peterson, "Global Talent Trends 2024–2025," Mercer, 2025, https://www.mercer.com/insights/people-strategy/future-of-work/global-talent-trends/.

5. British Columbia Ministry of Labour, "Statutory Holidays in British Columbia," January 2, 2025, https://www2.gov.bc.ca/gov/content/employment-business/employment-standards-advice/employment-standards/statutory-holidays.

Chapter 10

1. Polly Campbell, "Get Your Best Ideas in the Afternoon and Take a Short Break to Remember Them," *Psychology Today*, September 14, 2019, https://www.psychologytoday.com/us/blog/imperfect-spirituality/201909/fatigue-you-feel-might-just-boost-your-creativity.

2. Harvard Medical School, "Understanding the Stress Response," *Harvard Health Online* (Harvard Health Publishing), April 3, 2024, https://www.health.harvard.edu/staying-healthy/understanding-the-stress-response.

3. Jeffrey Kluger, "Why You Get Your Best Ideas in the Shower," *Time*, July 18, 2024, https://time.com/6999592/shower-thoughts-best-ideas/.

4. Sara Novak, "Why Do We Get Our Best Ideas in the Shower?," *Discover*, November 8, 2022, https://www.discovermagazine.com/mind/why-do-we-get-our-best-ideas-in-the-shower.

5. Alex Daly and Ally Bruschi, video interview with Jared Lindzon, April 1, 2024.

6. Hailey Murphy, phone interview with Jared Lindzon, May 17, 2024.

7. "How Can the 4 Day Week Benefit Working Parents?," 4 Day Week Global, April 4, 2024, https://www.4dayweek.com/news-posts/working-parents.

8. Alex Daly and Ally Bruschi, "How We Found a Version of a 4-Day Workweek That Fits Our Company," *Fast Company*, January 25, 2024, https://www.fastcompany.com/91015021/how-we-found-version-4-day-workweek-fits-our-company.

Chapter 11

1. Jay Goldman, video interview with Jared Lindzon, October 7, 2024.

2. Tracy Smith, video interview with Jared Lindzon, April 25, 2024.

3. US Bureau of Labor Statistics, "Civilian Unemployment Rate," n.d., https://www.bls.gov/charts/employment-situation/civilian-unemployment-rate.htm.

4. Nathan Reiff, "Historical U.S. Unemployment Rate by Year," *Investopedia*, October 17, 2024, https://www.investopedia.com/historical-us-unemployment-rate-by-year-7495494.

5. Roxanna Edwards and Sean M. Smith, "Job Market Remains Tight in 2019, as the Unemployment Rate Falls to Its Lowest Level since 1969," US Bureau of Labor Statistics, April 28, 2020, https://www.bls.gov/opub/mlr/2020/article/job-market-remains-tight-in-2019-as-the-unemployment-rate-falls-to-its-lowest-level-since

-1969.htm.

6. Greg Iacurci, "2022 Was the 'Real Year of the Great Resignation,' Says Economist," *CNBC*, February 1, 2023, https://www.cnbc.com/2023/02/01/why -2022-was-the-real-year-of-the-great-resignation.html.

7. Trading Economics, "United States Job Quits Rate," *Trading Economics*, April 2025, https://tradingeconomics.com/united-states/job-quits-rate.

8. Adam Husney, email interview, responses sent to authors October 16, 2024.

9. "32-Hour Work Week," *Engage* (San Juan County, WA), November 12, 2024, https://engage.sanjuancountywa.gov/san-juan-county-s-32-hour-work-week.

10. US Census Bureau, "2020 Census Will Help Policymakers Prepare for the Incoming Wave of Aging Boomers," Census.gov, October 3, 2024, https://www.census .gov/library/stories/2019/12/by-2030-all-baby-boomers-will-be-age-65-or-older.html.

11. Kris Hudson (media contact), "Demand for Specialized Tech Talent in Artificial Intelligence Surges across North America," CBRE, September 4, 2024, https://www .cbre.com/press-releases/demand-for-specialized-tech-talent-in-artificial-intelligence -surges-across-north-america.

12. Carrie Blazina, "For Today's Young Workers in the U.S., Job Tenure Is Similar to That of Young Workers in the Past," Pew Research Center, April 14, 2024, https:// www.pewresearch.org/short-reads/2022/12/02/for-todays-young-workers-in-the-u-s -job-tenure-is-similar-to-that-of-young-workers-in-the-past/.

13. Shalene Gupta, "These Gen Z Employees Have Discovered the Secret to Getting a Bigger Raise—Switch Jobs," *Fast Company*, November 10, 2023, https:// www.fastcompany.com/90979371/gen-z-employees-pay-raises-job-hopping-bigger -salaries.

14. Shane Wigert and Ben McFeely, "This Fixable Problem Costs U.S. Businesses $1 Trillion," Gallup, March 25, 2025, https://www.gallup.com/workplace/247391 /fixable-problem-costs-businesses-trillion.aspx.

Chapter 12

1. Chris Leone, video interview with Jared Lindzon, October 15, 2024.
2. Jason Davis and Mark Ophus, video interview with Jared Lindzon, April 1, 2024.

Chapter 13

1. Dawn Klinghoffer and Katie Kirkpatrick-Husk, "More Than 50% of Managers Feel Burned Out," hbr.org, May 18, 2023, https://hbr.org/2023/05/more-than-50-of -managers-feel-burned-out.

2. Jan Dönges and Sophie Bushwick, "A Four-Day Workweek Reduces Stress without Hurting Productivity," *Scientific American*, February 20, 2024, https://www .scientificamerican.com/article/a-four-day-workweek-reduces-stress-without-hurting -productivity/.

3. John Chan, Sally Clarke, and Amanda Cebrian, "The State of Workplace Burnout 2024," Infinite Potential, 2024, https://infinite-potential.com.au/the-state-of -burnout-2024.

4. Adam Husney, email sent to authors on October 16, 2024.

Chapter 14

1. Microsoft, "Will AI Fix Work?," Work Trend Index Annual Report, Microsoft, May 9, 2023, https://www.microsoft.com/en-us/worklab/work-trend-index/will-ai -fix-work.

2. Rebecca Hinds, "The Rise of Unproductive Meetings and the Hangovers They Leave Behind," Asana, April 8, 2025, https://asana.com/inside-asana/unproductive -meetings.

3. Atlassian, "Workplace Woes: Meetings Edition," *Work Life* (Atlassian), January 9, 2025, https://www.atlassian.com/blog/workplace-woes-meetings.

4. David Smith, "Shopify Meeting Cost Calculator," Flowtrace, January 2, 2024, https://www.flowtrace.co/collaboration-blog/shopify-meeting-cost-calculator.

Chapter 15

1. Keith Spencer, "Time-Wasting Epidemic: 6 in 10 Workers Lose over a Month of Productivity Every Year to Distractions at Work," Resume Now, March 19, 2025, https://www.resume-now.com/job-resources/careers/time-wasting-report.

2. National Institute of General Medical Sciences, "Circadian Rhythms," n.d., https://www.nigms.nih.gov/education/fact-sheets/Pages/circadian-rhythms.

3. Daniel H. Pink, *When: The Scientific Secrets of Perfect Timing* (Random House: New York, 2018).

4. Microsoft, "Breaking Down the Infinite Workday," June 17, 2025, https://www .microsoft.com/en-us/worklab/work-trend-index/breaking-down-infinite-workday.

5. Greg McKeown, "How to Prioritize When Everything Is a Priority," Entrepreneur, November 26, 2014, https://www.entrepreneur.com/leadership/how-to -prioritize-when-everything-is-a-priority/240082.

6. David Harris et al., "A Systematic Review and Meta-Analysis of the Relationship between Flow States and Performance," *International Review of Sport and Exercise Psychology* 16, no. 1 (May 27, 2021): 693–721, https://doi.org/10.1080/1750984x .2021.1929402; Nicola S. Schutte and John M. Malouff, "Connections between Curiosity, Flow and Creativity," *Personality and Individual Differences* 152 (August 14, 2019): 109555, https://doi.org/10.1016/j.paid.2019.109555; Remus Ilies et al., "Flow at Work and Basic Psychological Needs: Effects on Well-Being," *Applied Psychology* 66, no. 1 (June 29, 2016): 3–24, https://doi.org/10.1111/apps.12075.

7. Mihaly Csikszentmihalyi, "Flow, the Secret to Happiness," talk at TED2004 Conference, February 2004, YouTube video, https://www.ted.com/talks/mihaly _csikszentmihalyi_flow_the_secret_to_happiness?subtitle=en.

8. Gloria Mark, Daniela Gudith, and Ulrich Klocke, "The Cost of Interrupted Work: More Speed and Stress," in *CHI '08: Proceedings of the SIGCHI Conference on Human Factors in Computing Systems* (New York: Association for Computing Machinery, 2008), 107–110, April 6, 2008, https://ics.uci.edu/~gmark/chi08-mark.pdf.

9. Microsoft, "2025: The Year the Frontier Firm Is Born," Microsoft, https:// www.microsoft.com/en-us/worklab/work-trend-index/2025-the-year-the-frontier -firm-is-born.

10. Jason M. Watson and David L. Strayer, "Supertaskers: Profiles in Extraordinary

Multitasking Ability," *Psychonomic Bulletin & Review* 17, no. 4 (August 1, 2010): 479–485, https://doi.org/10.3758/pbr.17.4.479.

11. Kevin Dickinson, "Tap into the 'Hemingway Effect' to Finish What You Start," *Big Think*, October 21, 2024, https://bigthink.com/the-learning-curve/the-hemingway-effect/.

12. Ernest Hemingway, "Monologue to the Maestro: A High Seas Letter," *Esquire*, October 1935, https://dianedrake.com/wp-content/uploads/2012/06/Hemingway-Monologue-to-the-Maestro1.pdf.

13. Yoshinori Oyama, Emmanuel Manalo, and Yoshihide Nakatani, "The Hemingway Effect: How Failing to Finish a Task Can Have a Positive Effect on Motivation," *Thinking Skills and Creativity* 30 (February 2, 2018): 7–18, https://doi.org/10.1016/j.tsc.2018.01.001.

14. "Zeigarnik Effect," *Psychology Today*, February 9, 2024, https://www.psychologytoday.com/ca/basics/zeigarnik-effect.

15. Renogy Australia, "Everything You Need to Know about Lithium Battery Charging Cycles," *Renogy* (blog), July 19, 2022, https://au.renogy.com/blog/everything-you-need-to-know-about-lithium-battery-charging-cycles/.

16. F. Hoffart, "Proper Care Extends Li-Ion Battery Life," ResearchGate, April 1, 2008, https://www.researchgate.net/publication/279908080_Proper_care_extends_li-ion_battery_life.

17. John Trougakos, phone interview with Jared Lindzon, September 19, 2024.

18. Francesco Cirillo, "Pomodoro Technique: Time Management Method," Pomodoro Technique, February 8, 2025, https://www.pomodorotechnique.com/.

19. Patricia Albulescu et al., "'Give Me a Break!' A Systematic Review and Meta-Analysis on the Efficacy of Micro-Breaks for Increasing Well-Being and Performance," *PLoS ONE* 17, no. 8 (August 31, 2022): e0272460, https://doi.org/10.1371/journal.pone.0272460.

20. Julia Gifford, "The Rule of 52 and 17: It's Random, but It Ups Your Productivity," Muse, July 31, 2014, https://www.themuse.com/advice/the-rule-of-52-and-17-its-random-but-it-ups-your-productivity.

21. Cirillo, "Pomodoro Technique."

22. Grace Tallon, phone interview with Jared Lindzon, October 25, 2024.

23. Jeremy Dean, "How Long to Form a Habit? 66 Days Is a Rough Average," *PsyBlog*, November 15, 2024, https://www.spring.org.uk/2024/11/form-habit-66.php.